AL DENTE

A HISTORY OF FOOD IN ITALY

義大利美食史 在神話與刻板印象之外

ITALY

法比歐‧帕拉薩索利
FABIO PARASECOLI

柯松韻 譯

目錄

義大利的食物：
在神話與刻板印象之外

「任何地圖上都找不到它，真正的地方從不在地圖上。」
—— 赫曼·梅爾維爾，《白鯨記》

　　提拉米蘇。義大利麵。披薩。如今這些食物無所不在，因而形成了千篇一律的刻板印象。縱使世界各地的消費者未必完全了解這些食物源自何處，說到世界上最美味的傳統料理，義式料理無疑佔有一席之地，其影響力和受歡迎的程度與日俱增，不僅止於廚房，還延伸到了流行文化。當代有本探討美國料理演變的書《美生菜合眾國：我們如何成為美食國度》（ *The United States of Arugula: How We Became a Gourmet Nation* ）[1]，就專門討論當時掀起風潮（如今已隨處可見）的義式蔬菜料理，視為大都會文化與創新料理的象徵。過去三十年間，義式料理有了地位的同時，也有了罵名。義大利飲食不只出現在家庭式餐館、冰淇淋店、披薩店，如今全球各大城市都出現了享有盛名的高檔義式餐廳，備受美食評論家、常客的喜愛與讚譽。電視節目、報章雜誌充斥著義式食譜，全都聲稱道地原味，而專業廚師靠著義大利血統變成名人。當義式料理聲勢看漲，大批遊客湧入了這波浪潮的發源地：義大利。他們到此來挖掘還沒有被發現的義式傳統，為品嚐獨特

的食品，不惜走訪偏僻的村落、農地。他們住在鄉間別墅，享受假期，同時跟世界知名的廚師學做料理，或是踏遍小本經營的店鋪，以求一嚐「道地」當地料理。人們甘願大費周章，到底為了什麼？義大利的食物究竟如何演變成今日的模樣？義大利的食物是怎麼擄獲世界上這麼多人的心？這些層出不窮、變化多端的地方特色料理，又從何而來？琳琅滿目的葡萄酒、乳酪、麵包、蔬菜、義大利香腸，讓人眼花撩亂、摸不著頭緒，又是如何產生？

▌製造神秘光環

每次，大家一發現我來自義大利，就常常問我：「那你最愛的義式餐廳是哪一家？」然後，下一題就是：「你會每天下廚嗎？」人們總是假定我天生離不開美食，這樣的反應也點出一般人對義大利的印象：這是佳餚美饌的特選之地，而這的確是事實。義式料理風靡世界的程度，讓許多人以為義式料理源遠流長，近乎亙古不變，就算歷史上發生過一些事件，導致食物供應鏈崩潰，也不曾影響到義式料理。義式料理千變萬化，趣味無窮，總是能變出新花樣來「引領風騷」的特色，讓饕客如獲至寶。義式料理的美味、餐廳熱情的招待，通常讓觀光客、旅人驚豔不已，導致他們對料理和食材懷抱正面浪漫的印象，義式料理的豐富也在於它乘載了人們的渴望。除此之外，作家也加入這個行列，近一步深化了義式料理的神祕感，除了食譜書，還有像芙蘭西絲・梅耶思（Frances Mayes）寫下的回憶錄《托斯卡尼豔陽下》（*Under the Tusan Sun*），加深了人們對義式料理的印象、偏好與期待，儘管作者梅耶思指出：「對外國人而言，很容易會以刻板印象來看當地人，簡化、浪漫化他們。」她在自己的書中，幾乎也是如此 [2]：

托斯卡尼的用餐節奏或許讓人費解，但當你坐在戶外，慢條斯理地吃完午餐之後，最想做的事浮上心頭，那就是——睡午覺。大白天的三小時就這樣淪陷，再合理不過了……。我心中的天堂是可以跟艾德花兩小時共進午餐。我相信他上輩子一定是義大利人，他現在講話的時候，已經會加上手勢了，我之前從來沒看過他這樣子。他向來喜歡下廚，但他在這裡的時候，可說是火力全開[3]。

在梅耶思筆下，這對外國夫婦沉醉在當地人擁抱慵懶的氣氛之中，住在這裡，耳濡目染之下，他們也漸漸變得不一樣了，時間彷彿不再有重量，時光的刻度也不再精確，悠長的午餐、午覺所帶來的愉悅，消融了歲月。在書中，這一切被認為是當地生活不可或缺的一環，如同當地人講話必定搭配手勢、追求生活的意趣，尤其是飲食方面的樂趣。

飲食生活回憶錄已成為流行文化中常見的文類，這類感性的故事主角常常是某位到了義大利的外國人，他／她的冒險和成長過程，又如何透過食物、其他種種不拘喧鬧的樂趣，終於找到真正的自我。當然，義大利不是唯一可去的地方，任何帶有異國風情的地方——從斐濟島到南美洲——都可能成為主角自我探索、翻轉生命的必要故事背景。不過，如果故事提到了食物，地點大多會選在南法（尤其偏愛普羅旺斯），而義大利則是首選之地，托斯卡尼在眾多地點中一枝獨秀。這類文學有其淵源，可追溯自小說家福斯特（E. M. Forster）的作品《窗外有藍天》（*A Room with a View*，一九〇八），故事中來自英國的年輕女子，為了逃離英國階級社會，轉而擁抱義大利文化。有名外國人——通常是女性——不滿意自己的人生，來到了義大利之後，終於找到了所有的存在問題——契機通常是主人翁能跟食物、享樂、慾望建立起

世界各地的饕客會受到特殊的義大利麵吸引，比如義大利西北部利古里亞（Liguria）生產的特飛麵（trofie）。

新的關係。這樣的主題在回憶錄文學、雜誌專欄，以及由這類文學改編的電影也越來越多，比如《托斯卡尼豔陽下》、《享受吧，一個人的旅行》（*Eat, Pray, Love*），也不乏原創劇本《湖畔迷情》（*A Month by the Lake*）、《給茱麗葉的信》（*Letters to Juliet*）、《美好的一年》（*A Good Year*），而在電影《羅馬不思議》（*When in Rome*）中，顯然寫劇本的人認為羅馬的噴泉不夠多，得在電影中生一座新的噴泉給羅馬……*

　　我們提到義大利時，通常帶著田園式的幻想：遙遠的異鄉，但不至於過度奇異。有時，人們想像的義大利是落後但迷人的地方，這裡不存在現代社會的高效率，不會汲汲營營於生產力，這

---

* 譯注：羅馬是世界上最多噴泉的城市，大型噴泉有五十座，另有上千個中小型噴泉，總共高達兩千多座噴泉。

裡的生活截然不同，更為美好。來此的遊人期待重回大自然，與自我對話，並重新發現食物能讓人愉悅、有參與感，而不是讓人焦慮、體重上升的萬惡之源。這樣的故事中，義大利人似乎扮演著十八世紀歐洲文化中所謂的「高貴野蠻人」形象，按照法國作家芬乃倫（Fénelon）的話來說，他們應該具備的特質是「身心俱全、節儉、開明、活力充沛、喜愛美德、敬畏神明、敦親睦鄰、友愛朋友，對世界抱持忠誠，順遂時謙卑，坎坷時堅毅，永遠有說出事實的勇氣，並且厭惡阿諛諂媚」[4]。不過，著名文化批評家薩伊德（Edward Said）在討論西方殖民觀點中的東方文化時曾強調，當人們將這類標籤投射在異國文化時，態度常常十分曖昧：一方面看來，這是現代人無法得到的自然狀態，此時人們帶有的羨慕之情，很容易察覺，與此同時，人們卻又不時流露出優越感。就以梅耶思書中的段落為例，清楚明瞭：

托斯卡尼景觀在義大利神祕的鄉間生活與飲食中佔有重要角色。

＼ 特級初榨橄欖油：響亮名氣背後的陰影 ／

　　人們最想入手的義大利食材清單中，特級冷壓初榨橄欖油必定佔有一席之地，它也是地中海飲食的象徵。不同品種的橄欖，果實大小、味道、栽種期也不同，形成了來自各地、各色各樣的橄欖可供選擇。由於橄欖油在文化與經濟上的地位越來越重要，近年來，橄欖油品油師成為大眾認可的職業。而如今，更講究的消費者也了解產地、品種、收穫期等細節對產品造成的影響。生產規模不大的產品，就算不容易購得，且價格高昂，卻前所未有地大受歡迎。不過，大部分的消費者在選擇日常消耗品時，還是會買大量製造的橄欖油，他們在乎價格的程度，不亞於品質。

　　特級初榨橄欖油，由於其特殊的色澤跟商業價值，常被稱作「液態黃金」，已成為偏遠地區與貿易政策的重點，號稱能確保油品產地和品質。但事實上，這項產品有不短的黑歷史，魚目混珠、仿冒造假的問題層出不窮。橄欖油依照榨取方式、風味、油酸成分，分為不同的等級。特級初榨橄欖油的油酸必須低於0.8%，且風味必須完美無缺。但許多製造商認為這樣的標準太低，不足以抗衡經過「除臭」處理的廉價油品佔據市場，那些油品仗著化學技術，去除因製造瑕疵而產生的異味。

　　問題不只是油品分級而已。製造商還會以其他的蔬菜油充當特級初榨橄欖油來販售，比如加入榛果油，這些油品最後會流入本土與國際市場。此外，由於法律沒有規範油品標籤上需要標註生產地，來自地中海地區其他地區的橄欖油，如土耳其、突尼西亞，只要最後是在義大利裝瓶，就能打著「義大利特級初榨橄欖油」的旗號來販售。這是場困難重重的戰鬥，但義大利政府和品管嚴格的製造商一定會奮戰到底，捍衛義大利特級初榨橄欖油的招牌。畢竟，沒人想受騙買到假黃金。

義大利西北部利古里亞地區所產的塔吉斯加（Taggiasca）橄欖品種十分有名，是高品質特級初榨橄欖油的原料。

　　我們會變得多像義大利人呢？恐怕不會太像。我們皮膚太白了，又沒辦法在講話的時候自然而然地加上手勢……我們永遠不可能明白所有人都在同一時間開口講話的奧義……足球賽結束後，我們永遠不可能巡街遊行，猛按喇叭，騎著機車在廣場繞圈圈。政治永遠超過常人理解[5]。

地中海的地緣關係

　　義大利料理不但被視為對心靈有益，也對身體健康有幫助。地中海式飲食的優點廣受認同，已經成為牢不可破的信念[6]。但歷史上，地中海的人（包括義大利）長達數個世紀，不斷處於食物短缺、戰爭、外敵侵略的狀態中，這裡的地理環境常常不適合耕種，而由於肉類、奶類、油脂等食材難以取得，他們發展出以

穀物、豆類、蔬菜為主的飲食習慣，依照居民的所在地、文化背景、社會政治處境而各有不同[7]。一直到一九五〇年代，「經濟奇蹟」帶動整個義大利蓬勃發展，義大利大部分的人口，包含處境較差的階層，才有能力負擔較為多元、豐富的飲食，不過這通常代表脫離過去的傳統生活方式、飲食習慣。我們可以看到，新的包裝設計、宣傳、工業化之下的大量生產與物流升級，大幅改變了義大利人飲食的方式，還有對食物的看法。這些重大的改變不只發生在義大利，也改變了南歐其他區，但地中海居民為了對抗饑饉所發展出來的習俗，在世界上其他地區的人們眼中，卻成為健康飲食的典範。第二次世界大戰過後不久，美國流行疾病學家勒藍・歐包（Leland Allbaugh）接受洛克斐勒基金會贊助，針對克里特島居民的糧食安全受到影響的程度，進行深度田野調查。不過，處在窮困之中的地中海人民，飲食跟健康之間的關係究竟如何，要等到後來安瑟爾・基斯（Ancel Keys*）的研究，才變得比較明確。基斯在一九五〇年代早期走訪尼泊爾，他注意到當地人即使貧窮，卻很少心臟疾病，壽命也較長，他後來在七個不同國家進行更深入的研究，證實了這樣的發現。歐洲原子能共同體（Euratom）資助的另一項研究，也強調飲食習慣與降低心臟疾病罹患率關係。但直到一九八〇年代，基斯發表了針對七國的共同研究成果，美國與北歐的大眾才開始關注這些研究。時間推移到一九九三年，美國農業部發表了「飲食金字塔指南」，將推薦給美國民眾的飲食組合視覺化，之後，世界衛生組織在波士頓的哈佛公共衛生學院舉辦的會議中，與傳統保存與交流信託基金會共同

---

* 譯注：基斯的理論當年備受關注，甚至登上《時代》雜誌封面，在他的主導下，美國的營養學產生了「脂肪很邪惡」的主流觀點。近幾年，基斯的研究成果已經被推翻，學界普遍認為他的理論錯誤，且認為他的七國研究為了呈現符合假說的數據，截取、捏造自己想要的數據。

食材中，番茄、巴西里（parsley）、大蒜人氣最高，一般普遍認為這些是地中海料理的象徵。

發表了「地中海飲食金字塔」，該基金會與業界的關係包含橄欖油、葡萄酒產業[8]。地中海飲食成為媒體寵兒，這種飲食習慣不但健康美味，據說還能幫助減重，如果能搭配更積極的生活習慣更好。

除了健康層面，我們在看地中海飲食的時候，必須認清它是人為製造出來的文化，大大地影響了許多外國人對於南歐食物的態度，包含美國人對義式料理的觀感。到底什麼是地中海飲食呢？媒體呈現出來的樣貌參雜許多元素，我們看不出所謂的地中海飲食，到底是歷史文化下的產物，還是特定的食材選擇，或是，從科學的角度來看，地中海飲食屬於營養學概論[9]。在報章雜誌與流行文學中，往往可見三種觀點併陳，但若細究營養內涵或食材選擇，會發現少有人點出這種特定的營養餐點跟其發源的社會文化，究竟有什麼深厚的關係。

地中海飲食的定義原已曖昧不明，二〇一〇年時，聯合國世界教科文組織又同意由摩洛哥、義大利、西班牙、希臘共同發起的倡議，將地中海飲食列入「人類無形文化資產」之一。這份文件中雖然認為這種飲食「承載了千年之久的內涵與價值觀，為代代相傳的重要資產」，值得受到肯定，卻也暗示，地中海飲食在事實上是不斷演變的飲食傳統。比如，文件點出「除了非正式、傳統的傳承方式（家庭參與、模仿、市場口耳相傳等等），還加上了新的方法傳遞專業、知識與意義」[10]。也就是說，文件中的宣言承認，地中海文化的組成元素是動態的，它素來即是跨文化的激盪，不斷經過重塑、再創造的生活經驗。

聯合國文件中也沒有明確指出組成這個地區的多元群體，究竟包括哪些人：只有土生土長的在地人，還是移民也在其中？這個問題有其重要性，因為歐洲地中海沿岸一帶的國家，越來越感到坐立難安，他們常將來自南方世界的族群視為侵犯。摩洛哥是許多南歐移民出生的國家，也是文件簽署國之一，認為這份宣言的精神在於兼容並蓄的文化、力求跨文化的交流與社會整合。但是，對於一開始贊同這份倡議的多數國家而言，移民議題的框架大多掌握在保守政黨手中，他們視此為威脅當地傳統生活方式的影響，包含習俗、文化、宗教，以及較物質層面的飲食、衣著上的影響。飲食相關的文化資產被認為太過單薄，在全球化的衝擊下，無法藉一己之力單獨存留。單就這一點看來，全球化的限制，與速食、高脂高糖、大量製造的食品為主的飲食模式，兩者的對比關係很明確。

不論從哪個角度看來，要以文化傳統、菜色，甚至單純的營養成分來清楚定義地中海飲食，有其困難，因為地中海飲食不斷隨著時空條件改變。不過，近來食物所受到的關注與日俱增，讓我們看到焦點已經從飲食轉到料理本身，這對一些喜好嘗試異國

料理、不斷尋找道地菜色來標榜自身的讀者而言，特別有吸引力。事實上，不只是開發中國家，世界上許多地區要如何吃得健康，經濟上又能負擔，是嚴肅的議題：並不是所有人都在經濟、文化上有條件能將地中海料理擺上餐桌。此外，食材不易取得也是問題，只要你曾試著在國外做幾道義式料理，必然會心有戚戚焉。好吃的番茄、新鮮的香草，還有特殊食材諸如義大利櫛瓜、白花椰菜，不但難以買到，也可能價格高昂。身為羅馬人，我也發現有些簡單食材很難取得，比如我想做維納羅拉什錦燉菜（vignarola），這是一道典型的春天義大利麵料理，使用新鮮豆類、洋薊與蠶豆，這些是羅馬鄉下春季常見且便宜的食材，但我卻找不到哪裡可以買到質地柔軟的洋薊跟蠶豆。再來，特定食材被冠上光環後，有時造成過度吹捧，導致或多或少是刻意為之的不實資訊，山寨品也趁勢而起，特級初榨橄欖油就是最好的例子。烹飪圈、廚藝社群常說特級初榨橄欖油對許多疾病具有療效，也經常被說成百分之百純天然，完全不提製造過程需要的科技技術。包含特級初榨橄欖油在內，屢見不鮮、影響甚廣的商品詐騙，告訴我們，消費者會在被欺騙的情形下，購買名不符實的食品[11]。直到一九七〇年代，針對地中海飲食的科學理論才開始在義大利的營養學界受到關注，媒體也隨後跟進。要等到一九八〇年代末，不同的飲食方式讓人們開始顧慮體型、減重的問題，相關的描述才在日常用語中普及。

▌舊滋味，新潮流

外人對義大利食物抱持的刻板印象和神奇故事，義大利人倒是配合演出，認為無傷大雅，其中部分原因是他們的確熱愛自己的料理習俗，感到驕傲，另一方面，這也使他們的文化資產得到

自從羅馬時代，義大利就開始種植蠶豆，蠶豆也是維納羅拉什錦燉菜義大利麵的材料。

世界的讚賞，再者，這可是門好生意。比如說，二〇一一年夏天，《紐約客》雜誌裡曾刊登一則帕瑪森乾酪的廣告，裡面就帶有這類主題：

帕瑪森乾酪：純天然手工製作，始終如一

帕瑪森乾酪是義大利師傅跟大自然通力合作的成果。這種乳酪已有數百年的歷史，空氣、土壤、溫度、濕度對每塊乳酪味道的影響，跟師傅的手藝一樣重要。一般熟成需要二十四個月或更久（所有乳酪中熟成時間最久的種類），帕瑪森乾酪的質感呈些微水晶狀，吃的時候會在舌尖上融化，釋放出奶油與果香味。製造這種乳酪的師傅對自己的工作抱持熱情，愛吃這種乳酪的人也對它懷有感情，人與自然的結晶，成就了這項餐桌美味[12]。

這則廣告上有歐盟專為保護食品聲譽所設計的「原產地命名保護制度」（Protected Denomination of Origin，簡稱PDO）認證標章，我們將會在本書第八章詳細討論相關議題。此外，廣告上還有義大利農業與森林局（Ministero delle Politiche Agricole Alimentari e Forestali）與「美味義大利」（Buonitalia）的標誌，美味義大利是食品推銷的貿易組織，以「道地義大利口味」為經營理念。這則廣告傳遞的訊息建立在「純天然手工」食品這類矛盾的概念上面，它點出了健康、製造環境結合自然，且需要匠人手藝等要素。整個概念標榜與自然、文化緊密相連，讓人認為，當人類與自然有正面互動時，就會得到有品質的產品。廣告中另有個明顯的元素，是強調義大利食品製造者對食物的熱情和投入，以及他們不那麼在乎時間的態度。熟成乳酪所需要的完美時間長度，事實上只不過是好幾個世紀流傳下來的老方法，而且從成果

義大利西南方薩丁尼亞島上產的卡蘇馬蘇腐酪。

上可以明確看見時間的影響。在義大利，時間比較悠長，在我們所處的後工業社會裡，這讓人又愛又恨，卻能成為世界各地的消費者心中的那帖良藥。

近年來義食之所以風靡，部分原因是重點關鍵字，如「道地」、「傳統」、「典型」、「在地」、「師傅」等，在烹飪界、流行文化、媒體中的地位上升。人們隱隱擔憂、害怕吃下肚的東西是否安全、來歷為何，這些詞彙則對抗了這樣的心情，呈現人們渴望的食品樣貌：不僅有清楚明確的來源，且是特定人士的專業與生活。雖然現在大量製造的食物便宜、便利、容易取得，但高檔消費者的需求卻不斷增長，他們願意掏出錢包，支付高額的價格，認為他們所購買的物品品質更好，因此更能帶來享受。由於材料稀少、製作耗時、師傅少有等等因素，許多義大利的食品產量有限。市場推銷者注意到了這樣的趨勢，他們會在饕客購物的時候，告訴他們製造者的個人故事、傳統跟製造方法、製造者精益求精的敬業態度。在精心呈現之下，義大利食品在許多層面上精準地打中了這類的市場需求。不少具有專門用途的食材，如今被貼上了「典型」、「道地」的標籤，熬過了食物供應鏈工業化帶來的困境（雖然依舊處境艱困），儘管相較之下工業化更早開始，在世界其他地區也有更久的歷史。像是鯷魚露（colatura di alici）、卡蘇馬蘇腐酪（Casu marzu）這樣的專門食材，現在依然吃得到，在世人對傳統食物重拾興趣的浪潮下，銷售數字持續攀升。鯷魚露是加鹽發酵鯷魚時，過濾液體所得到的醬汁，而卡蘇馬蘇腐酪則是薩丁尼亞島（Sardinia）特產的羊乳酪，利用蛆的消化過程，將乳酪的油脂分解，製造出柔軟的乳酪。原來義大利分布在鄉間的人口不少，一直到一九五〇年代末期，都還能維持在地生產的傳統製造過程，而後義大利人大量從鄉村遷往都市，從南方搬到中部、北部，村莊一一被棄置，農業生產活動被認為是貧窮落後的代表。

這時，媒體漸漸有了影響力，特別是電視出現在生活中，受到刺激的戰後世代，想要過摩登的生活，他們熱烈擁抱工業化產品。

　　要到最近幾年，由於人們對傳統食物、匠人特製有了新的憧憬，經營小型農場、製造高檔葡萄酒這類工作才變得受人尊敬，有時候甚至帶有光環（這當然不包括偏遠地區從事工業化大量生產的勞工，這些人大多是沒有註冊的移民工人）。這些食品雖然成為飲食新寵，並不代表在製作、口味，甚至外觀上，會跟五十年前一模一樣。隨著時代發展，許多商品為順應不同的需求與空前的商機，已做出改變。我們將會在第八章看到，為了葡萄酒、食品的產地地理標章規範而產生的組織出現之後，如今食物風味的定義已變得十分複雜。製造流程的規範與標準固然確保了品質無虞，並保留了傳統作法，但也可能凍結了進一步的發展。這樣的作法是救了這些食品，讓它們不致絕跡，能對抗全球化衝擊與企業的蠶食鯨吞，還是讓它們變成了博物館裡的展示品？誰可以決定食品「原本」或「道地」的標準究竟是什麼？而協商過程中，有怎樣的政治、經濟利益隱藏其中？從文化的角度來看，提高傳統食物的地位，意味著什麼？這會如何影響食品使用的情況，甚至讓最初製造食品的社群最後反而無法取得這項產品？一如學者芭芭拉‧克山伯勒－吉伯列（Barbara Kirshenblatt-Gimblett）的觀察，我們可以將文化遺產理解為「一種文化製造模式，以時下處境重塑過往……是添加價值的產業……為了出口而製造出在地性」[13]。這樣的觀點暗指飲食傳統並非單純只是已經存在的物品或習俗，正等著人們有一天發現、揭露或保存；反之，當我們去觀察、定義飲食傳統時，經常是以我們所知道的形式在塑造它。依照艾瑞克‧霍布斯邦（Eric Hobsbawm）的定義，這些飲食傳統可能淪為「被發明的傳統」，是「新的情境參照了舊情境的形式所做出的回應，或藉由類似義務性的複製，來建立起自身的過

去」[14]。近來掀起重新發現、改造飲食傳統的風潮，根植於貨物、概念、風俗、資本、人類在全球流動的過程，可以解讀為當代世界主義（cosmopolitanism）的表現。重新活化（或甚至死而復生）的餐飲傳統不只影響了過去，同時也有鞏固現況的傾向，對於從事全球性的觀光業、消費行為相關的團體而言，保證前景可期。從經濟面看來，在國際上的曝光會增加消費需求、提高產品價格，若非如此，傳統食品早就消失無蹤了。國際組織「慢食」（Slow Food）發起了支持在地發展的計畫「主席團」（presidia），他們的網站宣稱這個計畫是為了「在面臨消失的危機下，維持有品質的製造，保護獨特的地區與生態系統，恢復傳統的製造方法，保障原生地育種、當地植栽的多樣性」[15]。慢食透過組織社群行動、媒體造勢與政治勢力介入，證明了他們的方式十分有效。

　　來自義大利中部溫布里亞的古鎮特雷維（Trevi），風味強烈的黑芹（black celery）、來自東北部弗里烏力－威內西亞－朱里亞（Friuli Venezia Giulia）的野紫萵苣（radìc di mont）、來自南部阿普利亞區（Apulia）托勒坎（Torre Canne）的皇后番茄，都因為加入了這個計畫，受到全國矚目。托斯卡尼的科羅納達村（Colonnata）所生產的拉堵臘肉（lardo，醃豬背脂或鹽漬肥豬肉），依照傳統作法，需要靜置在以當地大理石製成的大石盆中熟成，曾在一九九六年面對歐盟頒布的食物安全新規範，一度面臨中斷的危機。不過，慢食組織介入，加上隨之而來的群眾動員，最後改變了歐盟的規範，允許傳統食品不受新法規限制，得以依循古法製作[16]。這波餐飲復興與推廣的重要角色——食品、技術、日常流程等，在經濟上的可行性，也需依賴外地的消費者、觀光客的消費意願。如今，以拉堵臘肉為主角的食譜大受歡迎，科羅納達村也為這道美味的豬脂舉行夏日慶典，吸引來自世界各地的訪客，刺激各種與傳統食材相關的活動發展。

▌回歸歷史

對於從事製造、進出口義大利食品的專業人士，或以尋覓好故事、素材來報導或書寫相關主題的文字工作者而言，想要對媒體炒作或刻板印象保持客觀的距離，並非易事，尤其是當消費者、讀者對此毫不猶豫地照單全收時，更是如此。我在羅馬出生長大，多年來為暢銷雜誌《紅蝦》（*Gambero Rosso*）工作，這本雜誌專門介紹義大利紅酒與美食。這段經歷讓我有許多機會見證產業變化，而隨著時間過去，我也了解到，當你略懂一二的時候，還有更多值得深入探索的地方。不過，這些經歷也讓我不再輕易接受飲食傳統自古皆然的概念。當我們談論義大利食物時，有必要重新把歷史注入浪漫的飲食文化中，這可以提供不同的觀點。這些在義大利栽種養殖、製造、消費的食物，從何而來？從以前就一直在

義大利西北部皮埃蒙特的葡萄園。製造高檔紅酒的工作如今受人尊敬，有時甚至充滿魅力。

義大利嗎？還是被引進義大利的鄉間與都市呢（誰、何時）？義大利的餐飲傳統向來就是如此多元、豐富，有在地特色嗎？它隨著時代過去，有何改變，現在又將變成什麼樣貌？這些演變過程中，是由於什麼因素導致或伴隨而來的呢？

　　這些是我將會在此書中探討的問題。其中，我會探索不同的資料來源、方法、各領域的研究，包括農業科技、環境研究、生物學、營養學、經濟學、貿易、法律、行銷、政治、後殖民研究、性別研究、文化研究、社會學、人類學、藝術設計、建築、科技、媒體與傳達等，以及其他。全球化之下，食物成為許多社會、經濟、政治議題的核心，但依然是文化上最平易近人，最明確可及的物質層次。畢竟，我們吃的食物，確實成為了身體的一部分，影響我們看待自己的方式。我們製造、購買、烹煮、消費、丟棄的食物，跟我們如何處理它，一向有巨大的影響力，不論是在個人層次，或以不同規模的群體而言。

　　飲食文化有其生命和邏輯，不能被單獨簡化，當作外在因素來檢視。艾伯托‧卡帕提（Alberto Capatti）與馬西莫‧蒙特納里（Massimo Montanari）曾在《義式料理：一段文化史》（*Italian Cuisine: A Cultural History*）中斷言，了解一道菜背後的演變、技巧、烹調方式或食材更動，十分重要，讓料理依循自身的邏輯來持續更新流傳。

　　飲食的歷史不能被簡化成外在的層次，生活物質文化中的科技與科學、日常的儀式與必需品、品味的形式都緊扣飲食的歷史，關聯性超過其他[17]。

　　這本書將延續這兩位作者所探討的角度，同時檢視美食學的歷史，也就是食物在歷史上如何被看待、談論、呈現。我們將會

討論的內容包括：最早出現在希臘城邦時期的西西里島的幾篇食評，是如何誕生；中古世紀與文藝復興的作家是如何將不同類型的食物化為概念，探討食物對身體的影響；以及在義大利統一之後，出身羅馬涅（Romagna）地區的商人佩雷格利諾‧奧圖西（Pellegrino Artusi），如何塑造出新的語言來談論烹飪。不過，要了解義大利複雜的食物史，以上這些依然不夠，我們還必須討論在文化層面上，製造、分配、消費的經濟議題。古物學者彼得‧歌賽（Peter Garnsey）有犀利的觀點：

在食物與經濟的招牌之下，有兩個問題擺在眼前：首先，有助於食物製造過程的環境條件有哪些，也就是指物理環境、農業科技的發展階段、土地所有權與使用權、土地資源在人口中的分配情況；再來，食物在匱乏與過剩的地區之間循環的過程，有多少是受到市場機制與組織力量的作用[18]。

要是少了義大利特殊的政治歷史，不可能全盤理解義大利食物的經濟脈絡如何隨時代變化，這些背景資訊包括：千百年來在義大利持續定居的人口組成、他們成立的組織、他們對物質生活的影響。在這本書中，我們將不斷看到時代帶來的改變，如何成就義大利拼貼式的多元飲食文化，其中，食材、食品、習俗依然在地方身分認同上扮演重要角色。

僅是了解跟過去有關的史料，並不足以讓讀者明白今日他們造訪義大利時所看到的現狀。當我們身處異地，即使我們認為已掌握了解該地的途徑，卻總是發現器物、符號、簡單的溝通手勢之中，還有層層意涵，有待解讀。而我們不願意貿然以自身文化所蘊含的假定與意義，去檢視不同的新情境，因而忽略新的情境帶來的不同方法，那樣會讓我們錯失許多機會。餐廳菜單上的料

科羅納達拉堵臘肉。

理，源自何處、又有什麼意思呢？為什麼菜單這樣安排？上面的
項目分類的方式，並不符合「開胃菜（或前菜）」、「主菜」、點心
的順序？以前就有餐廳嗎？餐廳的樣貌一直是如此，還是隨著時
代有所改變？誰會上餐廳用餐？以前的人們上哪兒買食物？我們
會去的菜市場，存在很久了嗎？以前就是這種形式嗎？我們現在
會買的東西，以前買得到嗎？

　　訪客常常讚嘆義大利鄉間的景致，其寧靜之美，還有多變的
地貌：阿爾卑斯山的牧場上牛群悠閒地吃草、平坦廣闊的波河平
原、圍繞著亞平寧山脈一小片一小片的山丘、坡地，以及地中海
沿岸美麗的果園。我們祖父母住在大沙索（Gran Sasso）山上的村
子裡，每次我去探望他們的時候，看著山峰嶙峋，山丘上的田地、
果園交織燦爛如拼布，聞著草木的氣息，我總是深受感動。千百
年來人與環境互相磨合，適應彼此，傳統生活方式、和諧的田園
美夢，很容易讓人沉醉。我們可以輕易地租下一幢鄉間別墅，或
入住觀光農場所預備的舒適房間，這些農場為了生存，趁著新興

五漁村的里奧馬喬雷。利古里亞五漁村一帶的五座小漁村是熱門的觀光景點。

的都市風潮，轉型經營偏鄉觀光。我們大可享受這一切，不去探問這些結構究竟是怎麼來的、怎麼會變成現在的樣子。不過，如果你願意耐心傾聽，牧場、樹木、運河，正在訴說人們是如何建

立起這片風景，他們過著怎樣的生活、有什麼傳統。這些故事包含富裕與貧賤，歡樂與掙扎，群體與個人——雖然經常沒沒無聞、面貌模糊，但他們的影響深遠，如今的義大利人種植、製造、販售、吃喝，甚至處理垃圾的方式，都有他們的影子。我希望這本書中收錄的故事與資料，可以增進讀者對義大利豐富的食品料理更有興趣，想要了解更多，消費的時候也更有樂趣。

我們這趟歷史之旅將會針對義大利地區，探討從史前文明至今改變食物的歷史事件——製造、消化、觀念。每一章會專門討論特定的歷史時期，其文化、政治、生產、科技面的因素是如何促使新的作物與料理被引進義大利，因此造就多變的景觀，並建立特別的烹飪、吃喝方式，以及人們怎麼看待吃下肚的東西。

最後三章，我們會評估現今的情況，以及全球化如何影響義大利人與新移民的飲食。

旅程結束前，我們將會探討義大利飲食文化裡最關鍵的層面：鐘樓主義，義語原文「campanilismo」，意為居民對其生活的地方懷抱驕傲、眷戀的情感——那些受到自己鎮上鐘樓庇蔭的人*。這樣的情懷對在地飲食認同有什麼影響？這又是如何改變義大利人看待自己和食物的關係？好幾百年來，城市與鄉鎮總是誇耀自己餐桌上的食物是獨一無二的，食材通常來自周圍地區。

如今，一些來自偏遠地區文化的習俗早已改變，對一些人而言，正在消逝，無力回天。在一九七〇年代之後，義大利依照地區劃分行政單位，多年下來，義大利人開始以地區傳統的角度去思考自己的飲食習慣、食材、菜色。我必須承認，在羅馬長大的

---

* 譯注：義大利盛行天主教，規模再小的城鎮都會興建教堂，人民依照教堂鐘樓的鐘聲作息。以前，多數居民一輩子的生活範圍不會離開所屬城鎮的鐘聲，鐘樓象徵地區的中心。義大利以政治統一的歷史不到兩百年，在此之前，各地各有悠久的自治歷史，隨著時代各自發展出文化、語言、飲食等具有強烈在地特色的風俗，因此義大利人的身分首要是家鄉地，遠勝過國家的認同，他們自豪於出身地的一切。

＼維納羅拉什錦燉菜螺旋麵 ／

四人份

3支洋薊

一點新鮮檸檬汁

2大匙特級初榨橄欖油

1瓣完整的大蒜，去皮

300公克剝好的蠶豆

300公克剝好的青豆

450公克螺旋麵

2大匙新鮮巴西里，切碎

羅馬諾乳酪絲

黑胡椒、鹽

清理洋薊，去除內裡的絨毛，切薄片，泡在水中，擠一點檸檬汁。用特級初榨橄欖油、大蒜把洋薊煎香，約十五分鐘。加入蠶豆、青豆、2大匙水、鹽、黑胡椒。蓋上鍋蓋，煮到食材變軟但還沒有爛。取出大蒜瓣。同時，將螺旋麵煮到剛好的彈性，瀝乾並放入煮菜的鍋子中。享用前撒上羅馬諾乳酪絲、新鮮巴西里末。

＼普魯斯切達烤麵包佐科羅納達拉堵臘肉與蝦／

這是根據羅馬傳統作法加以變化的創意料理，傳統作法的調味方式很單純，通常是簡單的大蒜、鹽、橄欖油。

四人份

4隻蝦

4片鄉村麵包

4片薄切科羅納達拉堵臘肉

特級初榨橄欖油、鹽

以鹽水川燙蝦子後去殼。燒烤麵包片，加鹽調味，淋上一點橄欖油，在每片麵包上放上一片拉堵與一隻蝦。

洋薊在羅馬飲食傳統中有重要的地位。

我，情感上無法割捨羅馬特色料理：帕亞塔（pajata），把小奶牛的腸子編成細結，以番茄醬汁燉煮；普魯斯切達（bruschetta），以不同醬料調味並炙烤的切片麵包；酥脆無比的羅馬猶太人傳統料理，猶太風炸洋薊（carciofi alla giudia）；把羅馬人跟鄰近鄉間連結起來的維納羅拉義大利麵。我的家族來自阿布魯佐（Abruzzo）地區，那裡的地方料理也特別牽動著我的心，特別是質地粗糙的手工吉他蛋麵（alla chitarra），這是用一種長得像豎琴的奇特老式木製工具切割成形的，此外，還有泡在肉湯裡的鹹薄餅（crespelle），像是鹹版的可麗餅。

無論我有多努力，每次討論到義大利食物時，我總覺得我只略懂皮毛，而我相信這樣的感覺其來有自。不過，這正是義式料理獨一無二、無比誘人的原因：我們大可不必擔心，不管我們吸收了多少新知，永遠都不會感到無聊，轉個彎總會看見驚喜。

用餐愉快！

【一】
地中海一隅

　　義大利食物之所以受到各國的喜愛，原因之一肯定是變化豐富，它是幅精彩的拼貼馬賽克，由地方傳統、工業化食品、匠人師傅手工、各種菜色食材所組成，永遠都可以有新組合、新發現。人們很容易會假定構成義式料理主幹的作物，諸如小麥、橄欖、葡萄等，從古至今都存在於義大利。考古學與歷史考證卻有不同的觀點，研究認為義大利經歷了漫長且複雜的歷史，農業發展才逐漸拓展。事實上，雖然義大利擁有豐富且悠久的飲食傳統，如今我們稱為義大利的土地範圍，在上古世界飲食文化中所扮演的角色，一開始並不突出。要了解這個演變過程，我們需要將焦點轉移到地中海的其他地區上。

▋ 起源

　　地中海農業始於如今我們稱為中東的地區，精確地說，源自歷史學家稱作肥沃月灣的地區，也就是今日伊朗境內的底格里斯河、幼發拉底河一帶的平原，到伊朗西部山區至土耳其東南部、敘利亞、黎巴嫩至以色列。考古學界認為，在一萬三千至一萬年

前，也就是最後的冰河末期，人類文明在此從採集狩獵過渡到農業畜牧[1]。當時的肥沃月灣遍布多樣的樹種與叢林、許多野生的穀類、豆類，孕育了許多小型動物，這些動物中有不少適合人類馴養，例如原牛（牛的祖先）、羊、山羊、豬、兔等。這一帶最初的作物中，有小麥的祖先——野生型二粒小麥（學名：Triticum dicoccum）與一粒小麥（學名：T. monococcum），還有黑麥、大麥、豌豆、豌豆（lentil）、苦野豌豆（bitter vetch）以及鷹嘴豆。橄欖樹、葡萄樹等植物要到之後才會被馴化栽培，因為這類作物需要社群定居該地，投資時間與勞力來照料果樹[2]。

隨時間過去，肥沃月灣的農業技術與馴化作物逐漸由東往西傳播，進入了地中海，甚至其他的地方。伴隨文明傳播，也帶來了特製工具，如斧、鋤、石磨、臼、杵與陶器等，也帶動村落規模成長。我們不知道，農業傳播是由於原生居民模仿鄰近族群的做法，還是隨著人口移動而發生，從數據看來，確實有可能如此（根據學者估計，人口每年擴散距離約零點六至一點一公里）[3]。很可能兩者兼是，從地中海北部的海岸，沿著多瑙河傳入歐洲中、北部，農業擴張也帶來了更多馴化作物，如罌粟、斯卑爾脫小麥（spelt）、燕麥等。雖然有些學者認為新石器時代的農業是從北部進入義大利地區，不過，自西元前六千年起，義大利南部沿海地區已有種植小麥、大麥、莢果類的痕跡，義大利中部則是從西元前五千年起，這表示傳播途徑反而來自海上，自土耳其經希臘，傳到亞德里亞海東邊的海岸[4]。

如今被稱作義大利的地區，在新石器時代時的族群雖然依舊以漁獵方式取得食物，但他們已經知道如何栽種作物與飼養牲畜，農用地尤其常見於村落附近。由於技術有限，他們只能在暫時性的空地上從事農業活動，通常會以焚林方式開拓農地，順帶利用灰燼作為肥料[5]。這樣的耕作形式，只有處女地才有生產力，而

且無法持久，農人得要不斷移動到下一處農地耕作。義大利人與環境的互動關係始於此，在悠長的歷史中塑造了社會、文化，以及義大利的景觀[6]。飼養綿羊、山羊、牛與豬（可能來自馴化的野豬）成為重要的人類活動[7]。新一波人口成長常見這些基本的農業形式，這些半定居的族群一般被稱作印歐人，主要分布在中亞到東歐之間廣大的土地上，他們種植大麥、小麥等作物，並飼養牲畜，推測這些人的後代包含希臘的邁錫尼人、安納托利亞的西台人。自西元前二十四世紀，印歐部落在地中海與歐陸之間移動，馴化了馬匹，並發明兩輪馬車[8]。

我們在義大利半島北方的波河平原發現了幾處聚落，考古學家猜測是在十二世紀時突然被拋棄的。這些聚落被稱為泰拉馬拉文化（Terramare），來自當地方言「泰拉馬那」一詞，意指深色的「沃土」，當地的農人一直以來使用這一帶土丘的黑土作為肥料，直到十九世紀。這個文化已經進入青銅器時期，雖然大部分倚靠漁獵為生，也從事畜牧、農耕（主要是穀類），這通常需要聚落周邊進行大量的伐林[9]。在當地許多聚落發現，當時的人使用不同的技術來取用自然泉水，並藉由鑿井、人工溝槽、水道來管理水資源，用於灌溉[10]。

我們無法確知泰拉馬拉文化聚落跟新一波的印歐移民人口成長之間究竟關係為何。印歐人移居至義大利，吸收了當地本有的居民，有時則取而代之。新移民之間語言相似，也有共同的文化特徵，包含畜牧技術與有限的農業活動。印歐人的聚落散落在義大利半島各處，相聚遙遠，比如東北部的維內蒂人（Veneti）、中南部的奧思科烏伯利人（Osco-Umbrian）、今日馬凱沿海地區的皮森特人（Picentes）、拉丁畝（Latium）的拉丁人、今日阿普里亞的雅皮吉人（Iapygians）[11]。奧松尼亞人（Ausonians）也是其中之一，他們先於南部坎佩尼亞（Campania）地區落腳，再轉往更南

端的卡拉布里亞（Calabria）、西西里島，融入當地既有的人口中，創造出有自己特色、講求平等的文化，從考古遺跡看來，他們的文明基礎是栽種大麥、放牧、漁獵、採集當地多樣的植物，包含野葡萄[12]。這群人後來在西元前八世紀時，被希臘來的殖民者泛稱為「義大利奧尼」（Italioi），這可能是從「義大洛斯」（italòs）一詞衍生而來，意指小牛，當時希臘殖民者的足跡遍布義大利南部的沿海地區。

考古學家發現明確的證據，指出西元前一千五百年時，特別是薩丁尼亞、西西里等諸多地區，都穩定地跟希臘半島、地中海東岸等地區保持往來[13]。西元前一千八百至九百年，薩丁尼亞出現了努拉吉文明（Nuraghe），命名來自此處錐狀石造建築群「努拉吉」，我們不能確定努拉吉文明是否受到地中海東岸的影響，這些建築看起來有防禦功能，也顯示出家族財富，並具備居住功能，從中可看出配種、穀物栽植、加工等跡象[14]。

從陶器與青銅武器，我們可以得知義大利是當時遠距海上網絡的一環，部族首領藉由展示華貴、異國情調的器物，提高自己的權力。當時，交易、進貢、外交獻禮，甚至宗教獻祭等，最先進的器物交流形式都必須仰賴水路運輸，水路比起陸路更簡便且便宜[15]。許多新的農業技術與作物，大概隨著這些交流與人口移動，逐漸傳入義大利。事實上，約在西元前十二世紀，義大利受到新一波移民的衝擊，這群人被泛稱為「眾海族」，其中一些部族已經散入地中海東岸，對埃及構成威脅，也摧毀了西台、邁錫尼文明。在埃及的文獻中，這族人被稱為「提爾許」（Trsh，可能是希臘人所記載的提爾諾伊人 Tyrrhenoi、提森諾伊人 Tyrsenoi。）、「徐克許」（Shkrsh，按照西西里的希臘文文獻，這些人也被記載為 Shkelesh 或 Sikels）[16]。

■ 埃特魯斯坎人

海族移入之後的四個世紀之間，有怎樣的變化，我們不完全清楚，不過，西元前十世紀至三世紀時，從義大利與埃特魯斯坎人（Etruscans）、腓尼基人、希臘人等的往來關係看來，義大利儼然成為地中海貿易的中繼站，而這些族群則為了掌控海路商業貿易，彼此競爭。如歷史學家費爾南・布勞岱（Fernand Braudel）適切地評論，由於「城市熱絡的活動、航海定位與金屬鍛造技術、貿易往來與市場機制的力量」，這些族群各有其優勢[17]。隨時間過去，一波又一波的移民形塑出義大利的樣貌，而這些殖民者再度從不同的面向、以各自的模式，緩慢地為這個地區的物質與飲食文化注入新元素。雖然很難一一辨明究竟是誰引進了何種作物、食材、農耕技術、飲食傳統，以及飲食相關的社會習俗，但不可否認的是，進駐的移民人口和跨族交流，替義大利日後的發展奠定了根基。自古以來，義大利就不是大一統的地區，而是破碎分據的領地，交織成拼貼式的文明，各自擁護自己的習俗，包括飲食習慣。義大利的鐘樓主義及其悠久的在地傳統，似乎呼應著義大利遠古以來就蘊含的多樣性。

埃特魯斯坎人的領土是今日的托斯卡尼南方與拉丁畝的北方，最古老的城鎮則是卡厄瑞（Caere）、塔基尼亞（Tarquinia）。埃特魯斯坎人以腓尼基字母書寫（腓尼基字母是現代西方字母的基礎），即使許多物證顯示他們曾經存在（從葬墓、建築等得知），由於考古學家有好一段時間無法解讀他們的語言，關於他們的一切都籠罩在迷霧之中，直到語言學家注意到埃特魯斯坎人書寫系統跟愛琴海的林諾斯島（Lemnos）上所使用的語言有相似之處，終於成功解開語言謎題，解讀出文字記載和文獻[18]，學者也發現了這種語言跟當今土耳其西部所使用的呂底亞語（Lydian）的相

似處[19]。以埃特魯斯坎人的骨骸做粒線體DNA分析，證實了他
們帶有當時地中海東部菁英族群的基因。針對西恩納（Siena）附
近小鎮穆洛（Murlo）當代的居民做同樣的分析，也出現相似的
結果[20]。研究也證實了托斯卡尼牛群跟近東地區牛群之間的基因
關聯[21]。有些研究者認為埃特魯斯坎人的身分就是提爾許人，
也就是西元前十二世紀時埃及法老雷木思三世驅逐出境的海族之
一，他們可能最後在義大利安頓下來，與希臘人筆下的提爾諾
伊，或提森諾伊人有巧妙地重疊。不過，燦爛的埃特魯斯坎文明
遲至西元前八世紀才首度出現跡象，中間的時間間隔讓其他理論
也顯得可信，認為埃特魯斯坎文明源自當地人，或者至少是近東
移民與當地既有印歐人口同化後的族群，這個民族是維拉諾瓦人
（Villanovans）[22]。新來的民族帶來改變，此處的文明從火化死者，
轉變成將菁英葬在大型墳墓中，並從中透露出時人的日常生活、
宴席與食物習俗。這個文明展示出許多中東元素，比如使用腓尼
基字母、以牲禮的肝占卜未來、用餐臥席與特定的宴席習慣、金
絲裝飾的飾品，還有追求奢華的偏好[23]。

　　不論埃特魯斯坎人源自何處，他們的影響力滲入由腓尼基人
傳遞到地中海西部的文化，他們也擁抱希臘文化的元素。從西元
前八世紀開始，希臘已經成為重要的文化強國，希臘文化在經過
埃特魯斯坎人獨特的詮釋之後，再輾轉傳播到周邊的族群。穀類
作物增加，維奧（Veio）、塔基尼亞、沃爾泰拉（Volterra）等市鎮
規模擴增，且周圍的耕地擴張，顯示埃特魯斯坎人勢力範圍生產
力不凡，且在西元前七世紀勢力增長。人口增加與隨之而來的農
地過剩，導致大片土地落入寡頭菁英的手中，他們雇用農夫為他
們工作，這些農夫過著跟農奴沒什麼兩樣的生活[24]。時至西元前
六世紀，埃特魯斯坎人儼然成為真正的海陸強權，他們的領土擴
展到大部分的托斯卡尼地區與亞平寧山脈，勢力範圍直達坎佩尼

亞至波河（Po River）平原一帶，有明確的跡象顯示他們在此與塞爾特人（Celts）交易金屬、奴隸與鹽，塞爾特人住在阿爾卑斯山脈的另一側[25]。

埃特魯斯坎都市的菁英分子藉由掌握政治與土地利用，獲得許多特權，他們顯然十分享受現狀，從未聯合整併成統一的國家，而是以鬆散的聯邦模式運作，確保地方的獨立性。跟希臘人一樣，埃特魯斯坎人也導入「休耕」系統：為了增加收成、防止雜林蔓生，耕地在收穫季節之後，會停止耕作至少一季或更久，通常會作為牧場使用，藉由糞肥滋潤土地。這樣的農耕技術，相較同時期的其他義大利族群伐林焚地的做法，大大提升了生產力，這樣的規劃前提是需要劃分耕地與界定田地，推斷這時私人所有權已經以某些形式存在，反映出較為複雜的社會結構。鑿井也增加了生產力，某些地區還設置了從溪流、泉水處導流水資源的人工管道。

或許埃特魯斯坎文明太過繁榮，招致了嫉妒，當時周邊的族群認為他們的生活習慣墮落、揮霍且浪費。西元前一世紀，來自西西里的希臘歷史學者狄奧多羅斯（Diodorus Siculus）形容他們熱愛奢華，一天要在餐桌前吃兩頓飯，使用銀製器皿裝飾餐桌。這位作家認為，由於他們耽溺饗宴之樂，儘管敵人環伺，卻已經喪失祖先的才幹[26]。拉丁詩人卡圖盧斯（Catullus）曾寫出「肥胖的埃特魯斯坎人」（obesus Etruscus）這樣的詞句，而大詩人維吉爾（Virgil）則寫出「胖托斯坎人」（pinguis Tyrrhenus），都是在說他們胖[27]。目前已知最早描繪埃特魯斯坎宴席的作品，是西元前七世紀的一樽水瓶，於蒙泰庫戴奧（Montescudaio）出土，上面描繪坐在寶座的男子，他正對著三腳圓桌，旁邊站了位女侍[28]。西元前六世紀時的埃特魯斯坎墓室流行繪製宴會場景，與會者側躺著吃喝，獨自一人或結伴，透露當時受到希臘文化的影響[29]。

拉丁畝塔基尼亞的埃特魯斯坎大型墓地中，豹氏一族的墓室裡所繪製的宴會場面。

不過，與希臘文化不同的是，畫中的女人通常是參與宴會的人，有時候身上裹著毯子，跟伴侶一同出席[30]。女人負責烹飪，在貴族家庭裡，僕人負責準備食物，女人則負責監督料理和宴席的流程[31]。

　　從文獻、考古發現和圖像描繪中，我們能勾勒出埃特魯斯坎人所製作、消費與交易的物品[32]，不過，就跟歷史上大部分的時期一樣，我們缺乏對於下層階級生活和飲食習慣的詳盡資訊。大麥、小麥、法洛小麥（farrow，學名：Triticum monococcum）、斯卑爾脫小麥（學名：T. spelta）、小米（millet）等是主食，通常磨成粗麵粉，煮成粥，或者在石板、烤箱中烤成餅，後來羅馬人也接受這種食物，並稱為「tracta」。埃特魯斯坎人也食用大量蔬菜與豆類，如豌豆、鷹嘴豆、扁豆、蠶豆，尤其喜歡煮成湯。他們的食物中也有豬、雞肉，但通常只在節慶才吃得到，且只有家

境富裕的人才能負擔這類食物。活生生的牛羊實用價值更高，牛肉幾乎只有菁英階級才能享受。埃特魯斯坎也食用栗子、榛果、無花果、橄欖以及葡萄，且有使用醫用植物的紀錄，如今這些植物在義大利依然廣受歡迎，如龍膽花（gentian）、纈草（valerian）等[33]。

在西元前六世紀時，埃特魯斯坎人也想加入地中海的貿易路線，把自家的商品出口至地中海西部。卡普亞（Capua）是他們最古老的殖民地之一，距離那不勒斯（Naples，又譯拿坡里）地區的希臘屯墾鎮庫邁（Cumae）不遠。羅馬周圍的台伯河（Tiber）上有座小島，因此羅馬最初可能是作為南方據點卡普亞到北邊埃特魯斯坎主要領地之間商業往來的中繼點。埃特魯斯坎的貿易擴張造成了民族之間的摩擦，當時主宰海路的貿易民族是腓尼基人與希臘人[34]。

▋ 腓尼基人

腓尼基人在義大利最早的蹤影，可在薩丁尼亞發現的記載中找到片段，約在西元前九世紀初，顯示在此之前腓尼基人已經來過此地，並建立聯繫，可能就在海族移入義大利所帶來劇變之後不久[35]。腓尼基人沿著現今的黎巴嫩海岸，發展出帶狀的城鎮與自己的文化，其市鎮中心包含比布洛斯（Byblos）、提爾（Tyre）、西頓（Sidon）等地，在西元前十至七世紀到達頂盛。腓尼基人領土的地理環境，沒有空間進行農耕，他們發展出工藝技術，研究玻璃、珠寶，以及當時名揚四海的紫色布料，染劑是從染料海螺（Murex brandaris）、根幹骨螺（M. trunculus）的殼上提煉而來。腓尼基人行商走江湖，縱橫海上，不斷追尋利潤、新奇的商品來開拓市場，他們透過商業網絡將這類奢侈品帶進地中海各處，他

們不想在遙遠的他方建立領地，只想沿著地中海製造貿易據點，
遠達直布羅陀海峽、西班牙的大西洋沿岸。

雖然早在西元前十一世紀，就偶爾可以在義大利看到腓尼基
人的蹤影，不過他們要到前八世紀時，才在薩丁尼亞地區建立
起穩定的據點，如諾拉（Nora）、索吉（Sulci）、碧甲（Bithia）、
卡利亞里（Cagliari），以及西西里西北部的巴勒摩（Palermo）、
利利寶伍曼（Lilybaeum為古稱，現名Marsala），以及特拉帕尼
（Trapani）附近的莫特亞（Motya）。這些據點位置重要，它們串
起地中海東到西的快速航線，並且連結與腓尼基人有淵源的市鎮，
一路到西班牙，途經克里特、賽普勒斯、馬爾他。考古遺跡指出，
商人在這些據點取得當地生產的食物，賣出來自地中海各處的奢
侈品，而他們很可能接受了當地的烹飪方式和廚具[36]。腓尼基人
主宰了北非和西班牙的貿易，他們在迦太基（Carthage，也就是今
天的突尼西亞）的據點演變成屯墾殖民地。後來，亞述人在西元
前七世紀征服了腓尼基人的原生地，迦太基藉著自己的貿易網絡，
變成獨立的海上強權，他們販售來自紅海的香料，最後甚至能將
來自印度洋的商品，賣回地中海[37]。如同之前所提，這類型的殖
民擴張，最後不免導致戰爭，腓尼基人跟希臘人在南義大利殖民
地、埃特魯斯坎人都多有摩擦[38]。後來，迦太基人將為了爭奪西
西里的掌控權和小麥作物，與羅馬開戰，此舉導致一連串的戰爭，
最終壓垮了迦太基這座北非城市。

根據迦太基農學家馬戈（Mago）所寫的指南翻譯本，強勢的
羅馬人後來採用了迦太基人所發展出來的農業技術，這本指南先
是翻成希臘文，後有拉丁文版本，而在羅馬人的著作中時常被引
用[39]。羅馬作家科魯麥拉（Collumelle）稱馬戈為「農業之父」，
從馬戈著作遺留的殘篇看來，迦太基人發展出育種牛隻、栽培葡
萄與釀造葡萄酒的方法，製出「珮桑酒」（passum），這是以日曬

葡萄乾所釀造的酒[40]。作家老普林尼（Pliny the Elder）讚嘆迦太基農業專家的能耐，他們在綠洲太凱（Tacepe，如今的利比亞），僅靠著特定時間供水的土地，竟能種出各種作物：

　　這裡，在巨大的棕櫚之下，種著橄欖樹，橄欖樹下是無花果樹，無花果樹下有番石榴，番石榴下則是葡萄樹，葡萄樹下先是小麥，然後是豆類，再來可以看到香草。這些都是同時間種在一起的，一層又一層的遮蔭下都是作物[41]。

　　如今，突尼西亞依舊沿用這樣多層次種植的技術，夜間才灌溉，以減少水分蒸發。這些果樹跟栽種技術很可能是由腓尼基人引進自家的據點，作物適應了新的生長地[42]。紅蔥的名字就可能是來自腓尼基城鎮亞斯凱隆（Ascalon）＊。

　　對於腓尼基人的日常飲食或習俗，我們所知甚少，不過我們知道他們有宗教慶典時舉辦宴席「mrzh」，這時當地族人跟商業夥伴會一同吃喝，向神獻上牲禮為祭，或許這是他們紀念逝者的方式[43]。從私人家中的粗陶烤箱，可以推測他們的飲食中含有穀類。在文獻中，我們讀到一道料理叫做「puls punica」，這道菜以蛋、乳酪與蜂蜜搭配穀類或麵粉煮成[44]。腓尼基人也留下了保存魚的方法，他們最先進的工廠位於西班牙沿海，希臘人稱這種食品為「魚醬」（gáros），羅馬人則稱為「garum」：漁獲中的小魚商業價值低，不能販售，以抹鹽發酵加工，製造出來的醬料，就是魚醬[45]。

　　製鹽是很重要的活動，今天我們在西西里、薩丁尼亞地區的腓尼基、迦太基據點附近，依然可以找到鹽盤。西西里西部腓尼基據點的莫特亞考古遺址出土的鯨骨顯示當地人曾使用鯨魚，可

＊ 譯注：紅蔥學名的同物異名為「A. ascalonicum」。

莫特亞的製鹽業，西西里西部這項傳統很可能是由腓尼基人引進。

能食用鯨魚、提煉鯨魚油[46]。迦太基錢幣上的鮪魚圖樣也顯示此類的漁業活動。腓尼基人也可能替地中海帶來或改善了捕魚方式，特別是鮪魚漁獲，他們的影響包括使用魚叉。這種技巧需要多條漁船通力合作，並且有條理地搭配巨型漁網（類似如今專門用於捕藍鱗鮪魚的圍網技術「tonnare」）來包圍季節性移動的鮪魚群，最後圍上漁網圈。直到今天，西西里、卡拉布里亞的漁夫依然使用類似的技術，當地人稱作「屠魚」（mattanza），捕捉、宰殺大量的鮪魚，由於這種捕魚技術殘忍且不利漁業永續，飽受嚴厲批評，已經逐漸絕跡[47]。

▌希臘人

> 盡情地在對的時機籌劃工作，
> 好讓你的糧倉豐足，滿是季節收穫。
> 人能富足有餘、牲畜成群，都要歸功於工作，
> 勤奮工作的人比神更為可愛。

此版畫記錄了十八世紀時西西里的捕鮪魚（tonnara：tuna fishing）活動。

工作並不可恥，無所事事才丟臉。

如果你投身工作，看到你變得富有，

遊手好閒的人很快會嫉妒你，

財富帶來榮耀與尊嚴……

當適合耕作的時間來臨時，

快啊，你和你的奴隸們，

犁田的季節應當耙梳地土，不論泥濘或乾燥。

早起往田裡去，好讓你的田豐收。

春天當犁田；休耕地重新打理好，夏天時將不會虧待你。

趁著休耕地土壤還輕盈的時候耙地：

新犁過的田地能阻擋詛咒、安撫孩童……

到了那時候，且容我享受大石的遮蔭與比布里斯的葡萄酒，

大麥與牛奶做的蛋糕，還有風乾的羊奶，

那林裡養大、尚未生產過的小母牛之肉啊，

那頭胎的牛犢之肉啊；再讓我飲那顏色如火的葡萄酒，

坐在涼蔭裡，當我的心因食物而滿足，

我再轉頭面對那強勁的西風；

自那不斷流淌的平靜溪水之中

取三份水，摻一份酒倒入……

當獵戶座與天狼星升到正空中，

當纖纖素手如玫瑰的黎明遇見了九月中旬，

正是葡萄收穫的時候了，波珥賽斯呀，把作物都帶回家吧。

將那些都攤在陽光下，十晝十夜，

再移至陰影處，放五天，到了第六天，放進器皿中的

是永遠歡樂的狄奧尼修斯神的贈禮[48]。

　　這首詩寫出了遠古希臘的農耕生活，至少是詩人海希奧德（Hesiod）筆下的樣貌，上面的引文來自其詩作〈工作與日子〉（Works and Days），約寫於西元前七世紀，為了請他的兄弟波珥賽斯照顧田地、好得到田穫而寫。詩人從父親那裡繼承而來的土地，後來部分被波珥賽斯佔據，他找了貪腐的判事官來相助。大詩人荷馬喜歡記述英雄戰士寬厚的言行，海希奧德則著重描寫務農的日常生活，這些農民常在跟地主打交道時遭受冤屈，地主累積足夠的地產之後，可以晉升地主貴族階級。除了務農的訣竅，詩人也針對航海、貿易向兄弟提出建言，他建議把大部分的資產留在陸上，只把一小部分的貨物運到船上去。當時糧食不易取得，營養不良而致病是常態，有時會發生食物短缺的問題，讓問題加劇，最慘的情況則是饑荒[49]。生活艱困、社會不公、勞苦做工、務農製酒與航海，就是當時移民的背景，這樣的情況促使希臘人向外尋找據點，在地中海西部的黑海、義大利南部建立殖民地屯墾。

　　希臘人不論在本地或義大利殖民地，都深深感覺到跟鄰近族群的文化隔閡，他們稱其他人為「蠻族」（barbaroi）。由於空間、社會、政治風俗、道德觀的認知差異，當時的希臘人認為住在都市的人比農夫文明，而農民又比遊牧民族文明[50]。這種優越感滲入文化各層面，包含飲食風俗。小麥、葡萄酒、油等與定居農耕

密切相關的食材，經由轉化自然景觀而言，被視為文明的具體象徵。不過，這個食物鐵三角雖然在意識形態上具有重要地位，在現實生活中卻未必容易取得。事實上，一般民眾賴以維生的並非小麥（製成麵包或粥），而是大麥（做成餅或粥食用）、黑麥、燕麥、扁豆。這些食物被視為主食，希臘人稱這類食物「sîtos」，其他的食物都是額外的，稱為「ópson」，後者包含蔬菜、蛋、乳酪、新鮮或醃製的魚與肉（鹽漬、乾燥或煙燻處理）。雖然佐餐食品看起來單純，希臘人對於有能力從市場上購買珍饈十分自豪，這反映出當時的貨幣經濟、工匠產業成長，以及廣泛的商業網絡。打獵、野味被視為是鄉下生活的同義詞，甚至有點半遊牧的意味，一般只有蠻族才會從事的活動，希臘人的肉品攝取量很有限，且不離宗教獻祭[51]。受聘的廚師希臘文為「mágeiros」，通常會宰殺大型動物，如果肉品超過獻祭戶可以消耗的量，廚師也負責販賣肉品。至於小型動物或家庭獻祭，任何一位家庭成員都能執行必要的儀式[52]。

　　希臘人的飲食風俗與眾不同，他們認為蠻族吃飯缺乏雅致、得體的待客之道，有時甚至粗鄙。希臘式的一餐，尤其是公開的宴席，是政治生活中重要的一環，他們會聚集所有擁有自由身分的男子一同用餐。至於上層階級的私人宴席則是為了鞏固成年男子的社交、文化圈，不管客人是否回請。希臘人認為不回饋請客的人是寄生蟲，希臘語「parásitoi」意思是「在旁跟著吃的」[53]。私人宴會排場鋪張，通常在屋內預備好設宴的空間擺席，稱為「andrón」，意即「屬於人的地方」，宴席時會有躺椅沿著牆擺放，而與會者在躺椅上進餐。如果賓客眾多，或主人想博面子，除了廚師，還會請一位侍從「opsopoiós」，另外加上一位桌侍「trapezopoiós」，桌侍負責安排座席與雜務[54]。這種時候，第一輪菜通常豐盛又多樣，且一般來說含魚與肉，在桌上擺好才送入

希臘人最愛的料理之一是鮮魚；
紅紋大淺盤，約西元前三五〇至
三二五年。

席間，一吃完馬上會收走；在大菜上桌前，會先招待開胃小點心
「propómata」，吃完主食後，再送上水果與堅果，「tragémata」。

　　地位尊貴的女性不會出現在這些社交場合，她們會在男性用
餐之前先進食，就算是獻祭也是如此。另一放面，女奴、舞者、
妓女由於提供娛樂，可以參與宴席。豐盛的大餐之後，通常會
有簡單的飲酒聚會「pótos」，或是精緻的飲酒儀式，希臘人稱為
「sympósion」，意思就是共飲。這時會移去餐桌，向神奠酒、祈禱，
然後主人會招待摻水的葡萄酒，酒水比例由主人決定[55]。當然並
非所有宴席都這麼鋪張、社交導向，也不是所有的人都負擔得起。
地位較低的希臘人可能用餐時並不是躺臥，而是坐著，這在荷馬
的時代是主流的習俗，他筆下的英雄即是如此。希臘人早上吃的
那餐叫做「akrátisma」，這個詞意思是「未混合的，不含水的」，
通常內容是麵包蘸葡萄酒；中午那餐叫做「áriston」，這個詞在荷
馬的時代依然指「早餐」，或許顯示一天不同時段的進餐；晚餐叫
做「deîpnon」，通常是一天分量最大的一餐。

希臘人預備料理、用餐的過程透露出他們的習慣、信仰與價值觀，希臘人將自身的社會結構與物質文化也帶入了南義西西里東部的殖民地。希臘移民源自希臘家鄉的人口消長與多山的地理環境。西元前八世紀時，希臘人口穩定地迅速增加，由於可耕地有限，農夫一般受大地主掌控，人口增加帶來社會壓力，在農民之間造成糾紛[56]。為了解決人口問題，城市的領袖會派遣幾位青年，也就是鄉村人口最讓人頭痛的部分，去外地建立屯墾殖民地。這群年輕人之中會有領導者，他會跟家鄉保持聯繫，旅人會獲得船隻、旅途所需的糧食，以及種子，讓他們安頓之後可以開始耕作。位於德爾菲（Delphi）的神殿將會告訴旅人阿波羅的口諭，幫助他們決定要去哪裡拓荒，當地祭司消息靈通，因為此處有來自地中海四方的朝聖者[57]。

西元前七七〇年，希臘人在伊斯基亞島（Ischia）上建立了據點，皮提古薩（Pithecusae），這裡距離今天的那不勒斯不遠，也是當時移居移動最遠的地點。隨時間過去，這一帶發展出不少城市，日漸成為雄踞地中海一方的勢力，且有精緻的文化，比如庫邁、阿普利亞的塔蘭托（Tarentum）、卡拉布里亞的錫巴里斯（Sybaris）以及克羅托內（Crotone）、西西里敘拉古（Syracuse）以及阿卡拉賈（Akragas，也就是今天的阿格里真托〔Agrigento〕）。數學家畢達格拉斯就曾在克羅托內宣揚素食，塔蘭托則以出產高品質羊毛、盛產小麥聞名，小麥產量之多，還可供應出口。錫巴里斯是富饒的城市，地中海人都知道該處居民縱情宴樂、奢靡無度[58]。

雖然有物質上的文化差異，文獻也告訴我們希臘人不跟異族通婚，但從考古看來，至少在殖民之初，希臘人曾跟當地人通婚，也接受了部分在地習俗，比如葬禮儀式，社會結構也變得較為平等。這個時期，居於內陸的族群漸漸聚集，組織成為較大的聚落

畫中青年在飲酒會上以酒壺
在酒甕裡取酒,他的左手拿著
淺酒杯。雅典風格紅彩杯上的
圓形繪飾,西元前約四九〇至
四八〇年。

中心,這麼做可能讓他們在跟新移民談判時較為有利。不過到了
後來,希臘各殖民地在經濟上蓬勃發展,在地中海西部稱霸之後,
位於義大利的希臘人才回過頭來擁抱母國的文化,強調自己的種
族身分[59]。希臘殖民者選擇建立城鎮的地點有幾個條件,要不
是像丘陵高處這樣易守難攻的地點,就是依據周邊的可耕地大小
做判斷。由於地勢起伏不一、法律爭議、繼承習俗等問題,導致
這裡的耕地劃分極為破碎,田地之間以矮牆、溝渠、小型建物為
界。如今這樣的地景依然存在,史學家艾米力歐・瑟內尼(Emilio
Sereni)形容這是「地中海菜園」,「必須保護果樹、灌木不受動物
危害,也防止人們順手牽羊,所以土地被圈成形狀不一的田地」[60]。

希臘人將許多植物從地中海東部引進義大利南部許多地區,
他們帶來了橄欖、葡萄、酸豆(caper)、蘆筍、包心菜、茴香
(fennel)、大蒜、洋蔥、奧勒岡(oregano)、羅勒與其他蔬菜。當
然也帶來了先進的種植技術,這些技能讓希臘人比鄰近族群更有
競爭優勢。舉例而言,希臘人因應生長季節的高溫氣候、低降雨
量,種植葡萄時搭配矮椿或矮樹,靠近地面。除了生產出特定食

品，希臘人也帶來自己的餐飲規則與文化概念，比如推崇穀類、橄欖油、葡萄酒，在他們的觀念裡，吃這些東西的希臘人是文明的，跟蠻族不一樣。隨著殖民地成長，商人、工匠隨之聚集，他們經營貿易，買賣珍貴作物，特別是葡萄酒與橄欖油，不只批貨回家鄉，也出口到地中海沿岸各處[61]。儘管殖民地熱愛家鄉的飲食文化，在長期與義大利周邊的族群交流之下，也催生了特別的餐點，比如「pyramis」是將小麥、芝麻摻蜂蜜，烤成圓錐狀的點心；「plakús」是以麵粉、堅果、椰棗（date）製成的派；「káundalos」是將肉、麵包屑、乳酪、蒔蘿（dill）、高湯混合，烘烤或水煮的小點心。庫邁的淡菜遠近馳名，最後變成了當地貨幣上的圖案。

　　在義大利城市中的希臘料理不斷發展，其中最有創見的大概是烹飪文學，針對食物與飲食的札記。一些希臘作家的作品中會提到飲食，尤其喜劇常藉由食物作出社會評論，或製造情境來設計笑點，此外在義大利，尤其是西西里地區的作家之中，不乏以飲食為主軸的札記，這告訴我們，飲食在當時的義大利殖民地文化上頗有意義（另一方面也點出，希臘人的烹飪技巧先進，需要特別以文字爬梳紀錄）。如今所知的第一位西西里作家是米賽寇斯（Míthaikos），他在世的時間可能是西元前五世紀，他被認為是第一位寫下烹飪書的作家。西元前三世紀時，阿特納奧斯（Athenaeus）所著的柏拉圖對話錄《宴席對談》（*The Deipnosophists*）〈高爾吉亞篇〉（*Gorgias*）中，曾提到米賽寇斯[62]。在阿特納奧斯的紀錄裡，西西里烹飪學已經發展出一套術語，比如「去除內臟」、「洗滌」、「去骨」等詞彙[63]。阿特納奧斯另外提到幾位烹飪書作家，來自卡拉布里亞地區洛克里（Locri）的格勞可斯（Glaucos）（324a）、來自塔蘭托的赫吉昔頗斯（Hegésippos）（516c），還有一位費洛贊諾斯（Philóxenos，他可能來自里烏卡司〔Leucas〕），他為食物寫了一首詩，〈晚餐〉（685d）。

另有一位名聲更顯赫的作家是阿克斯翠妥斯（Arkhéstratos），他來自敘垃古或基拉（Gela），曾寫下〈生命中的奢侈〉（*Hedypatheia*）一詩，阿特納奧斯在作品中也引用了他的詩句。從遺留下的殘篇中，我們得知阿克斯翠妥斯旅行經驗豐富，他知道最適合每種食材與料理的地方，能提供烹飪過程的資訊。在烹飪學歷史上，這是我們第一次看到將特定地點與食材品質做連結的概念，來確保道地的口味[64]。

▌ 塞爾特人

前文曾提及，由於希臘殖民地要確保地中海貿易的掌控權，他們與埃特魯斯坎人、腓尼基人長期衝突。這些戰爭常會雇用已知世界各地而來的傭兵來作戰，這些士兵有的翻越阿爾卑斯山而來，如塞爾特人，他們應該是散入中歐的印歐民族後代，來自所謂的哈修塔特（Halstatt）文明，這個文明帶來了鐵器與火葬的習俗。自西元前八世紀，塞爾特人的領土從今日的匈牙利跨到波蘭南部，延伸至法國東部，他們的文明特徵是馴養馬匹、製造有輻的車輪，還有精緻的墓葬，從中可看出當時已有權勢菁英[65]。其中一族的聚落在今日的法國，羅馬人稱他們為高盧人（Gauls），另一族曾攻打今日的希臘、土耳其，被稱為加拉太人（Galatians）。塞爾特菁英顯然很愛喝葡萄酒，他們從地中海希臘殖民地收購酒，再藉由隆河運入歐洲中部。貴族會透過購買希臘飲酒器具與其他奢侈品來炫耀財富，且確保追隨者的忠誠，這表示當時他們與南方有穩定的貿易聯絡，包含埃特魯斯坎人在波河平原的據點，與埃特魯斯坎人貿易很可能提供了不同於希臘網絡的商品選項[66]。在義大利各處的希臘人、埃特魯斯坎人通常雇用塞爾特傭兵與工匠[67]。阿爾卑斯山以北的部族可能聽聞了南方的富庶，所以他

們從西元前五世紀開始，一路滲透到波河平原，直至亞得里亞海，也帶來新的葡萄栽種方法。今天的藍布魯斯科微氣泡葡萄酒（Lambrusco）似乎就是來自塞爾特人所種植的野葡萄品種，後來的古羅馬人稱此品種為「labrusca」，這個字可能來自「labrum」（邊緣的）與「ruscum」（蔓生的植物）[68]。

　　雖然古希臘、羅馬的文獻中，對塞爾特人頗有微詞，但塞爾特人事實上使用頗先進的農業技術，他們耕種的範圍廣大，田地本來滿布森林，他們也打造出有地下坑道的農場、穀倉、專門碾糠與簸穀的場地[69]。塞爾特人使用犁耕地，作物多元，依照據點的所在地區而變化，包含不同品種的小麥、大麥、燕麥、黑麥、小米，還有莢豆類，如蠶豆、豌豆、野豌豆。他們飼養的牲畜則包含牛、羊、山羊，尤其有豬[70]。如今專家們也認為當時的塞爾特農業技術發達，且依循北方的氣候改良，以至於羅馬人征服歐洲中部之後，並沒有帶來太多農業新知[71]。不同於希臘文化的觀念，塞爾特人認為打獵是高貴的活動，可以訓練戰士打鬥的能力。打獵是上層階級宴樂中重要的一環，這個場合是鞏固忠誠度、平息爭議的重要機會，也是領袖們展示身體素質與資產的時候[72]。

　　來自歐洲中部的塞爾特人也發展出萃取礦物鹽的技術，鹽主要用於調味、醃漬豬肉，他們會將豬肉填入動物的消化道或膀胱裡。羅馬人也愛吃來自阿爾卑斯山另一邊的香腸、火腿，他們可能也從塞爾特人那裡學到了如何製作自己的版本[73]。羅馬人在維萊伊亞（Veleia，今天的薩爾索馬焦雷〔Salsomaggiore〕，意為「大鹽地」）創立屯墾地，可能並非湊巧，這個地點靠近一座鹽泉，與塞爾特小鎮帕瑪（Parma）相距不遠，幾百年之後，這裡將會出現名產帕瑪火腿（prosciutto）、帕瑪森乳酪，兩者的製作過程都需要鹽[74]。農業之外，塞爾特人也打獵、捕魚、採集蘑菇與莓果，充分利用周邊環境資源。他們也在森林裡放牧豬，不少地方都養豬，

豬肉是重要肉源[75]。

歷史上，塞爾特人幾度攻打義大利中部，通常會與義大利在地族群結盟。西元前三九〇年，他們的勢力一度觸及羅馬，但後來撤退到亞平寧山脈外的碉堡。這時羅馬的勢力日漸擴張，兩者衝突在所難免。

▋ 羅馬：地中海新勢力

羅馬最初是台伯河一帶山丘村落所組成的聯邦，經濟來源主要是畜牧、共同耕作周邊的平原地，一些作家認為這樣的合作模式是羅馬人共和政治概念「res publica」的濫觴，拉丁語意為「公眾之務」[76]。

羅馬人原本是在埃特魯斯坎人的掌控之下，最早的飲食跟周邊的義大利部族類似，主食為穀類，比如，法洛小麥、卑斯爾脫小麥，可生嚼，也會煮成湯，或稍微烘烤、以臼磨成粉來煮粥，稱之為「puls」，作法承襲埃特魯斯坎人，這道料理可以加入莢豆、野生香草、其他蔬菜，這些額外加料非常重要，羅馬人稱之為「pulmentarium」。豌豆、鷹嘴豆、蠶豆、扁豆、野豌豆都是羅馬人飲食中的重要角色[77]。他們也常吃小米、大麥，大麥煮的雜糧粥叫做「polenta」，今天的義語中依然使用這個詞，意思轉變為以玉米為基礎的粥類。另外，他們也將穀物磨成的麵粉揉成麵團，做成像未發酵的佛卡夏麵包，烤箱則稱作「furnus」，麵包會被放進熱燙的灰燼裡，或是熱陶土牆、金屬瓶上烤熟[78]。西元前三世紀，出現了免脫殼的小麥*品種。小麥產量因而增加，不論

---

* 譯注：穀類成熟後，會有一層穀殼包覆穀粒。原始或野生的一粒小麥、二粒小麥的穀殼包覆性強，需要捶打或研磨才能脫去，馴化後的小麥脫殼容易，因此被稱為免脫殼。

是小麥的貿易量，或是無酵麵包產量都變多了。隨著研磨、過篩麵粉的技術變得越來越複雜，製造麵包成為了專門的行業，稱為「pistores」，麵包師傅營業也在國家的掌控之下。

　　早期的羅馬房子裡，並沒有特定用來煮食的房間，因為食物通常在壁爐上煮熟，不然會使用可移動的火盆來做飯，要等到西元前二世紀，廚房才獨佔一處空間，一般位於房子後部。羅馬人儲藏在家的食物稱作「penus」，包含鹽漬豬肉、乳酪、蜂蜜、橄欖。這對羅馬人而言非常重要，他們甚至將守護家的神祇們命名為派內斯（Penates，中譯為家神、糧神）。

　　古人留下的信仰代代相承，家神一直存在，即使後來出現了新的神明，也沒有被取代，如深受民眾喜愛的火之女神維斯塔（Vesta），其他具保護力量的神如拉赫斯（Lares，常見中譯為守護神、家神）、基努斯（Genius，代表父性的生產力）[79]。羅馬在成為帝國之前，所居住的都市周邊並沒有多少果園，果園裡一般會種櫻桃蘿蔔（radish），菾蓬菜（chard，又稱茶菜、牛皮菜）、蘆筍、洋薊、胡蘿蔔、韮蔥（leek）、洋蔥、大蒜、萵苣，還有最重要的，包心菜，羅馬人認為包心菜特別健康有營養。

　　拉丁語中把食物分為兩種，來自農業生產的稱為「fruges」，而來自放牧的牛、打獵野味的稱為「pecudes」，雖然前者被視為文明的象徵，文化地位較高，但獻祭、宴會可是少不了後者，在羅馬上層社會裡至關重要，健全的社交生活、與神明的關係都需要pecudes[80]。事實上，早期的羅馬人不太吃肉，他們只食用家禽、豬、羊。農耕需要牛，人們只在特殊的牲禮獻祭、宗教慶典、重要的喜慶如婚禮、新生兒時，才會宰殺牛隻。牛非常珍貴，在商業交易時，甚至會以牛來當作衡量價值的標準，拉丁語的牛是「pecus」，衍生出了「pecunia」一詞，也就是錢。獻祭只能使用畜養的動物，不能與野外有關的動物，宰殺得去特別的市集，稱為

龐貝，小麥石磨。

「forum boarium」。獻祭的重要性延伸到了屠夫身上，即使他們社會地位低於肉販，人們卻看重他們的手藝，他們大部分處理宰牛作業。羅馬時期的浮雕作品描繪屠夫的店面時，也常出現豬[81]。

由於服勞務的動物肉質通常瘦而韌，牛肉的吃法一般是水煮多過烘烤。獻祭的動物會灑上葡萄酒、牛奶，或是摻鹽麵粉，後者稱為「mola salsa」，也是英語「immolate」一詞的來源。由於羅馬人認為牛心、肺、肝是最寶貴的器官，所以將這些獻給神，而消化器官則另外留下來，作為香腸的皮或其他食物的材料。大家會在祭禮後的宴席上吃牛肉。家庭式的獻祭稱為「pater familias」，特殊的節慶則由高級祭司主持，稱為「Pontifices」。野生動物稱為「res nullius」，意即「無人之物」，不屬於任何人的私有財產。在早期，打獵是僕役的工作，而打獵活動則帶有下層階級的標籤。隨著羅馬人跟地中海東部的交流增加，設立獵場作為上層階級的希臘風休閒活動，也變成常態[82]。

羅馬人很少吃魚，海魚、牡蠣飼養等經濟活動，直到共和時期末才變得較有規模，特別是在那不勒斯海岸。別墅設有人工池塘，以提供私人宴席所需的魚[83]。不同的時期受歡迎的魚類不一，羅馬人最愛吃的魚是鰻魚、章魚、紅鯔魚（red mullet）、鱘魚（sturgeon）、鱘魚（moray）[84]。肉品、家禽的攤販會聚集在「macellum」這棟建築裡面，專賣魚的店鋪稱為「piscarium」，今天的義大利語中還可以看到前者的蹤影，「macello」是屠宰場、肉鋪是「macelleria」[85]。古羅馬人常可以在 macellum 買到野味、其他非獻祭用的肉品，不過也有學者認為，羅馬人吃的肉全部都是祭品[86]。販賣蔬菜的地方稱為「forum olitorium」。

羅馬人也吃綿羊與山羊乳酪、蛋、蜂蜜，以及水果如蘋果、梨、無花果。鹽非常重要，除了營養價值之外，還能醃製肉品。台伯河口生產的鹽所帶來的收益，提供了羅馬早期發展的部分資金，儲藏地點在阿文提諾（Aventine）山腳下。我們推測羅馬人是從義大義半島北部的塞爾特人那裡習得改良醃製豬肉的技術。來自埃特魯斯坎文化的食用油，在早期的羅馬飲食中不太重要，但隨時間逐漸改變，而受到希臘人的影響，葡萄酒製造才有所進步。

早期的羅馬人一天只吃一次主餐，稱為「coena」，時間一般是午後，內容是穀物濃湯（puls）或佛卡夏麵包，搭配蔬菜或豆類。他們還會在早上吃少量的點心，稱為「ientaculum」，晚上吃的則稱為「vesperna」。隨時間過去，羅馬人的生活條件改善，可支配的奴隸數量也因為軍事擴張而增加，羅馬人吃進的食物量、食物的精緻度都提升了。上流階級開始有了專業廚師，被稱作「coctor」（也是英語廚師「cook」一詞的詞源），或跟著希臘人叫做「magirus」，不過雇主常會在重要場合干涉廚務。原本午後吃的 coena 推遲到晚上，而中午吃的便餐則是「prandium」，通常是出門在外時，會很快吃完。

富有的家庭所吃的 coena 會邀請朋友與賓客共享，豐盛的程度則顯示主人的財力和權勢。顯赫的公民常會有一群平民、窮人追隨者，稱為「clients」，他們表明自己的忠誠與同心，包含政治支持，藉此交換保護、物質報酬，食物也包含其中。

在有公務、宗教、家庭聚會時，晚餐也可以變成宴會。共和時期的早期，公眾宴席扮演重要角色，這些宴席除了持續在節慶時獻祭給許多神祇，還連結了城市的政治、軍事生活。比如，羅馬人組成的「collegia」（鄰舍與貿易協會）這類的組織會舉辦慶祝會，其中就包含一起吃飯的活動 [87]。對城市人而言，這些公眾活動通常是大吃大喝的好時機，至少可以暫時免除平時糧食不足的壓力 [88]。隨著羅馬人口增加，公眾宴席的參加資格也提高了，只有元老院的成員、特定的祭司門派才可參加。不過，這時富有的菁英階級也常舉辦大型宴會來提高人氣。這些宴會通常在農神節（Saturnalia）前後舉行，這是慶祝宙斯的父親，豐收之神薩圖恩*的節日，時間是現在十二月下旬，紀念水果、務農的辛勞。節慶期間，允許做出違背習俗的事情，僕人、奴隸可以對主人不敬，甚至在餐桌上角色互換。我們已經可以從社會角色顛倒、狂歡的氣氛等元素，看出這個節慶的核心精神後來成就了羅馬人的「嘉年華」（Carnevale，或懺悔節〔Mardi Gras〕）、基督教在大齋節開始前的節慶 [89]。

早期的羅馬人坐著吃飯，不過受到希臘人影響之後，後來的羅馬人在正式場合中也改以側臥姿勢進餐。依照他們的社會禮節，只有男性可以出席這類的餐會，後來才允許女性加入，不過她們通常會在伴侶身邊坐著，並不會跟同席男性一樣，以埃特魯斯坎人的方式躺臥。賓客前面有三腳几，用來放食物。開胃菜最早上

---

* 譯注：Saturn，英文週六「Saturday」即為薩圖恩之日。

桌，稱為「gustatio」，內容是像雞蛋、蘑菇、牡蠣、沙拉之類的小點心。主餐「primae mensae」也稱為第一道晚餐，通常是肉與蔬菜。一餐的結尾是清爽的食物，比如無花果、水果、堅果、甜食，稱為「secundae mensae」。有時候，餐會之後會繼續「comissatio」，類似希臘飲酒會，但少了儀式意涵，男賓會在席間繼續喝酒、交談，鞏固他們與社會、公眾事務的連結，也包括地位。

羅馬人崛起之初的幾百年間，通常在開放的房間裡進餐，這個空間也是家神暨火神拉赫斯所在的地方，叫做「atrium」，這個詞來自「atrum」，後者意指煤灰油煙的黑。後來羅馬人改為在封閉空間用餐，一般位於二樓[90]。私人宴會中有許多元素與社會宗教習俗相呼應，多半帶有迷信的成分。飯廳是微觀的宇宙，是世界的映照，天花板是天空，桌子上是食物與大地，地板是地下世界，由死者支配，我們可以從骷體以及其他死亡的象徵上看出來。如果食物掉到地上，就會變得不純潔，只能餵狗，或是丟進火中獻給拉赫斯[91]。

羅馬的擴張

西元前三世紀，羅馬在義大利的勢力擴張，從往南延伸開始，再來佔領了埃特魯斯坎、塞爾特人的領地，並建立了新的城市，稱為「colonia」（複數為 coloniae），這個詞就是英文「colony」（中文一般譯為殖民地、屯墾地）一詞的詞源。羅馬跟被征服的族群關係緊張，因為他們得賦稅、服役為羅馬打仗，卻沒有從中得到政治利益[92]。後來，羅馬勢力不斷擴張，直到籠罩地中海之後，義大利半島上的住民們才得到羅馬公民的身分。從歲收地圖上可以看出征服者與當地人口的管轄關係，也透露羅馬文化的影響力。被佔領的土地被視為公有財，會重新分配給羅馬公民。羅馬

＼ 上古義大利的葡萄酒 ／

　　全地中海與義大利半島都喜歡喝葡萄酒。埃特魯斯坎人所製的葡萄酒，約在西元前七世紀達到鼎盛，支撐了與北方的羅馬、塞爾特部落之間的貿易網絡。埃特魯斯坎人有了新的葡萄栽種技術，能妥善利用義大利中北部肥沃潮濕的土壤。葡萄樹會自由攀附在樹枝上，遠離地面，這種做法讓農夫可以在同一塊地上種植其他作物，後來採用這種作法的有高盧人、波河平原的塞爾特部落，後者取代了原本的埃特魯斯坎人。羅馬人稱這種方式為「arbustum gallicum」。

　　南義的希臘殖民地從一開始就極為重視釀造葡萄酒。庫邁所釀的酒最受歡迎，推測是羅馬人釀造的菲拉努酒（Falernum）前身，到了今天變成了法蘭吉納白葡萄酒（Falanghina）。另一款公認的好酒來自巴西里卡塔（Basilicata）一帶，可能是今天阿利亞尼科紅酒（Aglianico，又譯艾格尼科）的前身，阿利亞尼科這個名字可能來自「Hellenikos」這個字，意即「希臘式」。葡萄酒是宴會、飲酒會上不

圖為酒神巴克斯（Bacchus）以及維蘇威火山坡上的葡萄園（當時火山尚未噴發）。羅馬濕壁畫局部。

可或缺的食物，也是東道主展現好客之道的重要方式。

　　希臘人釀酒的方法深深影響了羅馬人，從共和時期直到後來的帝國都是，希臘人帶來新的葡萄品種、更好的釀酒技術、更先進的熟成法。為了防止腐敗，他們在酒中加進各種東西，比如樹脂、瀝青、炭，甚至還有海水，也煙燻葡萄酒。最受歡迎的葡萄酒得從希臘進口，不過隨時間過去，義大利半島所釀造的葡萄酒也闖出了一番名號，比如菲拉努酒、特利弗里努酒（Trifolinum）、來自今天的坎佩尼亞地區的維蘇比烏斯酒（Vesbius，以維蘇威火山為名）、來自西西里梅西納的瑪馬提努酒（Mamertinum）、來自維內托的普契努酒（Pucinum）。由於葡萄酒商業價值巨大，再加上全地中海都渴望進口的狀況下，釀造的規模龐大且頗有規劃，通常會在羅馬地主所擁有的大型農莊latifundia裡進行。

丈量法，稱作「centuriatio」，土地經測量後，垂直劃分邊界，通常界線是南北向、東西向，此後城鎮的外圍邊界就確立了，稱之為「limites」，也劃定了道路、排水道。直到今天，特別是波河平原一帶，布局方正的田地，以成排整齊的樹林標出界線、道路的方向，甚至排水的渠道，都還能看出古羅馬時期的殖民城鎮規劃。

　　羅馬人來到了新的田地，再度使用以家庭為單位的小型農業型態，僅聘用一個家庭與少數幾名奴隸工作。羅馬共和擴張的同時，這個古老的工作模式依舊是羅馬人心中理想的標準。新取得的土地部分稱為「compascuo」，開放公用、放牧。比起先前埃特魯斯坎的模式，羅馬人的土地利用方式較沒有效率，南部更是如此，當時南方在希臘大城市的高壓統治之下，地中海型小菜園風景正在消逝，大片的商業作物取而代之。此外，在這些地方，由於羅馬與迦太基之間的戰事不止，帶來不少破壞，之後又發生了瘧疾傳染，休耕地的比例提高，注定轉變成人人都能使用的土地。這些公有地慢慢地被人佔為己有，一些人藉此建立大面積的農莊，

使用大量奴隸來務農，後來這樣的地被稱為「villa rustica」，中央是地主的房子，「villa urbana」，也是財富、精緻美學的象徵。隨著歷史發展，原是羅馬經濟主幹的小農，被迫勞動以賺取酬勞，有的則移動至城市討生活，或從軍[93]。

從最開始的時候，羅馬若遭逢乾旱或歉收，會從義大利其他地區購買穀物，通常是向坎佩尼亞、西西里、薩丁尼亞等希臘與腓尼基殖民地，不過羅馬也會向鄰近的埃特魯斯坎地區收購。羅馬發展成大都會之後，更依賴進口小麥。由於從西西里、薩丁尼亞運輸作物到羅馬，比從剛被征服的波河一帶更為便宜，北方亞平寧山脈的農民發現，把穀物拿來養豬，再做成價值高的火腿、培根來販售，比直接販售作物的利潤高[94]。利益衝突無可避免，一開始是羅馬與希臘殖民地西西里，再來是迦太基，因為迦太基掌握了西地中海的小麥貿易以及北非的小麥生產。羅馬數次向迦太基發動戰爭，在最初的衝突中，羅馬打造了屬於自己的第一支艦隊，攻下西西里、薩丁尼亞，這些地方則很快便成了共和羅馬擴張時的專屬糧倉。迦太基與它的海上王國最後被納入了羅馬的勢力範圍，羅馬取得小麥變得更容易[95]。

從麵包變得更普及、一般人能夠負擔這一點上，可以推論羅馬人在文化認同上佔有核心地位，以至於首都的居民會認為麵包是應有的日常食物。羅馬的糧食供給事務並不簡單，政治領導人為此設立公務員，稱為「aediles」，管理市場公平價格。各城市的羅馬政府機關也著重水資源分配，他們使用先進的高架渠道，引導水流至公共噴泉，偶爾也會引到菁英階級的寓所。人們通常會先將水煮開才飲用，冷熱都可，常常摻點醋，稱為「posca」，羅馬士兵常喝這種飲料，士兵的食物配給中有醋，這也是聖經福音書裡描述基督受難被釘在十字架上時，人們給他喝的東西。有時候人們會在水中添加蜂蜜，製成「aqua mulsa」，尚未發酵的蜂蜜

酒，有時也會將它發酵成酒[96]。軍隊的糧食供給有些複雜：主要的配給食物之一是小麥，通常會以旋轉式碾磨機碾成粉，再烤成硬質乾糧餅，稱為「bucellatum」。一組八人小隊會分配到一塊，隨隊的騾子負責運送食物、廚具、帳篷。食物配給包含橄欖油與定量的鹽（拉丁語的鹽是「sal」），這些稱為「salarium」，可能就是今日英語中的薪水「salary」一詞的來源[97]。

羅馬征服迦太基之後，在地中海的調度能力提高，在地中海東岸建立了一些商業據點，兩百年之間，又征服了西班牙、希臘、中東、法國、埃及。羅馬人稱地中海為「mare nostrum」，意即「我們的海」。古希臘亞歷山大大帝的帝國沒落之後，各地因受希臘治理，發展出希臘式文化，在羅馬軍事擴張之後，又滲入了羅馬文明。學者安德魯・達比（Andrew Dalby）留意到：

羅馬人大致上看起來是想仿效希臘文明與東方式的奢華，他們不計代價，聘用希臘或東方廚師，進口、購買希臘式與東方式的料理，移植希臘與東方品種作物，以希臘文為料理命名[98]。

羅馬征服來的新行省帶來大量、源源不絕的新奇食材、作物、奢侈品，迅速地改善了義大利的生活水平，促使義大利族群整合加速、幅度增加。

然而，新的行省上由農奴支撐的農莊，讓小麥變得更便宜、常見，造成了義大利傳統農業的危機。農夫們無法在土質最好的土地上耕種，常常被迫使用邊緣地帶，只能少量產出。羅馬擴張也導致森林面積縮減，人們需要更多木材來供應燃料、營造建築或船隻。義大利各地許多小地主只得賣地，他們或變成勞工，或為了建立更好的生活而遷徙到地中海其他地區。

土地所有權與結構的轉移過程促使投機性的農業發展。羅馬

羅馬帝國。

人不斷擴張大規模的農莊，稱作「latifundia」，地主發現種植高價的經濟作物，既省事利潤又好，這些作物如橄欖（包含阿普利亞、巴西里卡塔地區）、葡萄（拉丁畝、坎佩尼亞、托斯卡尼）。農莊土地增加，並沒有刺激農業革新、增加單位產量，因為軍事擴張之下，新的殖民地帶來了大量農奴，他們負責耕作。羅馬的擴張也帶來異國水果，比如櫻桃、榲桲（quince，也稱木梨）、桃、杏（apricot），還有家禽如珠雞（guinea hens）、孔雀，富有的羅馬人飯桌上出現了新食材。越來越多奢侈的料理使用從羅馬帝國東部進口的香料，貿易網絡將地中海、紅海、印度洋，還有更遙遠的異地連結成線[99]。

　　雖然菁英階級的財富增加、全境的食物消費也增加，羅馬人對於飲食習慣的理想型態依舊沒有太大變化，人們依然認為節儉是美德，但看重慷慨待客。人們在描述道德或政治腐敗時，常會加上行為包含暴食、墮落。雖然農業越來越倚賴商業貿易，有土地的貴族依然重視糧食供給，自給自足以自立[100]。這些價值觀出現在詩人賀拉斯（Horace）的作品《諷刺詩集》（Satires）中，其中一段有名的故事描述一隻鄉下老鼠被城市老鼠說服，搬到城裡

住，嚮往富足奢侈的生活，去了之後卻發現，都市的環境其實比鄉村生活更危險[101]。不過，在羅馬的諷刺文學中也呈現宴會的矛盾之處，一方面尊崇開拓城市的先驅的節儉美德，另一方面又是餐飲習俗中的社交餐會[102]。爛醉（拉丁文為 ebriositas）會受到譴責，但跟醉酒（拉丁文為 ebrietas）不同，判斷標準也因性別、社會地位而不同[103]。為了約束揮霍的行為，西元前二世紀時，羅馬頒布了限制私人奢侈花費的法令，西元前一八○年，法律甚至規定私人宴會可以邀請的賓客數量，也規範了婚禮、慶典可以花費的金額。西元前七十八年，法律限制大幅增加，規範從東方新行省進口來的珍禽異獸的消費食用量，比如睡鼠[104]。

▌ 地中海的帝國

西元一世紀，羅馬從共和變成帝國，羅馬變成複雜廣大的商業貿易網核心，北至波羅的海、俄羅斯草原區域，南至撒哈拉以南，東至波斯灣、印度及更遠處，這使得盛宴在政治與社會上的重要性增加了。作物批發成了商業貿易重點，這些商品從相對較近的區域進口，比如西班牙、北非、敘利亞，貿易的另一個重點則是權、貴、富階級都想入手的價值高、重量輕的奢侈品。歷史上認為，維斯巴辛皇帝（Verspasian）所建和平神廟（Temple of Peace）中的果園，可以看作異國植物園，果園距離當時的香料市場（拉丁文稱為「Horrea Piperataria」）不遠，象徵著羅馬帝國勢力遠及遙遠的異地[105]。

考古研究發現，龐貝城與許多羅馬古城的大宅遺跡中，包含繪畫、馬賽克藝術、浮雕、餐具，還有骨骸跟其他類的家庭垃圾，都在物質上證實了遠古的作家所寫的宴會、飲食習慣是真有其事[106]。帝國的菁英階級開始習慣舉辦晚宴（拉丁文為「convivia」），

通常在多功能的室內空間舉行，為賓客提供娛樂。這樣的空間在舉行正式餐會時，被稱為「triclinium」，名稱來自供賓客躺臥的床。上層階級女性比下層階級女性更常參與這樣的聚會。從留下來的畫作裡，看得出這時的社會已經可以接受女子在用餐時躺臥了[107]。房間裡通常放置三張床，一共可坐九位賓客，不過也有房間擺設更大的床或招待更多的賓客。因為客人直接用手取食，食物會切成適合拿取的大小，並提供碗盛裝乾淨的水供人洗手。中間的床一般是貴賓席，好讓所有與會者都看得見他[108]。而到了西元三世紀初期，宴客廳裡有時不放方形的床，改放一張半圓形的大床，稱作「accubitum」或「stibadium」，客席的安排照舊，保留貴賓席[109]。

關於羅馬人的盛宴，最精彩的紀錄之一應該是出自作家佩措尼烏斯（Petronius）的《愛情神話》（Satyricon），此書難免有誇大之嫌。佩措尼烏斯描述一場鋪張的盛宴，虛構的東道主是位已獲自由之身的奴隸，崔瑪爾奇歐（Trimalchio），他酷愛在賓客面前炫富，吹噓自己招待的食物都來自自身的莊園。這段世界文學中最有名的用餐場面之一，後來被名導演費里尼改編成同名電影《愛情神話》（一九六九年），書中描述浮誇的料理，包含排列成黃道星座的開胃菜、烤全豬切開來時掉出了香腸和其他肉品[110]。另一個關於帝國時期飲食的重要參考資料是《論烹飪》（De re coquinaria），這本食譜書獻給當時知名美食家阿匹西烏斯（Marcus Gavius Apicius），他生活在西元一世紀的提庇留皇帝（Tiberius）的時代（不過本書食譜採集時期可能約在第二至四世紀），書中提到的異國食材包含鴕鳥、駱駝、胡椒，也有比較常見的一般食材如香腸、麥粥（puls）、栗子[111]。本書特點在於非常多的食譜都加上了多種昂貴的調味料與香料，這些味道呈現在菜裡，很可能幾乎掩蓋了原始食材的味道。這些料理會如此烹調的原因

必然包括主人渴望在賓客面前炫富、炫耀廚師技術、自己的品味、享受精緻的能力[112]。書中的食譜多採用骨頭，但沒有紀錄如何準備、食材的細節，一如下面收錄的兩篇食譜[113]。

我們可以從羅馬帝國的法律、醫學論文中，推斷出不少飲食習俗，比如，三○一年時戴克里先皇帝（Diocletian）頒布限制最高價格法。

事實上，羅馬人在醫療理論與實踐上頗重視食療法，古羅馬醫學家塞蘇斯（Celsus，生活於西元一世紀）、蓋倫（Galen，生活於西元一世紀，對西方醫學、解剖學、病理學有深遠的貢獻）都

＼ 卷二，絞肉。腦腸 ／

在缽中放入胡椒、歐當歸（lovage）、奧勒岡，以肉汁淋濕，搓揉；煮大腦，不斷翻攪，確保沒有結塊。加入五顆蛋，繼續攪拌，直到變成肉泥，太稠的話，可以加入適量肉汁稀釋。將之平鋪在金屬煎鍋上煮，冷卻之後取出，放到乾淨的桌上，切成適合拿取的大小。〔準備醬汁〕在缽中放入胡椒、歐當歸、奧勒岡，搗碎，與肉汁混合，放進醬鍋中煮沸，直到濃稠，瀝乾水分。把腦布丁塊放入醬汁中充分加熱，至此完成，撒點胡椒，放進蘑菇料理中。

＼ 卷四，其他。蔬菜與腦布丁 ／

取蔬菜，清潔、洗滌、切細，煮熟後放涼，瀝乾。取四個〔小牛〕腦，去掉〔皮以及〕筋，煮熟。在缽中放入六小撮胡椒，以肉汁淋濕，搗成細碎；然後加入腦，再度搓揉，同時加入蔬菜，繼續搓揉，直到變成細緻的抹醬。在上面打入八顆蛋，再加入一杯葡萄乾、一杯紅酒，試味道。在烤盤上充分抹油，〔把肉醬放入烤盤〕，放到熱灰上的燒盤裡，烤完之後〔脫模〕，撒點胡椒，即可上菜。

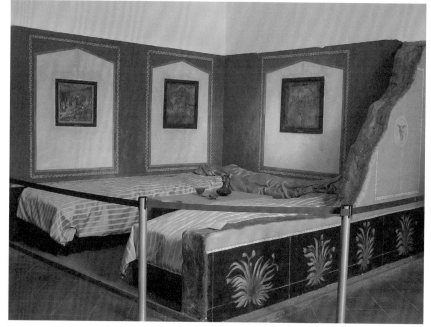

重現羅馬正式餐會時的空間。

將之編纂成冊，尤其後者的著作極為重要，是以古希臘醫學家希波克拉底（Hippocrates of Cos，生活於西元前五至四世紀）的理論為基礎，延伸發展[114]。塞蘇斯、蓋倫都相信，人體中四種體液需要達成平衡，人才會健康，這四種體液為：血液、黃膽汁、黏液、黑膽汁。各個體液分別代表四種物理狀態：熱、冷、潮濕、乾燥。血液被視為是濕熱，黃膽汁是乾熱，黏液是濕冷，黑膽汁是乾冷。任一種體液過多，都會影響一個人的健康與性格，這也能解釋兩性、不同年齡之間，知覺與構成的差異。當時認為女性特別有揮霍的傾向，她們通常負責儲糧、備餐，這種弱點顯然跟她們的社會角色相悖[115]。當時醫學家也相信疾病是某種體液過多而造成的結果，因此，攝取、吸收具有相反屬性的食物，則可以讓人恢復平衡，回復健康。舉例而言，如果有人憂鬱，體重減輕、雙眼凹陷，

他體內的乾冷體液太多，需要以濕熱的食材來平衡。古希臘羅馬的醫學智慧，在後來遊牧民族從歐洲東、北部入侵，導致羅馬帝國崩潰後，大部分佚失，只有修道院還保留了某些概略，他們在拜占庭帝國管轄下，持續經營希臘羅馬傳統。雖然羅馬社會非常排斥早期的基督教徒，但基督教徒在生活中吸收了其中許多地中海文化元素，早期基督教具有儀式意涵的日常餐食，某種程度而言是承襲自上古的羅馬宴席與其中象徵意涵。最初他們在晚上用餐，群體中的所有人共享飲食，不論地位高低。基督教紀念基督最後晚餐的聖餐儀式中，信徒共食麵包、葡萄酒，這兩者都是地中海飲食中最重要的文化要素，聖餐禮最初是隨著日常用餐進行，隨著歷史發展，變成獨立的活動，而日常進餐反而失去了歷史中曾有的儀式性質[116]。

在帝國時期，下層階級持續食用簡便的餐食，主要內容照樣是「puls」與蔬菜。要等到奧古斯都大帝時，設立一特別機構「annona」以穩定穀物價格，之後麵包才變得較為普及，但當時最好的白麵粉稱為「siligo」，只有富人才有能力消費。羅馬人到共和末期之前，還沒有自己的糧船，他們必須仰賴私有商隊，這些商人有義務與「annona」合作。等到帝國擴張後，才開始從各行省直接進口貨物到羅馬，在行省之間建立十分有效率的「需求經濟」。

穀物可以當作稅金或房租繳交給公務機關，逐漸累積成可觀的數量。為了維持首都的社會安定，「annona」會在羅馬免費發送穀物，以抑制物價波動或哄抬，遷都之後，發放地點改為君士坦丁堡[117]。

不過，船運時有延誤，尤其是三月至十一月之間，天候不佳、物流差錯、戰爭都是肇因[118]。

在多數城市裡，得依賴菁英階級來消解缺糧壓力、以及隨之

而來的政治動盪，他們會免費發放糧食以維持都市人口的好感。
同時，人們可以藉由大方捐贈食物來獲得名聲與追隨者[119]。荷蘭
歷史學家布卡爾（Broekaert）、曹德互（Zuiderhoek）觀察到：

帝國帶來了改變——比如逐漸統一的度量衡、貨幣；希臘語、
拉丁語成為國際語言；海盜與戰爭減少；法律制度統合度更高——
這讓貿易成本下降，並刺激商業整合，市場在地中海的食物系統
中的角色得以變得比較明確，卻沒有因此消除互惠文化、資源重
新分配[120]。

城市裡的窮人住在在大型卻擁擠的建築（拉丁文稱為
「insulae」），他們的生活條件往往很差，而且除了羅馬之外，他們

龐貝城街邊販售熟食與食物的店鋪「thermopolia」。

沒辦法得到免費發放的食物或來自菁英的餽贈。窮人的生活空間一般沒有廚房，以免發生火災意外，因此他們大多在外用餐，購買食肆煮好的熱食外帶，稱為「thermopolia」。在街上吃簡便的午餐是日常，有棚的攤販叫做「lixae」，販售飲料、香腸、甜點，其主管機關為「aediles」。

有的人手頭較寬裕，隨身奴隸會帶著預備好的食物跟著主人到處跑。羅馬人還可以去叫做「tabernae」的地方吃飯，這裡似乎同時提供食物與葡萄酒，另外，古羅馬的酒吧「popinae」據推測以販售食物為主。我們可以從建築的結構認出櫃檯、儲藏間、烹飪設施，但考古遺址很難完全辨別不同的餐飲建築在功能上的差異[121]。

由於店家名聲欠佳，來自三教九流的顧客也常聚賭、嫖妓，這些地方普遍惡名在外，總是受到警察控制。在城市裡的羅馬人若沒有親友可借宿，會住在旅社，稱為「hospitia」，這裡提供房間、伙食、馬廄（拉丁文為 stabulae），通常位於城門附近或距離鬧區不遠，比如劇院、論壇、澡堂。如果旅人出城行至鄉間，可以到鄉下的小食肆用餐，稱為「cauponae」，投宿公家單位管理的旅社，稱為「mansiones」。旅人不必隨身攜帶柴火、調味用的鹽，因為路上設有公家機構「parochi」提供這些必需品[122]。

羅馬帝國看似勢力雄厚，內部卻充滿張力，農奴生產制度帶來的矛盾，是其中之一。此外，新的民族在帝國邊界蠢蠢欲動，他們覬覦地中海蘊含的財富與資源，羅馬帝國終究難逃垮台的命運。

侵略者

　　羅馬帝國在勢如破竹的擴張之後，最後兩百年暴露出的內部危機越來越多，部分源於內部勢力消長，部分則來自邊境壓力。一波又一波的新移民從帝國北邊、東邊與地中海區域而來，破壞社會穩定。他們同時也改變了社會關係與生產技術，這影響義大利日後的飲食發展。異族通婚、族群融合、文化適應的社會轉變過程並不總是一片祥和。另一方面，受羅馬文明影響的義大利，在他們帶來的轉變之下，政經環境有大幅度改變，帶動了自十二世紀起的農業起飛、市場重生，改變了義大利中北部的都市生活型態，並在傳統飲食上發揮創意，開創了中世紀晚期與文藝復興的輝煌成就。

羅馬帝國的終點

　　直到西元二世紀末之前，羅馬帝國的經濟架構依舊運作良好，農業與貿易已經成為地中海地區共通的飲食語言。羅馬皇帝統治由諸多種族組合成的世界，雖然表面上富裕，但內部醞釀著矛盾，最終導致帝國崩塌。當時的羅馬生產模式依賴屬於富裕家族的私

有莊園（即上文提及的「latifundia」），奴隸制是主流[1]。有些地主僅管理自家莊園的一小部分，稱為「pars dominica」，意為「主人的份」，把其他的財產託付給中間人（拉丁語「conductores」）管理，管理人會將農莊的土地劃分成小塊田地，再把小田分租給自由農（拉丁語「coloni」），或交付給擁有較多自由的奴隸管理（這種奴隸稱為「servi quasi coloni」）。後來，日耳曼族群勢力增加之後，壓迫到這種生產模式，田地也會分配給「蠻族」，他們在法律上是自由人，但實際上無法離開耕作的土地，當土地所有權轉移的時候，他們也會隨著買賣轉移，被稱為「inquilini」。從被稱為「農舍」的小型考古出土遺址中，可以發現羅馬帝國晚期的農業土地利用模式十分複雜、多元，且結合了生產與貿易的其他層面[2]。新型態的管理模式，讓貴族、高階軍官可以掌控偏遠地帶廣大的農業區。往日由元老院成員組成的貴族階級，由新崛起又與軍隊有關係的地主取而代之，他們大多出身貧寒，不認為自己曾受中央穩固政權的好處[3]。

花時間管理位於鄉間的地產，在羅馬上層階級之間成為新的風尚，他們遠離越來越混亂的政治圈。此時期，打獵也有了新的意義，代表菁英階級能夠掌握自己的所有地，與其上生意盎然的大自然。專門提供地主獨享狩獵的大片土地稱作「vivaria」，常有圍牆與守衛。哈德良皇帝（Hadrian，西元一一七至一三八年）在他征服的領土上狩獵最危險的野獸，藉此展示軍事與政治力。哲學家皇帝馬可・奧理略（Marcus Aurelius，西元一六一至一八〇年）則認為狩獵可以作為戰爭訓練，也能鍛鍊身體、促進健康[4]。

富有的商人通常會購買土地作為投資，他們認為靠農業賺到的財富，比貿易更為穩固，此時國家從貿易上獲取的稅收與收益已經減少了。當帝國不再擴張領土，軍隊停止供應戰利品，中央政府陷入財政困境，只得增加稅收，導致稅吏成為人民恐懼、仇

視的對象。有權勢的大莊園地主通常跟地方、中央政府都有緊密的關係，他們能跟政府達成協議，直接繳稅給政府，不須透過中間的稅務員。稅務員的工作模式類似獨立企業家，當他們失去了這些收益，只得將壓力轉嫁給小地主，有時小地主難以承擔壓力，只好將自己的資產讓給大地主，以求得保護。

　　為了保護帝國，必須設有常備軍，將軍因此獲得較大的權力，他們之間彼此競爭，拚命將同陣營的繼承人推上帝位寶座。帝國為了支付士兵的酬勞，必須課徵重稅，否則，沒有準時領到薪水的士兵，會掠奪自己佔有的領地資源。西元三世紀時，軍隊造成的財務壓力讓羅馬皇帝們窒息，他們開始縮減錢幣上的金、銀原料。這使得通貨膨脹嚴重惡化，貿易萎縮的程度更甚以往，鄉間的田產變成最後的財務避風港。因此許多地主乾脆放棄城市，到鄉下的住所避難。隨著時間過去，大型莊園實際上已能獨立運作、自給自足，有時退回以物易物的支付方式。由於貨幣經濟萎縮，地主收租的方式改變，他們讓同區的農民們合作交租，也允許他們使用廢棄的田地。

　　帝國內部的危機讓鄰近的民族得以慢慢入侵羅馬的領土，尤其是來自東、北疆界的日耳曼部族，他們的據點稱為「hospites」，意為「來客」。這些部族全族遷入帝國，以「聯邦」（拉丁文為「foederati」）的型態建立家園，在那些人口飽經戰爭、饑荒、瘟疫摧殘的土地上生養後代，他們也成為帝國的防線，阻擋比日耳曼更不「文明」的族群入侵。當這些部族選擇落腳的據點時，處於半奴役狀態的羅馬農民，一般會給他們三分之一的房舍、土地，或是獲取該片土地上的作物收成的權利[5]。農業生產力持續下滑，鄉下與都市的人口萎縮，城市失去了文化上的領先地位，而市場經濟由於必須倚賴貨幣交換，從此陷入長達數百年的困局。曾經在文化與貿易上連結地中海都市菁英的網絡逐漸失去活力，上層

階級轉移陣地，到鄉下安頓，以自家莊園的田產營生，飲食文化自然失去了大都會的特性，轉向在地作物、食品製作。

西元三九五年，羅馬皇帝狄奧多西一世（Theodosius）將國土分割給兩個兒子，阿卡迪歐（Arcadius）、奧諾里歐（Honorius），東半部以君士坦丁堡（今日的伊斯坦堡）作為首都，維持運作的時間比西半部的羅馬帝國長久，也以希臘文化為基礎，發展出自己的文化。西半部的羅馬帝國將首都遷至義大利半島上的拉芬納（Ravenna），靠亞得里亞海，國勢漸衰，讓日耳曼部族有機可乘。西元四一○年，西哥德人在領袖阿拉里克（Alaric）的帶領下，領軍進入羅馬，目標是羅馬的糧倉——北非。西元四七六年，日耳曼族的哥德國王，奧多亞塞（Odoacer），罷黜西羅馬帝國末代皇帝羅穆魯斯·奧古斯都（Romulus Augustulus），並將帝國的王徽送去君士坦丁，向東羅馬帝國皇帝致意，西羅馬帝國在此終結。

▌日耳曼移民

在西羅馬帝國結束之前，日耳曼族群進駐羅馬帝國邊境已久，吸收了羅馬文明。新移民即使受到優雅的地中海環境吸引，依舊對自己的傳統感到自豪。義大利被日耳曼部族佔領，比如西哥德人與他們的領袖狄奧多里克（Theodoric），出於個人對統治者的忠誠，他們依舊遵循部落的傳統，不過他旗下的跟隨者必須仰賴羅馬的行政體系。日耳曼的菁英階級也接受了部分羅馬習俗，尤其是正式場合，為狄奧多里克工作的羅馬政治家卡西多魯斯（Cassiodorus），寫下了如此的觀察：

皇家餐桌上豐盛的飲食是重要的國家擺設，因為多數人認為，一家之主會將擁有的一切珍饈在宴會上端出來款待賓客。市民身

分單純，他的餐桌上是領土周圍的田產，符合他的地位。但王子宴請貴客的時候，他得要端出令人驚奇的料理，才顯得合宜得體[6]。

　　義大利半島上，雜亂無章的私人農莊「latifundia」是農業生產的主力，這個時期幾乎變成獨立自主的單位，不受中央任何形式的控制。農莊的核心是別墅，也就是講究排場的地主居所，周邊是廣大的土地，由奴隸與自由農照料。羅馬業主接受了日耳曼士兵的存在，當作是種保護。多數的狀況下，部落貴族會直接奪取大片土地，稱為「curtes」或「massae」，不斷設法讓自己融入羅馬人之中。此外，日耳曼人不斷加強碉堡、中央建築，以抵禦外來攻擊，這時他們的據點被稱為「castra」（單數為castrum），名稱來自古羅馬常設軍營。

　　帝國末期，義大利多處的土地所有權逐漸轉移，日耳曼人在合法的機構上構築自己的建物。羅馬土地法是「quiritian」，只對羅馬公民有效力，法條上規定每一塊土地應有一位特定的財產持有者（拉丁文為「dominus」），買賣、轉移所有權都需要經過複雜的公民程序。新的土地使用權稱為「bonitarian」，慢慢變得重要，該法允許較為簡單的移交過程，並不完全依照羅馬法系。隨著日耳曼農民勢力滲入義大利，公用地的面積擴張了，羅馬法律上的慣例逐漸喪失約束力，當法律上的土地所有人收成自己種的作物之後，其他人可以短暫佔用該耕地。法律系統改變的同時，農業系統也正在崩解。農民會在耕地作物收成後，在開放的未耕地上進行他們賴以為生的動物配種活動。森林、樹林變成重要資源，除了可供狩獵之外，也是木材、食材的來源，此外也可以放養豬，豬是冬天重要的蛋白質來源。由於大部分的田地都是開放的，大量的放養豬四處遊蕩，被認為對農業構成嚴重威脅[7]。

進駐鄉間的日耳曼部族帶來了半遊牧的生活方式，包含放養、採集、狩獵，以及耕作對古羅馬人而言較低階的穀物，比如小米、卑爾斯脫小麥、黑麥、大麥，這些作物需要的人工照料較少，生長週期也較短[8]。這些穀類可以釀啤酒，也就是這批新移民最愛的酒精飲品，當時釀出來的啤酒還沒有啤酒花。在日耳曼人聚落規模較大的地方，北歐人喜歡的傳統食物變得常見，如奶油、豬油、野味、野漿果，而地中海常見的作物如豆類、橄欖、釀酒用葡萄、果園蔬菜，變成次要的食物，不過並沒有完全消失。北歐傳統食物的許多元素早在帝國時期就已出現，但在羅馬人心中，葡萄酒、油、麵包所構成的食物金三角地位崇高，都市人對食物的偏好也構成了羅馬農業生產體系。對羅馬人來說，在農地上耕作勞動，就是文明的標誌，代表人對自然的掌控。新移民對大自然有不同的看法，他們直接使用從大地採集而來的食物，並不會試著改良、馴化自然。

雖然人人都能參與狩獵活動，不過在日耳曼族群中，狩獵的地位較高，也帶有更重要的社交意義。狩獵是戰爭生活中重要的一環，被視為訓練的一部分，可以藉此將文化價值觀、打鬥技巧傳給年輕人。狩獵在日耳曼政治上也非常重要，藉由狩獵公開展示身體素質，部落首領可以鞏固地位，顯出自己優於部族裡的其他戰士。對青年自由人而言，第一次狩獵活動是生涯的重要序幕，他們必須展現技能，在獵殺獵物時展現出力量、勇氣[9]。隨著狩獵、戰士精神、部落社會結構的連結改變，人們會在宴會上吃下大量的肉食，這被視為可以增進身體能力與戰鬥毅力。此外，有能力提供食物供社交圈其他成員享用，也是展示財富與權力方式。

▌ 拜占庭人、倫巴底人、法蘭克人

　　終結西羅馬帝國的日耳曼部族，從未觸及帝國的東半部，也就是後世所稱的拜占庭帝國。拜占提歆（Byzantium）是君士坦丁堡的古稱，最初是戰略位置佳而設立的據點，此處海峽連結地中海與黑海。幾百年來，這片領土上的政治領袖都認為自己是希臘、羅馬文明的後嗣，直到西元五世紀時，這些人包括希臘、巴爾幹、土耳其、埃及、今日敘利亞局部、以色列、黎巴嫩。他們有強烈的身分認同，即便是東羅馬帝國的公民也認為自己是「Romaioi」，也就是希臘文中的「羅馬人」。西元六世紀前葉，東羅馬帝國擊敗日耳曼汪達爾人（Vandals），佔領北非以確保小麥來源，之後，查

拉芬納首位主教，聖亞博納（St Apollinaris，西元六世紀）。拜占庭式馬賽克藝術，位於拉芬納克拉塞（Classe）的聖亞博納聖殿（Basilica di Sant'Apollinare）。

士丁尼大帝（Justinian）掌握了地中海中心的海上網絡，並對東哥德人發起戰爭，欲奪回義大利半島[10]。東哥德國王托力拉（Totila）為了爭取人民支持，大膽承諾要驅逐拜占庭人，並將他們佔領的土地重新分配給人民，並且解放奴隸與農奴，但他的努力並沒有帶來成果，許多具有羅馬血統的農民並不想跟東哥德結盟，他們讓拜占庭人征服了義大利半島。即使舊制法律秩序已然半廢，羅馬人的後代依然傾向舊制，他們還未適應日耳曼文化核心的部落式忠誠關係，就算這在當時重要性已凌駕法律架構[11]。話雖如此，義大利的居民在長久戰事摧殘、糧食缺乏下，飽經摧殘，也視拜占庭人為外來征服者。這批新移民來自拜占庭帝國各地，包含亞美尼亞人、斯拉夫人，甚至有波斯人，他們說希臘語，長相也很不一樣，對羅馬人的後代而言，他們跟日耳曼統治者沒兩樣，都是外人[12]。從教宗額我略一世（Gregory I，西元五九〇至六〇四年）所留下來的文獻紀錄中看來，在六世紀時，西西里的大農莊人口依然是拉丁語族群，拜占庭移民大部分在西西里島東岸生活，住在有希臘淵源的城市，如卡塔尼亞（Catania）、敘拉古。後來，才有比較多的希臘語拜占庭族群往西西里島中部、南部移動，其中包含修士，這些人想要遠離東地中海的政治、宗教動盪[13]。

　　一開始，拜占庭修士大多單獨隱居或僅與少數人同住，沒有大型資產，他們會從事製鹽或碾穀等民生活動[14]。此後幾百年間，當地的政府單位，包含教宗，將會分派大片大片的土地給這些修士，位於羅馬附近的格羅塔費拉塔（Grottaferrata）中的聖尼盧斯修道院（St. Nilus）即為一例。

　　拜占庭與日耳曼人之間的軍事衝突持續了二十年，在這段動盪中，興起了一波宗教風潮，提供人們心靈的避難所，人們嚮往修道避世的生活，依循西元六世紀前葉時聖本篤寫下的會規。修道會傳統強調社群生活，不鼓勵過度苦修、獨居、禁食等等在東

地中海與埃及流行的宗教修行。聖本篤會規依照義大利人的新處境調整了基督教習俗，允許修士從事農活，依照生產活動安排每日行程。修會的格言是「ora et labora」，意為「禱告與工作」，強調款待朝聖者與無家可歸的窮人。接下來數百年間，本篤會的修士常常從事濕地開發、挖鑿渠道、建立排水系統等活動，他們在倫巴底到托斯卡尼一帶打造出有圍籬的田地，他們的開發模式成為羅馬附近的教士可依循的先例[15]。

　　本篤會修道院中，修士需要輪流煮飯、服務他人，但如果修道會的規模較大，負責儲藏與準備食物的窖員可以不必輪值[16]。修士不吃肉，但一餐會有兩種食物，如果吃的是蔬果類，則會加上第三種。不過，幹粗活的修士在院長的同意之下，可以得到額外的食物[17]。通常鼓勵不喝酒的生活，不過會規允許修士適度飲酒，唯不可過量、醉酒[18]。他們的生活方式呼應羅馬人的飲食傳統：偏好麵包、油、葡萄酒組成的飲食金三角。這三者對基督教的重要性也一樣強。聖餐吃的是紅酒與麵包，而許多聖禮中使用油，作為力量、毅力的象徵。不過，隨著修道院變得越來越富有、宏偉，獲得越來越多資產，修士們漸漸倚賴農奴、庶務修士進行農活，食物內容也變得多元[19]。同期間，住在義大利中、南部的拜占庭修士生活依循君士坦丁堡所頒布的教條，他們擁抱東方傳統，每週三、五禁肉食，包含懺悔節及其他節日，這促使修道院發揮創意來烹調蔬菜[20]。

　　西元五六九年，日耳曼部族之一的倫巴底人，越過了阿爾卑斯山脈而來，當時拜占庭戰勝東哥德人已有數年，並掌握了大部分的義大利半島，在此之前倫巴底人從未接觸過羅馬文化。他們在帕維亞（Pavia）建立首都，佔領了義大利北方，包含大部分的波河平原，今天這一帶有些地區依然以他們為名，被稱為倫巴底（Lombardy）。他們將奪得的領土分贈予有戰功的部落首領（他們

被稱為公爵〔duke〕，來自拉丁文的領導人「dux」一詞），這群人組織了倫巴底的軍事、社會結構，在遷居過程中佔領導地位。

雖然倫巴底人大部分決定進駐城市，但一開始他們跟當地人有極大的分野，也不將當地人視為同伴。羅馬後裔對日耳曼部落的法律一無所知，也不允許攜帶武器。倫巴底戰士的社會關係主要以親族關係、發誓軍事效忠為主，他們到了義大利鄉間之後，建立起小型聚落，稱為「farae」，不跟羅馬、日耳曼羅馬農民族群有太多往來，後兩者承受極大的剝削。今天的義大利城鎮名稱中，可看到許多倫巴底人的蹤影，比如羅馬附近，薩賓納的法拉（Fara in Sabina），此處所產的橄欖油十分有名；以及阿布魯佐（Abruzzo）的法拉聖馬尼諾（Fara San Martino），這裡是義大利麵大廠如寇寇（Cocco）、戴維迪（Delverde）、得科（De Cecco）的所在地。倫巴底人統治的頭五年間，由於羅馬裔的農民得要繳交大部分的收成給新來的統治者，農產量暴跌至史上最低，當地農民靠著採集、狩獵為生。隨著時間過去，倫巴底人決定要在義大利定居，他們接受了基督教，並在西元六四三年，由羅薩里國王（Rothari）頒布法令，將自古傳承的日耳曼習俗編入羅馬式法條中。從前的羅馬菁英有部分開始與倫巴底的公爵合作，倫巴底人也任命當地人任職於重要公務機關。

倫巴底人深入托斯卡尼地區，沿著亞平寧山脈，進一步往南移動，將溫布里亞（Umbria）、坎佩尼亞部分地區劃入公爵領地中（據點分別在斯波列托〔Spoleto〕，與貝內芬托〔Benevento〕）。這導致了此後兩百年，義大利被拜占庭、倫巴底兩大勢力分割，羅馬希臘裔與日耳曼裔兩族群的文化隔閡因此加深。六四三年，利古里亞省首都熱那亞（Genoa）落入了倫巴底人的手中，自西元十世紀起，這個城市在地中海貿易中將扮演重要角色[21]。

拜占庭人剩下的北方領土為：威尼斯，管理這裡的是從倫巴

底人手下逃出來的難民；伊薩翠特地區（Exarchate，由拉芬納與鄰近領地組成）；今日羅馬涅與馬克（Marche）附近的潘達波里斯（Pentapolis，這個字意思是五城，臨亞得里亞海岸）；羅馬附近的拉丁畝；以及南部的阿普里亞、卡拉布里亞、西西里、南部薩丁尼雅，從拜占庭帝國的稅收紀錄看來，南方一直設有稅務員，可見這是拜占庭最富有的領地之一。事實上，從文件紀錄看來，拜占庭皇帝時常旅行至義大利的領地，可見這是地中海重點經濟區[22]。希臘裔拜占庭人為了表達他們跟羅馬的淵源，稱呼自己的義大利省分為「羅馬尼亞」（Romania），這是今日羅馬涅地區名稱的由來。研究這些地區的考古學學家注意到，此處早期的城鎮設有防禦碉堡，在拉丁文中稱為「castrum」，希臘文為「kastron」，顯出此處的軍事政策。其他城鎮遭遇侵略者時，也仿效這種建築

阿瑪菲海岸的人工梯地，緊鄰海面。

策略，成為義大利獨特的現象，稱為「incastellamento」，源自城堡一詞「castello」。具有防禦工事的都市中心興起，通常位於易守難攻的丘陵頂端，不斷吸引附近的農民遷入，因而改變了拜占庭領土的地景[23]。

九世紀時，威尼斯實質上從拜占庭的勢力之中獨立了。威尼斯的地理位置適合製鹽，鹽則是中世紀地中海貿易的珍貴商品，因為以鹽醃漬保存食品，能在食物短缺的時期確保人有飯吃[24]。威尼斯以經商起家，也經營奴隸、香料、來自拜占庭商品的貿易。威尼斯自行摸索出輔佐商業的法律，比如「commenda」，類似合股公司的組織，讓有資金的投資人與新進貿易家合作，貿易家得以使用投資人的資金旅外購買商品。這樣的合作方式讓階級能向上流動，新興家族得以藉此積聚財富、加入政治菁英的行列，同時擴展威尼斯的貿易網絡，這一點成為後來的關鍵，使他們能透過貿易取得糧食、東地中海的貨物[25]。自九世紀中葉起，另一個拜占庭殖民地阿瑪菲（Amalfi），藉由海上貿易而成長，它位於那不勒斯南方海岸，如今此處被稱為阿瑪菲海岸（costiera amalfitana），這個小鎮以買賣坎佩尼亞周邊地區出產的小麥、葡萄酒、水果起家，將商品出口至拜占庭帝國各處，換得黃金、奢侈品等可以在義大利高價賣出的商品[26]。

殖民地的拜占庭菁英與帝國政府維持緊密的關係，大多數的公務員、軍官經常接受輪派，這使得他們不容易融入當地族群。另一方面，當地地主跟君士坦丁堡的行政、軍事代表關係密切，這些高官則對當地農民施加沉重的賦稅。在拜占庭勢力控管的地區，大農莊系統保存了下來，法律上的土地所有權需依照「fundus」的規範，清楚定義土地管理的最小單位[27]。隨時間過去，傳統生產結構的效率變差，土地耕種面積下降，放牧活動因此變多了。有些學者認為，水牛是由拜占庭人引入南義，不過，國家

水牛育種協會（National Association of Buffalo Breeders）認為可能得歸功於倫巴底人[28]。義大利的拜占庭殖民地大型農莊的放牧活動擴大，不代表這些地區被排除在帝國的貨幣貿易體系之外，一部分地區又重新引入葡萄園、橄欖園，恢復一度被日耳曼部族消滅的農業活動，產生了貿易順差。為了扶植絲綢業，南義也開始種植桑樹（拜占庭人在六世紀時，終於破解了中國蠶絲業的祕密）[29]。西西里因為生產小麥，依然具有重要地位：西西里產出的小麥收成，部分會被帝國視為稅收強制徵收，其他的則會流入當地市場或義大利其他地區，因為原本輸出至希臘的船運路線，在穆斯林勢力擴張之後，東地中海變得滯礙難行[30]。

拜占庭人保持了羅馬上層階級愛用異國香料的傳統，包括糖，以及八角等香料，地中海地區至今流行八角香氣的飲料，源流可能出自於此[31]。由於拜占庭料理源自希臘羅馬文化，我們很難點出它對義大利半島的實際影響。當時受歡迎的兩款葡萄酒「moskhâtos」、「monembasiós」到了今天名字還保留在慕斯卡托白酒（moscato，意即麝香，也稱蜜斯嘉白酒）、馬爾瓦西（malvasia）這兩款酒名上。拜占庭人上層階級略好紅肉，這顯示他們擁有大片農莊與大群牛羊，但大多數拜占庭人跟祖先希臘人一樣，特愛鹹水魚與海鮮。我們在東地中海人留下的文獻中，發現歷史上首度提及魚子醬「kabiári」的紀錄，還有鹽漬魚卵「oiotárikhon」，後者可能是義大利語中「bottarga」一詞的起源，意為鹽漬鮪魚或灰鯔魚卵囊。農民、修士通常食用黑麵包、蔬菜、奶製品，或許還有豬肉[32]。

由於穆斯林在地中海東部迅速崛起，拜占庭政府為了戰爭開銷，對義大利地區施加更多的稅務壓力，同時拜占庭也為了捍衛神學體系，系統性地摧毀領地內一切宗教聖像畫，這導致義大利殖民地開始對抗君士坦丁堡的統治。阿瑪菲、威尼斯藉由選舉推

派出當地領袖，在實質獨立上又邁進了一步。倫巴底人則趁勢而起，佔領拜占庭的土地：伊薩翠特地區、潘達波里斯，位於今日羅馬涅、馬克地區。西元七二八年，倫巴底國王利烏特普蘭德（Liutprand）為了鞏固地方盟軍，將剛打下的蘇特里城（Sutri）贈予教宗額我略二世（Pope Gregory II）。這是羅馬教廷第一次獲取正式的世俗領土掌控權。幾年之後，教宗德望二世（Stephen II）擔心倫巴底人會進攻拉丁畝，向法蘭克人提出增援的邀請，當時拉丁畝在官方文件上隸屬拜占庭帝國，但被視為是教宗的勢力範圍，法蘭克人則是歸化基督教的日耳曼部族，居住在今日的法國地區。

西元七五四年，法蘭克人入侵義大利北部，攻下倫巴底人大部分的領土，並將伊薩翠特地區、潘達波里斯、溫伯里亞、拉丁畝等地，正式贈予教宗，成為日後教皇國（State of the Church）的基礎。西元八〇〇年，教宗良三世（Pope Leo III）為了答謝法蘭克人的協助，並想要進一步鞏固同盟關係，加冕了法蘭克的新王，也就是後來的查理曼大帝，教宗封他為「神聖羅馬皇帝」，承認他是榮耀羅馬的繼承人，也是基督教的捍衛者。倫巴底人在南義的公爵領地僅剩貝內芬托，這包含如今部分的阿布魯佐、部分阿普里亞與坎佩尼亞。拜占庭人依舊擁有薩丁尼亞與西西里的掌控權（不久後西西里會落入穆斯林手中），還有東阿普里亞、巴西里卡塔、卡拉布里亞，一直到十一世紀，這些地方被諾曼人（Normans）征服為止。在南部，佔地廣大的羅馬式農莊依舊是農業活動的核心，當地人依舊認為小麥作物、葡萄酒、橄欖油是不可或缺的食物（且具商業利益），但這些食物在北方的產量已經下滑。

采邑生產制度

拜占庭人為了確保領土不受侵犯,承認神聖羅馬帝國的存在,自此之後,法蘭克人能在義大利中、北部來去自由,這些地方的古老城鎮由於長年人口大量遷徙、戰爭、政變,人口下滑,貴族遷往鄉間,商業貿易消失無蹤。少了市場的吸力,城市無法留住工匠與商人,他們轉往貴族的莊園謀生,老城鎮過去的榮光僅能在教會階級看到一點殘跡,主教會選擇住在大教堂附近,藉此反映他們在靈性生活中(但也常包含公眾事務)的引導角色。總之,較需要人力組織的農業活動,比如果園、橄欖園、圍籬耕地,僅留下部分,且多位於靠近城鎮中心的鄉下地區[33]。因此,義大利城鎮雖然正在衰退,卻依舊活躍在文化、經濟、政治上,只是對同期歐洲其他地區而言,較不為人知。

法蘭克人帶來了自己的部族傳統與習俗,以此引進新的社會、政治、經濟系統,承襲自日耳曼羅馬文明,比如特許終生土地使

第九世紀的歐洲。

用權，稱為「beneficium」，還有「commendatio」——以服務換取保護[34]。國王、大貴族會將部分領地分封給最親近的追隨者，這些人被稱為「伯爵」（count），來自拉丁文「comites」一詞，最初意指同伴，在羅馬帝國時期，指稱得到皇帝信任而獲官職或軍階的人。疆界地區（拉丁文「marcae」）通常會分派給首席軍官「marquis」*。一開始，分封僅止於在軍事與經濟上需對國王負責，且可以隨時撤除的狀態，國王派遣到邊疆的代表，稱為「missi dominici」，意為「主人所派」，藉此掌控地方貴族，一旦戰事興起，貴族須為國王效力。但是，隨著時間過去，王侯們將自己控制的領土變成世襲封地，偏遠地區的勞動者雖然在法律上不屬於貴族，但卻在許多形式上受限於王侯，得卑微地仰人鼻息。

從經濟角度來看，這個系統——就是封建制度——基本上是讓貴族統治偏遠地區，政治核心為貴族的莊園「curtis」，這在北歐的法蘭克領土已十分常見，如今引入義大利，並因應當地沿襲羅馬法律傳統而形成的習俗與社會規範，做出調整。莊園管理分為兩部分，貴族得以直接使用住宅周邊的土地，管轄地稱為「pars dominica」，貴族也得照顧居於此地的農民，他們被稱為「主人的僕人」，「servi dominici」。這些人都不得離開他們勞動的土地，且畢生都需從事同樣的工作。莊園轄地一般包含生產食物的組織架構，比如小麥磨坊、烤麵包的烤箱、榨油機、釀酒的木桶與地窖，工匠會住在離貴族寓所不遠的城鎮鬧區中，替貴族提供服務。莊園剩下的部分稱為「pars massaricia」，會劃分成小田（mansi），在此勞動的農民稱為「servi casati」（住在小屋的僕人），他們跟主人的僕人相比，有較多自主權。不過所有的人每年都必須為貴族的農地工作一定的日數，也須上繳一部分微薄的農產收成，因此農

---

* 譯注：英語中的 marquis 為侯爵。

民更常面臨食物短缺的問題。由於農民的產出大部分都會被奪走，他們沒有動力去擴張耕地、增加收成或改善耕地。

隨時間過去，法蘭克人統治的歐洲分裂成三部分，最初義大利領土被劃進的轄區，其管理範圍包括低地國（Low Countries，如今的荷蘭）、洛林（Lorraine）、亞爾薩斯（Alsace）、勃艮第（Burgundy）與普羅旺斯（Provence），後來則被併入日耳曼，日耳曼國王也取得了神聖羅馬皇帝的封號。教會趁著各方政治勢力消長，企圖鞏固自主性，不受帝國勢力管轄，此舉引發嫌隙，持續數百年之久。直到十一世紀，法蘭克人引進的封建制度依舊是中、北義的主流制度，南部則保持在拜占庭人的掌握之下。

▌貧富狀況

由於大部分的糧食生產都位於自給自足的偏遠小區，受到封建貴族的管轄，農耕地只在城市之內或鄰近地區，幾乎沒有任何剩餘的糧食資源可供投資或貿易。以貨幣經濟為基礎的遠距離貨物交換實際上消失無蹤，僅剩香料之類的奢侈品，唯有社會最富裕的階級才能享受。

富人與貴族的飲食內容與用餐習俗顯示出他們的財富與社會地位，為了慶祝君主繼位、婚禮、戰勝與其他重要事件，封建領主會舉辦社交聚會，提供豐盛的餐食，藉此鞏固貴族成員的忠誠，也展示他們的文化身分。不過，宴會並非常見的事，貴族的日常食物跟地位較低的同輩人並沒有太大的分別。為查理曼大帝作傳的大臣安哈德（Einhard）筆下，這位法蘭克皇帝吃得很節制：

他很少舉辦宴席，除了重大特別的慶祝宴會，他會邀請許多賓客。每日晚餐只有四道料理，再加上獵人為他預備的串燒烤肉，

這是他最愛的食物……。他並不放縱飲酒，不論是葡萄酒或其他酒類，他在晚餐時很少喝超過三杯酒。夏季時，他會在吃完中餐後，食用一些水果，只喝一杯酒，接著寬衣小憩二至三小時[35]。

宴席上的賓客會喝酒，吃大量的燒烤肉類，狩獵、野味持續影響上流階級的餐桌，貴族為了私人使用而圍起來的土地面積越來越大。法蘭克人的統治之下，伯爵、侯爵，甚至較低階的封臣都會在沒有君主應允的情況下，聲張林地的土地特權。這種圈地行為自十三世紀起越來越頻繁，唯一例外的是西西里，當地的諾曼國王嚴密掌控領地的自然資源[36]。把獵場據為己有，不只是權力展示，也確保能獨佔該地產出的食材或貨品，上層階級可以藉由贈禮來鞏固社會連結。地產所有權的轉變過程發生的同時，所謂的「暴力貴族化」也正在進行，這是指只有貴族有權配戴武器。

葡萄酒再度受到歡迎，不只在封建貴族或宮廷生活之中，有能力購買的人也愛喝葡萄酒。當時的醫藥習俗認為這種飲料有益健康。這主要是由於曆法的緣故，也因為當時流通的飲食建議，收錄在比較有系統的醫學論文中，比如六世紀醫師安提姆斯（Antimus）所寫的醫學論文集《飲食觀察》（De Observatione Ciborum）[37]。

當時的葡萄酒通常酒精含量高，品質也不怎麼樣，許多文獻都指出，人們通常會將葡萄酒兌水喝，以緩和味道、稀釋酒精濃度。同時，飲用水摻葡萄酒喝，理當會較為安全。中世紀的葡萄園跟羅馬時期商業化的精耕果園不能比，多數位於城鎮周邊的修道院內，果園有圍籬，架有木樁，採用矮架垂枝的栽種法[38]。

至於農民、下層階級的城市居民的飲食習慣為何，我們缺乏圖像紀錄，但過去幾十年來的考古發現，讓歷史學家對多數人口的食物有較為清晰的概念。農民的主食是穀類與豆類，通常磨成

粉後製成麵包，或加水煮成粥類。當時多數情況下，只有莊園才有烤箱，也受到貴族控制，所以麵包相較之下比較昂貴，即使是以黑麥、燕麥製成的粗麵包也是如此。人們會把包心菜、甜菜根、胡蘿蔔、茴香、韭蔥、洋蔥拿來煮湯，做法是整鍋擱在壁爐上燉上一整天，湯裡可以放乾燥或醃製的肉品，特別是豬肉，新鮮豬肉被認為是非常奢侈的食物。我們可以找到的示意圖中，會發現當時豬的體型似乎比現在的小，毛也比較多，可能是比較接近野豬的品種。綿羊與山羊在全義大利依舊是重要經濟動物（體型也比現在的小），是羊毛、羊奶、乳酪與肉品的來源。公牛會協助耕田，母牛產的奶則用於製作乳酪，這是重要的蛋白質來源。事實上，考古發現指出，農民也吃牛肉，且不限於太老而無法工作的牛。另外，農民被允許打獵、捕魚，直到九世紀時，菁英階級將獵場圍起來僅供私用[39]，才有所改變。一般對中古時期的既定印象是傳染病頻仍、饑荒漫長，上述考古發現情況並不如此單純，但文獻資料似乎印證了刻板印象——西元一千年左右，有位修士寫下如下的文字：

當人們沒有動物或禽鳥可以吃的時候，受飢餓所苦的人們，會吃下任何腐肉，還有其他光是提到都讓人覺得噁心不已的東西。為了活下去，其他人會吃樹根、河邊的野草。但終究是徒勞無功，無人能倖免於神的怒氣，除了神自己[40]。

饑荒在藝術、宗教、傳說故事、文學中佔重要地位，尤其會以麵包匱乏來呈現[41]。

此時的修道院維持在特定日子茹素，每週五、懺悔節、其他宗教節日的預備期不吃肉。不過，在不少修道院群體中出現了較精緻的料理，內容有魚、蛋、小麥麵包。修道院能控制的土地面

積持續擴張,其中不乏河流、水塘,修士們可以吃到更多淡水魚。魚早已出現在羅馬的喪禮儀式中,而從基督教創立之初,魚就一直具有重要的文化涵意。福音書中有許多重要的神蹟故事以魚為題,從門徒捕魚,到五餅二魚的故事*,此外,初代基督徒以魚來代表基督,因為希臘文中,魚「ichthys」是「耶穌基督,人子,救主」的縮寫(Iēsous Christos, Theou Yios, Sōtēr)[42]。

　　羅馬帝國崩潰後,識字率大跌,即使上層階級也是如此,因此我們沒有中世紀早期的食譜文獻,但是,我們可以從意想不到的領域中,發現跟飲食、食物有關的記載,如外交、宗教生活。安提姆斯曾為拜占庭皇帝芝諾(Zeno)工作,後來輾轉到拉芬納為東哥德國王狄奧多里克效力,他曾寫信到《飲食觀察》給在梅茲(Metz)的法蘭克國王,他也叫狄奧多里克。安提姆斯的觀察紀錄透露出希臘羅馬飲食習俗跟其他「較不文明」的民族之間的文化差異,後者吃生肉,活像野狼:

　　也就是說,一如我們前面提到的,健康首要來自煮熟且妥善消化的食物。若有人問:「身在軍營,或長時間旅行在外的人,要怎麼遵循這些建議?」我的回答是:不管有沒有辦法用火,上述事宜務必達成。如果情況迫使人吃生肉,或是任何生食,至少不要常常吃,且不是為了口腹之慾。但我還可以多說什麼呢?古諺有云:「過量帶來痛苦。」飲酒方面,一個人若正在騎馬或勞動,會成為馭馬問題,胃可能產生的不適也會比進食更嚴重。

---

* 譯注:福音書記載門徒在海上捕魚,忙了半天沒有收穫。木匠家庭出身的耶穌,指示他們行船到特定地方再下網,被其他漁夫訕笑,門徒照著做了,居然捕到非常多的魚。五餅二魚的神蹟則是:大群民眾因為看到耶穌行神蹟,跟著他到上山去,約有五千人在野外聽他講道,直到吃飯時間到了,沒地方去買東西給眾人吃。群眾中有位孩子身上有五個麥餅、兩條魚,耶穌請眾人席地而坐,拿起那孩子的五餅二魚祝謝之後,傳下去分給民眾,結果每個人都分到了食物,大家吃飽後,還有剩的餅、魚,剩食湊在一起裝滿了十二籃。此為五餅二魚的神蹟。

\ 中世紀的饑荒 /

中世紀時，人們真的普遍餓肚子嗎？羅馬帝國崩潰之後，羅馬人、日耳曼人的農民找到方法應付食物缺乏的時期。他們穩定農耕與採集，在羅馬時期被認定為耕地「ager」與野地「saltus」的界線，此時逐漸模糊。雖然歷經戰爭、社會動盪、喪失耕地等壓力，但人口萎縮、缺乏政府管理的情況，讓最底層的人口較容易取得食物，即使僅是苦苦支撐罷了。當偏遠地區的農耕技術退化到不需要穩定投資、改善、有效管理的狀態時，地主就不再覺得有必要把私人產業圈起來，因此農民有短暫利用土地的機會，他們可以趁機造出空地進行耕作、飼養動物，或單純狩獵。

自九世紀起，隨著采邑制出現，地主能對食物生產、處理有較嚴密的控制，不斷奪走農民任何的盈餘。當鄉下生產力不足、缺乏糧食儲量、氣候略有變化等狀況出現時，若是遇上歉收，或是任何災亂發生，就可能讓被剝削的農民糧食不足。就算沒有災難性的饑荒，飢餓成為普遍的現象，存在於社會的日常結構之中，因此不但常出現在藝術、宗教、傳說故事裡面，糧食生產也是政治理想、策略的重點。當然，不同時期對於糧食短缺或饑荒的文化認知，會隨時間改變，也會影響重要的政治事件。雖然對食物匱乏的不安全感、基本食物價格高昂等確實會造成糧食暴動，但糧食不足如果是在社會能接受的狀況下發生，不一定會導致動亂。反之，有時糧食充足，但社會不安定時，人民感受匱乏，或者更普遍的情況是，由於文化、政治圈的權力消長，讓人民感到分配不均。

但如果有人問我：「為什麼有些國家的人吃生肉還是一樣健康呢？」一來，他們可能根本不健康，得自己找方法療養身體——再者，他們感到不適的時候，胃部、身體其他部位燒灼如焚，就像馬生病的時候發狂一樣——我這是舉個例子。他們吃的那種食物，跟野狼一樣。事實上他們攝取的食物種類很少，因為他們只

吃肉、喝牛奶。他們有什麼吃什麼,你會覺得他們身體好,是因為食物不足。至於飲料,有時他們會喝飲料,有時久久不喝,糧食不足似乎讓他們健康。事實上,我們愛吃不同的東西,喜歡的飲食也不同,愛喝的也不同,我們需要管理自己的身體,才不會過度豐盛,破壞了平衡。不過度進食,可能可以讓我們保持健康[43]。

本篤會的聖規三十九章標題是「論食物量」,指示修士應該吃的食物量,我們可以藉此觀察這些人的日常生活,他們投身工作與禱告:

依照每個人的身體病痛做調整,每日兩餐,分別在第六、第九個小時,我們相信有兩種熟食就足夠了,這樣一來,若有人不能吃其中一種,他也可以吃另外一種作為一餐。因此,要預備兩種熟食,足夠給所有弟兄吃。如果裡面有水果或新鮮蔬菜,可以加上第三種食物。一天吃一磅的麵包就足夠了,不論是其中一餐供應麵包,或午、晚餐都供應,若兩餐都供應麵包,地窖負責人應保留三分之一磅麵包,以供弟兄們在晚餐使用。

但若當天勞動強度高,院長有權在他認為合適時增加食物,總歸一句,不可過量,修士不應受到消化不良的影響,沒有什麼事比過量更與基督徒互相矛盾,因為我們的主說:「你們要謹慎,恐怕因貪食、醉酒累住你們的心。」

此外,同樣的量不應供給幼童,因為他們應得比年長者較少的份,行事有分寸。

除了病弱者,所有人都應禁食四足動物的肉[44]。

西歐沒有留下半點食譜文獻,東地中海的狀況則截然不同。

自九世紀起，政治新勢力來勢洶洶，對義大利半島造成了劇烈的
衝擊──伊斯蘭帝國來了。

▌穆斯林勢力擴張：來自東方的力量

　　先知穆罕默德於西元六二二年，從麥加遷移到麥地那，創立
了伊斯蘭教，他逝世後，信奉這個新興宗教的信徒，以驚人的速
度迅速拓展勢力範圍。幾十年內，北非、大部分的拜占庭與中亞
都成了伊斯蘭勢力範圍。勢不可擋的伊斯蘭教徒，只有八世紀時，
才在西方被法蘭克人、在東方被中國人擋下。這時的伊斯蘭帝國
已經掌控了西班牙大部分的地區，以及地中海南岸。八二七年，
當時伊斯蘭的首都設於今日的突尼西亞，他們攻打西西里與其他

定居在特里卡里科（Tricarico）的穆斯林所築的階地，鄰近巴西里卡塔的馬泰拉，
為了適應陡坡與水源不足的問題。

的地中海城鎮。隨時間過去，穆斯林佔領了科西嘉島、薩丁尼亞島、潘特勒里亞島（Pantelleria）。他們在八四六年攻打羅馬，接著進攻阿普里亞，並在該地建立巴利（Bari）首領國，策劃多次突襲行動，幾度到達法國南部。九〇二年，他們戰勝了西西里島東岸的陶爾米納城（Taormina），並征服了西西里。

從科技的角度看來，穆斯林文明改良並融合了精耕、灌溉、開渠、排水等不同的農業技術，提高收成，並且種植來自遠方的改良作物。近年來，學界對於伊斯蘭勢力在復興西歐農業上實際的貢獻有些爭論，雖然伊斯蘭教徒引進了新作物與技術，但其中有些早已存在該地區，只不過隨著歷史發展逐漸沒落，一度消逝[45]。不過，不論從任何角度來看，都可以說這波從中亞延伸到大西洋的勢力，促進農業發展，且採用了多樣化的農業技術，添加食材、菜色、料理風格。比如西西里引進了茄子、菠菜、石榴、扁桃（almond，也就是俗稱的杏仁*）、米、番紅花、木蘭（indigo）、甘蔗，後者促進了製糖活動[46]。後來還引進的植物包含檸檬、苦橙（sour orange，也稱酸橙。甜橙要到十六世紀才引進）、萊姆（lime，也稱青檸），後者稱為「lumie」，是西西里景觀的重要元素。不過，伊斯蘭勢力引進的作物多數只在南部栽種，沒有進入義大利半島其他地區，因為他們需要較進步的農業技術與科技，較不易在大型農莊的系統中執行，而且這些作物也被視為跟「異教徒」脫不了關係。至少在西西里，穆斯林移民重新引進了古老的地中海菜園，這也出現在他們佔領的中東拜占庭領土上。農業技術、農作物、農產品在伊斯蘭世界流通無阻，舉例而

---

* 譯注：almond，市面通用譯法為「杏仁」、「杏仁果」，為誤譯，扁桃原產中亞伊朗，果肉狀似皮革，不可食用，果核富含油脂，常作為堅果類、點心食用，也可榨油。俗稱杏桃的 apricot，即為「杏林」、「杏壇」等慣用語中的杏樹，果肉香甜，氣味強烈，果核仁稱杏仁，英語稱apricot kernels，可磨碎入菜或藥用，例如杏仁茶。中國常見種類分南杏、北杏，原產地為高加索、亞美尼亞、中國、日本或印度。

言，我們可以在阿拉伯食譜書中看到使用西西里乳酪的紀錄[47]。

伊斯蘭帝國眾多都市出現了獨創的烹飪風格、飲食習俗，十一到十二世紀的十字軍東征時，精緻無比的伊斯蘭飲食讓粗魯不文的基督教騎士印象深刻。用餐時，食物會以大托盤盛裝，放在小矮桌上，依照風俗用手取食。上層階級會使用湯匙、刀子，他們也極為重視食物外觀，尤其是裝飾擺盤與顏色搭配，金黃色、白色、綠色是他們認為最好的顏色[48]，原因可能是這些顏色代表純潔不染，這在伊斯蘭文化其他層面也可以看到，像是香氛、香水很重要，不只是備餐的時候使用，同桌吃飯的人也需要用，因為他們必須要乾淨清新才算合乎禮節（這也讓西方人無比吃驚）。從食譜上看來，伊斯蘭料理是各種料理文化激盪的結果，比如阿拉伯、拜占庭（使用地中海食材）與波斯，後者影響他們偏好炸肉，也愛在肉類料理中使用水果、堅果（包含扁桃），且吃米飯[49]。這時人們買得到糖，因此甜點、糕點製作的水準提升：他們會在冰上淋未發酵的加糖果汁（sherbet），也就是今日雪酪（sobet，不含奶製品的冰糕或冰沙）的起源；另外使用糖與磨成粉的扁桃仁來製作扁桃仁甜麵糊（marzipan）。製作蜜餞、糖飾的技術在地中海以緩慢的速度傳播，日後藉由義大利傳入全歐洲。

雖然伊斯蘭世界種族眾多，他們卻有共同的伊斯蘭認同，因而在經濟上能整合一體，發展出蓬勃的商業，貿易路線從地中海直達印度洋、南亞、東非[50]。在穆斯林商人的奔走下，異地的香料傳進西歐的基督教王國，包含印度（胡椒）、斯里蘭卡（肉桂），甚至遠自東印度群島（丁香與肉豆蔻），這些香料被視為奢侈品，且出現在醫療、食療理論中。西西里在伊斯蘭勢力統治之下，也被納入了熱絡的商業網絡。

伊斯蘭統治底下的地中海基督徒與猶太人被稱為「齊米」（dhimmi，意為保護民，也譯為吉瑪人），得以保有信仰，並照

西西里獨有的甜點，水果扁桃仁甜糕（Frutta di Martorana），以扁桃甜麵糊製成，彩繪成水果形狀，可能是由穆斯林引入。

樣在大城市中心工作，從事工商業。猶太群體生活在穆斯林的環境中，飲食文化受到的影響包含烹飪技巧、食材、口味，他們發展出的料理風格，後來被稱為塞法迪（Separdi，指伊斯蘭文化中的猶太社群，一般指伊比利半島猶太人）。西西里大城巴勒摩（Palermo）成為西地中海重要的經濟文化匯流處，諸多伊斯蘭元素融入了當地的飲食傳統中，當地的糕點業新元素除了蜜餞、扁桃仁糕、雪酪，還加了乾燥堅果與水果，諸如扁桃仁、葡萄乾、開心果（pistachio）、椰棗。直到今天，我們依然可以在西西里看到的伊斯蘭影響，包含酸甜兼具的料理、在鹹食中加入松果與葡萄乾、愛吃糖與蜂蜜等特徵，一如茄子甜味醬「caponata」、松果葡萄乾檸檬皮調味的烤沙丁魚「sarde in beccafico」，還有西西里人會在聖約瑟節吃的炸甜甜圈「sfinci」。

▋諾曼人：來自北方的新移民

穆斯林化的西西里發展出來的飲食傳統與農作物，在十一世紀初諾曼人入侵後，暫時沒有受到影響。這波新移民來自維京部族，祖先是戰士和水手，於西元九百年左右進駐法國的諾曼第（Normandy），此地就是以他們命名。諾曼人後來改信基督教，並於一〇六六年在英格蘭哈斯丁（Hastings）打敗了英格蘭人，佔領不列顛。諾曼戰士主要居住在北法，在歐洲各地受雇擔任傭兵，包含南義大利，他們也注意到地中海一帶的富饒。

穆斯林之後，並不是只有諾曼人橫掃歐洲，還有從東歐草原遷徙到潘諾尼亞（Pannonia，為古稱，位於如今的匈牙利）的匈牙利人，這支民族進犯義大利，大肆破壞波河平原、托斯卡尼的

蒙特堡（Castel del Monte），由諾曼國王、日耳曼皇帝腓特烈二世所建，透露諾曼人在南義大利的軍事勢力，位於阿普里亞的安德里亞附近。

二、侵略者

亞平寧一帶，這波戰爭動搖了法蘭克人遺留下來的權力結構，並讓當地在抵禦入侵者的同時，產生了一些自稱有領導權的人，也就是所謂的貴人「boni homines」。歷史上，貴人有時是當地的伯爵，他們所掌握的農地被稱為「伯爵之地」（contado），這個詞衍生出義大利語中的「農夫」（contadino）。隨著時間過去，義大利中、北部的都會區因有特殊豁免權，得到程度不一的自治實力，不完全受封建領主的控制，所以「contado」一詞慢慢衍生出「鄉村」的意涵。

貴人推動碉堡、城牆、壁壘、塔樓等建設，這些設施多位於丘頂，成了城鎮的核心，如今依然吸引遊客前往參觀。為了抵禦攻擊，房舍會比鄰而蓋，農民本來會住在鄉下獨立的農舍中，此時不少搬到具有防禦力的市鎮中心，農人必須通勤到田裡，也改變了農作實務[51]。此外，由於不少棄耕地變成了瘧疾肆虐的沼澤地，丘頂的居住條件也較健康。

北半島的政治版圖劇烈變動的同時，南部坎佩尼亞薩勒諾（Salerno）則雇用當地的諾曼傭兵來抵禦穆斯林入侵，這些諾曼人後來得到的封建領地包含阿弗沙（Aversa）、梅爾菲（Melfi）、卡普亞等城鎮。諾曼人很快成為捍衛教宗、抵禦伊斯蘭與拜占庭人的要角。一〇九一年，貴族羅伯特‧赫特維爾（Robert of Hauteville）打敗穆斯林，將其驅逐出西西里，赫特維爾之子羅傑繼任後，將勢力範圍拓展至前拜占庭殖民領地，含阿普里亞、巴西里卡塔、卡拉布里亞、倫巴底領地的貝內芬托，以及薩勒諾、阿瑪菲、那不勒斯等城市，這些地方在此之前保有程度不一的自治。

諾曼國王統治的族群混雜，包含希臘人、阿拉伯人、日耳曼子民、羅馬日耳曼後裔，因此諾曼人的禮俗、政治、官僚體系也吸收了不少拜占庭元素[52]。他們帶來了中央集權的政治結構，聘

用希臘、阿拉伯的政務官，但也混合諾曼人在北歐地區執行的封建系統原則。統治者可以直接支配龐大的財產，十分注重貿易與農業稅收。總體而論，此時由於戰禍頻仍、灌溉系統年久失修、穆斯林農夫被驅逐出西西里等因素，導致產量下跌[53]。當時最重要的作物是小麥，但有時當地居民甚至無法取得小麥，因為歐洲人口增長（我們會在下一章討論這個議題），小麥多半出口至他處，以獲得更高的售價。赫特維爾國王減低外國商人的稅額，保住了南義大利在地中海貿易的位置，尤其是西西里[54]。不過，糧食匱乏時，國王會下令禁止出口，並確保需要小麥的地區有配給。一二六八年，安如王朝（Anjou）的統治者取代諾曼人稱霸西西里後，依舊延續這種做法。另外，諾曼王在特定商業活動上，也保有壟斷權，如製鹽、鮪魚捕撈。教會、修道院通常有高額的免稅權、土地捐贈，甚至可在貴族領地放牧，不過綿羊山牧季移衍生出不少問題[55]。

　　義大利南北方被兩股不同的政治勢力佔領，各自發展經濟結構，影響接下來幾百年的發展。義大利北方在羅馬帝國的影響之後，加上日耳曼部族長久以來的滲透，以及最新一波來自北歐的諾曼征服者，讓義大利的飲食史出現了關鍵性的轉折。而南方接收來自遙遠國度的族群、非常多元的習俗，則對其地中海農業、農產品有了深遠的影響。移民、戰爭、饑荒、瘟疫造成人口減少，促使耕地面積縮減，大片土地從耕地退回至野地，多數回歸山林狀態。原本希臘羅馬文明中獨重農耕，視為人支配自然力量的最高形式，因而缺乏狩獵、漁撈、採集等活動，由於日耳曼移民重視人與自然的關係，而有了新的文化意涵。飲食習慣也改變了，每一波移民浪潮都帶來新的農產品、習俗與科技，以此為基礎發展出的文化大拼盤，將會在十二世紀之後開花結果，屆時農業技術創新突破、人口大幅增長、市場經濟重生、新的政治社會結構

出現等，種種因素，為義大利史上最精緻、最有開創性、最具創意的時期，奠定了基礎：文藝復興時期。

記述腓特烈二世獵鷹狩獵活動的手稿插圖，十三世紀。

重生

自十二世紀起，繼燦爛輝煌的羅馬帝國後，義大利半島再度成為世界的文化中樞，儘管群雄爭霸、戰事頻仍、外敵侵略、內戰與政爭不斷，義大利各城市依舊蓬勃發展，在農產量、貿易、社會階級流動上皆有可觀的成就。這些劇烈的轉變也出現在藝術與文化中，迸發而出的絢爛成就，後世稱為文藝復興。

農業起飛

沿海城市如熱那亞、比薩、阿瑪菲、威尼斯等，僅在名義上受拜占庭統治，事實上則獨立自治，他們也被稱為海事共和政府，為了因應內陸農產不足，專攻高價商品貿易，如葡萄酒、橄欖油。十字軍東征期間，歐洲基督教王國動員軍隊長征穆斯林聖地，在義大利沿岸的大型貿易據點則成為居中調解歐洲與受伊斯蘭勢力掌控之地中海領土的中介。

改變最劇烈的是義大利中、北部，這些地方名義上是日耳曼皇帝的勢力範圍，日耳曼人取代了法蘭克人成為神聖羅馬帝國的領導人。歷經數百年的衰頹，義大利城鎮逐漸發展自治，建立由

市民自發組織的政治結構「comuni」(地方自治體,多以城鎮為單位,可理解為城邦)。此時從鄉村遷徙到城市生活的不只是商人與工匠,勢力較小的封建領主也加入了城鎮生活。貨幣開始流通,促使地主進行財務與商業投資,資金則由都市菁英管理。這些活動促使銀行業、信用債券發展,比如可以讓資金遠距移動的信用證。熱鬧的市集再度成為都市生活的中心,接收鄉下來的農產品,由於農業科技革新,此時有多餘的產量可以交易。商業活動成為城鎮稅收的重要基礎,為了交易各種農產品與商品,迫切需要有效控管食物品質與公定的度量衡。

由於當時保存食物的技術有限,僅有少數鄉村產製的食品,特別是葡萄酒與乳酪,能在外地打出了好口碑的,這得歸功於發達的貿易網絡。一三五〇年代,薄伽丘的著名短篇小說集《十日談》(Decameron)提到了帕瑪森乳酪[1]。故事中有處虛構的鄉村樂土:好命村(Bengodi)的資源取之不盡,有座帕瑪森乾酪粉堆成的山,大量的通心粉、義式餃(ravioli)會從山上滾下,沾滿乳酪絲[2]。

這些幻想故事一方面表達了生活不虞匱乏的渴望(也就是說,當時糧食不足依然是普遍的情形),另一方面,也反映出義大利中、北部的關鍵性轉變,出現了新的食品與習俗。這一代的農民在城鎮周邊砍伐森林、重建耕地、排水,為了先前棄耕的大片土地勞動。少了當地貴族傳統支配權,新增的可耕地將使人口大幅增加。有時由於過度伐林、公有地變成私用圈地,導致公用牧場不足,採集農業產量下降,這時牛隻飼養數量會下降,導致糞肥稀缺[3]。有些封建領主為了提高土地生產力,會邀請修士到自己的領地建造修道院,尤其是有沼澤帶需要排水、改造成耕地的時候。修士的貢獻還有重新組織大規模放牧地,包含山牧季移:因應季節變化,讓綿羊在南部平原過冬,夏季時將羊群移往較涼爽、

草場豐富的中部丘陵地放牧[4]。此舉自然促進修道院的規模、勢力增加，地主、偏遠地區貴族也時常捐贈土地給修道院。此時的農民大多是雇工，管理土地生產、作物商業化的則是修士。隨時間過去，修道院飲食變得更豐富、多變化，即使修士依然遵守特定時間禁食的習俗，他們可以吃到的蔬菜水果卻多過上層階級。

都市中心會組織附近領地的土地規劃，特別是丘陵地因為過度伐林造成的土壤退化[5]。由於建造、柴火等木料需求增加，丘陵地大多被夷平，開放田地則種滿栗樹、橄欖樹等樹種。在亞平寧山脈一帶，當糧食不足時，人們會磨碎栗子粉，摻入麵粉中，做出各種能填飽肚子的食物。山坡地常常直接開墾成耕地，農民會建造梯田（義大利語「ciglioni」、「terrazze」），種植橄欖樹、葡萄樹、柑橘類果樹，這也加劇了土壤侵蝕，受影響的地區包含托

阿雷索（Arezzo）大廣場。在城邦的經營下，廣場成為義大利自治城鎮重要的文化、政治生活中心。

斯卡尼、利古里亞沿海、阿瑪菲沿海、西西里等，這些地區由於山地緊鄰海岸，土壤侵蝕、雨水沖刷的影響嚴峻。

市鎮也進行調節供水系統的工程，建造灌溉溝渠、維護河岸。波河平原一帶進行的人工建設，提升水運與貿易量，並促使水磨分布更廣。科技進步是農產產量增高的基礎。此時，舊式的兩年輪耕制（穀物與休耕）被三田輪耕制取代，農人得以種植秋季作物（小麥）、春季作物（豆類、大麥、黑麥），並在休耕時種植香草作物。隨著鍛造金屬器具的技術進步，鐵器在人民的生活中較常出現，鐵匠開始鍛造新式工具，如沉重的板犁（mouldborad plough），與此同時也開始使用前軛（front yoke），牛隻更能調節呼吸，也能運用全力拖動犁，生產力因而提升。地主、修道院栽種葡萄園，不論在鄉下或都市都很常見。不過，雖然鄉村生產力

文藝復興畫家曼特尼亞（Andrea Mantegna），《在橄欖山上祈禱的耶穌》（*Jesus Praying at the Mount of Olives*），一四五九年，維洛納。這幅畫仔細描繪了山坡上的農業活動，鄰近的丘頂則是大城鎮。

在亞平寧一帶的人們會將栗子磨成粉，摻進麵粉，變化出各種能填飽肚子的食物，尤其是在糧食匱乏的時期。

提高，農民的生活水平卻未必隨之提高，雖然農民不再受到封建地主的控制，卻依然得為都市菁英階級服務，農民不再依循傳統提供勞力，此時農民與菁英階級之間的關係，改為經濟與司法義務所規範的契約關係，所訂的契約通常致力於提高生產效率與貿易利潤。從都市遷出的農村人口，依然會栽種並食用收成量較低的穀物，如黑麥、燕麥、大麥。

　　靠近城市的復耕地通常種植小麥，這增加了城市麵包消費量，市鎮主管單位不時調節小麥貿易、稅收，以確保小麥供應充足[6]。早在一二二八年，威尼斯就建立麵粉糧倉，一二八四年，佛羅倫斯成立專門管理穀類供應與銷售的機構「Sei del Biado」[7]。由於小麥越來越容易取得，城市消耗的義大利麵數量也提高了，現做或乾燥都有。傳統上以低筋麵粉來製作新鮮義大利麵，常常擀寬成薄平狀，稱為義式千層麵（lasagna），在古希臘文獻中就出現過「laganon」這個詞，證實這樣食材在地中海悠久的歷史。新鮮義

大利麵可見於菁英階級家族的私人廚房，或由當地專賣店製作販售。乾燥義大利麵則稱為「tri」或「tria」，這個字是來自九世紀的敘利亞、阿拉伯醫學用語「itriyya」簡化而來，最早可能可追溯自希臘詞「itrion」，蓋倫曾在他的醫學著作中使用該詞。後來，「tria」這種食物變成了「vermicelli」（小蟲）。薩丁尼亞的「fideos」一詞，與利古里亞的「fidelli」，皆來自阿拉伯語中的「fidaws」，也指長得像小蟲或米狀的義大利麵食品。

乾燥義大利麵是為了遠距商業貿易而製造。西西里地處地中海心臟，加上大量耕種硬粒小麥（durum wheat），成為乾燥義大利麵製造重鎮。十二世紀時，「itriyya」義大利麵的製造地位於巴勒摩附近，經由船運出口至卡拉布里亞，以及其他基督教領土。這項經濟活動被穆斯林地理學家伊德里希（Al-Idrisi）記錄了下來，他服侍西西里國王羅傑二世。熱那亞、那不勒斯在不久後，將一躍成為義大利麵貿易的重要城市，但在十四世紀前，西西里唯一的競爭地區是薩丁尼亞，當時薩丁尼亞受亞拉岡（Aragon）國王管轄，生產大量的硬粒小麥，出口的義大利麵商品被當地海關人員稱為「obra de pasta」。當時的食譜極少提到乾燥義大利麵，反映出當時貴族或許不太接受這種食材。上層階級偏好新鮮、保鮮期限短的食材，認為這類食物跟醃漬或乾燥食品相比更吸引人，且能反映他們的地位，因此他們聘用廚師，依照需求現做義大利麵，據信能凸顯階級與財富。不過，乾燥義大利麵確實曾出現在獻給亞拉岡王朝的貢品中，富有的都市居民也會食用乾燥義大利麵[8]。

▌ 都市文化與精緻餐飲

城市發展迅速，食物相關的職業分工越來越細，也出現了行

業標準。為了提升地位，匠人建立行會（義大利語稱「arti」或「corporazioni」），在當地政府嚴格控管之下，規範產業標準與生產流程。只有經過長期實習的工匠能加入行會，行會也保證會員能得到工作機會，並在意外發生時提供協助。同時，由於行會限制了從業人數，他們的服務得以維持高報酬。最受尊敬的行業包含麵粉磨坊師傅、麵包師，客戶會提供麵粉，讓這些匠人製成麵包、蛋糕，擁有烤箱的人則會烘焙出最後的成品。來自北部皮亞琴察城市（Piacenza）的麵包師地位崇高，甚至獲許捐獻、認購當地大教堂的其中一根柱子，且將他們工作的畫面雕刻成柱頭裝飾。就連酒館主人、屠夫等以往幾乎被認為等同罪人的行業，也被允許成立行會。食品製造一般在城外進行，以免臭味、穢物進入市鎮，比如屠夫、肉品醃漬、乳酪製造[9]。屠夫會將工作流程較髒污的部分，留給其他工匠，比如專門販售牛羊腩的小販、製作豬背脂（lardaroli）、薩拉米臘腸（salaroli）的小販。由於市集活動密集，促進酒館業蓬勃發展，他們提供旅客葡萄酒、麵包、乳酪（通常較少熟食）等食物。

　　貿易、匠人食品產業勃發，再加上農產品產量上升促進糧食供給，義大利全境的餐飲習慣因此轉變，進入下個階段。

　　貴族、上層階級有能力頻繁地舉辦精緻、高雅的宴會，端出備受推崇的食材料理。以往，貴族戰士透過大吃大喝來展現身體素質、財富、社會地位的概念，現在落伍了，取而代之的是能展現社會階級的料理與餐桌禮儀。正式餐會上，賓客會共享公碗、高腳酒杯、大木盤中的食物，一般會擺上麵包片或墊著木片的固體食物。喝湯、食用含醬料的食物時，可以使用湯匙。賓客以手取食，並以桌巾擦手，桌巾則是餐桌上新出現的裝飾品。把手指吸吮乾淨、將食物放回公盤上、在桌邊吐痰等行為，會被視為沒有禮貌。葡萄酒常見於各種用餐場合，價格、品質、產地、名氣

＼ 香料與探險 ／

被視為奢侈品的香料，在中古世紀晚期後的義大利變成重要元素。在伊斯蘭統治之下的貿易網絡，異國香料傳入地中海與西歐的基督教王國，包含印度的胡椒、斯里蘭卡的肉桂，甚至遠自東印度群島的丁香與肉豆蔻。十五世紀時，西班牙人將摩爾人驅逐出境，葡萄牙人大受鼓舞，也想突破埃及馬木路克王朝與鄂圖曼帝國的貿易壟斷，參與黃金、奴隸，以及珍貴香料的貿易，後者藉由威尼斯與少數其他港口，緩慢、小量地流入歐洲。於是葡萄牙人在愛德華國王的手足「航海家」亨利王子（Henry the Navigator, 1394-1460）的帶領下，展開了大規模的探險活動。

葡萄牙相繼取得馬德拉（Madeira，一四二〇年代）、卡納里斯（Canaries，一四三〇年代）、亞述群島（Azores，一四四〇年代）等殖民地，成為舊大陸作物流入新大陸的第一步，諸如糖、香蕉等。葡萄牙在塞內加爾、維德角群島（Cape Verde）建立西非海岸的貿易據點後，於一四八七年越過好望角，自此闖入印度洋貿易網絡中。他們沒有建立殖民地，但想辦法佔領重要港口，比如波斯灣的荷莫茲港、莫三比克沿海城鎮、紅海口的亞丁（Aden），以及位於今日馬來西亞

在文藝復興時，肉豆蔻是非常貴重的香料。

的麻六甲。葡萄牙人進一步在澳門建立據點，直接與中國進行貿易，接著到了長崎，首度打開日本外貿大門。

葡萄牙人在航海上的斬獲，一度於十六世紀初限制了威尼斯的香料貿易，但後來香料貿易又輾轉回到地中海，部分原因是駐印度的葡萄牙機構辦事不力，無法有效管理紅海與波斯灣。威尼斯商人專營埃及亞歷山卓港與敘利亞阿勒波（Aleppo），經營往來伊拉克巴格達（Badhdad）與巴斯拉（Basra）的商隊，歐洲因此得到更多的香料，尤其是胡椒，消費量也大幅上升。

決定該酒款的地位、適合何種社會位階飲用。根據醫療與飲食建議，葡萄酒被認為有益於所有人的健康，不論年紀、季節、地理位置皆然，可預防與治療疾病，且在四種體液學說裡，被視為「熱性」，因此人們認為葡萄酒可幫助消化、製造血液。

精緻料理常常採用昂貴的香料，如肉桂、薑、胡椒。義大利透過十字軍東征，與東地中海地區建立連結，並重拾人們對異國料理、食材的興趣。番紅花為料理提供金黃色澤，而當時幾度被視為香料的糖，則用來裝飾、豐富許多料理。

富人的餐桌上，野味與雞、豬、羊肉一併上桌。肉類常會先燉煮，才放在鍋上燒烤或串燒。醫療理論常說蔬菜、豆類對於貴族嬌貴的胃而言太難消化，因為這些食材特性冷且濕。但我們可以看到，上層階級對這樣的說詞並沒有太多疑慮，豆類、蔬菜貼在地面上生長，感覺比較適合下層階級人民食用，反之，人們認定家禽營養豐富，適合上層階級講究的品味。貴族天生適合食用較輕、較精緻的食物，勞工、鄉下人才有能力消化粗食，比如黑麵包或野菜。理論上，每個人的身體都是宇宙的反映，由神無限的智慧塑造而來，飲食應該遵行所謂世界的神聖秩序，也包含社會組織與不同階級的秩序。人們不認為飲食習慣是受到經濟影

響的結果，飲食選擇出於天生直覺，反映的是一個人的靈性天性[10]。味道很重要，由於反映食物在四種體液上的特質，不只影響一餐的風味，也影響食用者的健康，因為人用餐愉快時，也會比較容易消化。味道分類除了甜、苦、鹹、酸、酸性之外，當時的人用來形容味道的詞還包含「澀」、「油膩」、「辛辣」，還有神祕的「ponticus」一味[11]。

中世紀晚期，義大利農業起飛的同時，都市生活興起，上層階級的飲食內容改變，對食物的觀點也轉變了，這時出現了第一批烹飪書籍，並非純屬巧合。我們所知的第一本烹飪書是十三世紀末的《廚房之書》（*Liber de coquina*），以拉丁文書寫，作者可能任職於那不勒斯的安如王朝。當時能識字、書寫的人極少數，食譜集反映較高階級的飲食風格，專為教育程度高的讀者而寫，可能是可以藉此選擇菜色、指揮傭人的貴族，或者純粹為了興趣而讀。我們能在《廚房之書》中看到義大利的在地特色傳統，比如熱那亞流行的義大利麵，或羅馬風格的包心菜食材，書中也提到了更富異國風情的料理，透露歐洲地區之間的食譜交流，廚師也會在不同的朝廷任職。這本書收錄的食譜也有受到歐洲其他地區的貴族嫌惡的蔬菜料理。

奢侈的蔬菜料理添加了昂貴的香料，準備過程也非常講究，顯示蔬菜料理深入社會不同階級的生活，而許多廚師出身於較低的階級，服務於較高的階級。到了十四世紀末，則出現了以當地方言或義大利語寫成的食譜書，比如未具名的《廚師之書》（*Libro per cuoco*）以威尼斯方言寫成。方言寫成食譜書收錄了務實的指南，提及食材、花費、準備時間或必要的廚具，或許是為了識字的專業廚師而寫，顯示廚師的地位上升。

托斯卡尼則專出以通俗義大利語寫成的烹飪書，這種語言是現代標準義大利語的前身，《十二位非常貪吃的貴族》（*XII gentili*

＼ 如何烤鑲餡孔雀 ／

去除孔雀的皮毛，但保留頭部羽毛。取一些豬肉，不可太肥，剁碎後，與一些孔雀肉一起搗爛。並研磨肉桂、肉豆蔻與其他喜歡的香料。將香料與蛋白仔細混合，再混入肉，用力捶打。蛋黃放一旁備用。將香料絞肉團填進孔雀中，再以豬網油（豬內臟外層的白色網狀脂肪）包覆，並以長木串固定。保持這個模樣，放進溫水鍋中，小煨。當肉稍微縮水後，以肉叉串起來燒烤或炙燒，並刷上一些剛才放著備用的蛋黃，不要全部刷上去，要保留一些做肉丸。製作肉丸時，將生的豬後腿肉用刀剁碎，再用力捶打，將蛋黃、肉與香料混合之後，用手掌搓成小丸。讓肉丸在蛋黃液中滾一滾以上色，放進滾水中川燙，燙過之後，你可以將肉丸烤一烤，並以蛋黃裝飾，加上一根羽毛。你可以將這些肉丸放進孔雀裡面，或是放在網油下面。完成之後，將孔雀的皮與完整的羽毛鋪回肉上，可以上菜了。

鱒魚派

製作硬麵糊（以麵粉與溫水），整成鱒魚的形狀，或是圓形。取鱒魚，去鱗片、內臟，清洗後抹上鹽，將魚放進整形之後的麵糊，在魚上撒研磨香料、油、番紅花。沿著鱒魚的外形，把麵糊封起，在頭尾做出角狀，像船的感覺，再於頭尾各戳出兩個小孔，也可以改成只在中間各戳一個孔。放進烤箱開始烤，或放在特斯提（也就是熱石）之間。當派烤熟後，淋上玫瑰水或橙汁，或瑟船戈橙汁（這個品種的橙風味較強烈，人們認為具有療效）。如果這個時節有肉品，可以豬背脂取代油。你也可以用其他的魚做出類似的派：沙丁魚、鯷魚、紅鯔魚或其他。

---

homini giotissimi）很可能是為較上層的中產階級而寫；《烹飪之書》（*Libro della cocina*）成書於十四世紀末至十五世紀初，大量借用了《廚房之書》的內容，但收錄的蔬菜料理更多。我選譯的

兩篇食譜，顯示這本書的讀者有能力雇用專業廚師，是大戶人家。這兩道料理都特意引人驚嘆，推測應是正式宴會的菜色。

▍危機、復甦

　　並不是全義大利都經歷了經濟與社會蓬勃發展，南部依然受諾曼人統治，無法取得政治上的自治，也沒有適合經濟創業的環境。由於缺乏專業勞工，這地區產出的經濟作物重要性下降。十三世紀時，霍亨斯陶芬王朝的腓特烈二世同時身為西西里國王、神聖羅馬帝國皇帝，由於錯綜複雜的繼承與政治關係，他曾試圖振興木藍、糖等產品的耕作狀況，以及其他較常見的食材如橙、茄子、扁桃。他雇用當地的穆斯林為他工作，當時穆斯林社群人數不斷減少，他也外聘來自穆斯林國家的專業農人到西西里工作。但腓特烈二世逝世後，振興商業性農業以賺取資金的計畫，隨之停擺，西西里農業要一直等到十四世紀末，在外商投資之下，才得以復甦[12]。

　　腓特烈二世加強貿易管控。來自聖捷曼諾的史家里卡多（Riccardo of San Germano）撰寫的編年史中，提到一二三二年，腓特烈二世頒布法令，將下列商業行為視為犯行：以母豬換豬、販售死掉動物的肉，或販售腐敗的食物、保存期限短的商品、以水稀釋葡萄酒。違反法規的商人，須支付一盎司黃金的罰鍰，若商人是對朝聖者做出上述犯行，罰鍰倍增為兩盎司。再犯者，砍去一隻手，三度者處絞刑[13]。該法令顯示當時的商人與市場普遍缺乏信譽，而國王決心打擊當地傳統與特權，以直接掌控城市生活與商業行為。

　　一二六八年，由於教宗認為西西里王朝與神聖羅馬帝國勢力統一，會帶來威脅，因此協助查理登上王位，成為安如王朝的查理王（Charles of Anjou），他是法蘭西國王路易八世之子。這次的

政治變動，導致義大利南部大量的猶太族群被迫皈依基督教，有些猶太人私下依舊保持自身的文化與宗教認同，而部分猶太人則遷徙到東地中海，加入其他社群[14]。安如王朝在那不勒斯的勢力持續到十五世紀中，但他們很快就失去了西西里，一二八二年，西西里貴族選擇西班牙的亞拉岡王朝作為他們的國王，驅逐安如王朝的勢力。

　　十三世紀過後，歐洲與義大利的人口與經濟成長趨緩，氣候變濕冷，饑荒時常發生。黑死病先侵襲東地中海，後於一三四七年橫掃義大利，帶走了上百萬人命。大片耕地、村落被棄置。人口高度聚集的市鎮中心，加上衛生不佳的居住環境，讓居住在城市裡的人容易染上疾病。人口驟降後，食物需求也下降，小麥價格隨之下跌。在一片愁雲慘霧之中，只有倫巴底一枝獨秀，該地

威尼斯商人藉著東地中海的香料貿易，累積巨富，並建設華美的府宅與之相襯。

三、重生

111

農業活動穩健，疫情末期時，地主反而找不到廉價的勞工來幹活。不少活下來的人佔據了死者留下的田地，要求更高的薪資，同時發展出佃農制度，稱為「mezzadria」，尤其以托斯卡尼、義大利中部最盛，因為該地區的農民擁有牛群與農具。

　　南部由於主要依舊是封建分地制，法蘭西、西班牙的貴族跟南義當地貴族勾結，規避皇家掌控，將公共農地圍起私用，並因應羊毛需求增加，他們擴張自己的「保留地」以放牧綿羊[15]。北方牛隻牧養通常固定在牧場周邊，但中、南部半島的農民則擴大了山牧季移的規模。牧養在阿普里亞過冬的羊群所得到的利潤，由「Dogana delle pecore」（直譯為綿羊的海關）收去，這是亞拉岡王阿方索一世（Alfonson I of Aragon）於一四四七年在盧切拉（Lucera）設立的政府機構，後於福賈（Foggia）另設一個。教宗也在阿格羅馬諾成立了類似的機構。由於南部貴族缺乏改善農業技術的動力，農民生活水平非常低，除此之外，僅有那不勒斯少數君王及教宗企圖推動農業技術升級，投入沼澤地排水工程，以增加耕地。

　　由於中、北部義大利動盪不休，城邦決議聘用專職的領事「potestà」，來協調各城市中分歧的派系與集團利益，當協調無法成功，各地區自治轉而擁抱不同的自治形式，比如大人「signorie」（受城邦承認握有大權的人），以及大公「principati」（最早是指可以代表更高權力的新領袖，如教宗或皇帝的人）。寡頭政治與貴族體系得以壯大，這樣的政治模式，當時在威尼斯運作已久，一二九七年，若沒有在前一年得到會員資格的威尼斯人，當年不得參與大議會。此時統治威尼斯的菁英廢止了「commenda」類的合股合約形式，此舉大幅限制新進商人爬升階級的可能，並將國際貿易保留給貴族享有，特別是營利的東地中海貿易[16]。

　　不過，貴族投身政治之後，反而對義大利許多地方的土地管

理帶來正面影響，偏遠地區的收成與產量都增加了，尤其波河平原，米蘭、威尼斯的集權統治更易於推動公眾事務，特別是改善衛生條件、開鑿運河灌溉等工程。各宮廷紛紛投入資金，以增加農業收益、展示權利財富、聘用來自義大利半島其他地區的技術人才與科學家。波河平原的運河將土地切割成四邊形的田地，沿河岸種植樹木與矮叢，並栽種葡萄樹，攀附在圍林上[17]。這樣的地景被稱為「piantata」，與拜占庭人引入南半島的桑樹叢，遙相呼應[18]。桑樹刺激了絲綢業，在當時依然是地方重要產業。十五世紀，由於北義大利的地方政治投資水資源管理，技術進步後，稻米栽種得以擴大面積。近代農場的工作模式大致底定，作物輪耕地同時也進行牛群牧養、乳酪製作與糞肥採集，作為肥料來源。休耕期間則種植紫花苜蓿（Alfalfa）、紅豆草（sainfoin）、三葉草（clover）等，確保土壤保持肥沃，並提供牛群草料。

政治動盪與文藝復興

由大人、大公統領的義大利城鎮、王國各自運用外交手段與政治勢力擴張版圖，打壓鄰近政權，導致戰事頻仍。外來勢力，如法蘭西、西班牙，趁勢兼併小型地方勢力，壯大在義大利半島的影響力，他們常派遣大軍壓境，戰亂、破壞不斷發生。不過，十四世紀的義大利半島政治動盪不安的同時，也經歷了深層的文化昇華，他們重新擁抱羅馬、希臘藝術，庶民文學與哲學變得重要，壓過了傳統教會的教誨，此時人們也重新檢視人類在歷史與自然中的定位。義大利宮廷為了彼此競爭，贊助藝術創作（包含教宗的宮廷），爭相聘用最好的藝術家，以展示宮廷的權勢，因此藝術發展興盛。

義大利各王國皆有自己的法律、商業制度、貨幣，甚至有自

義大利，一六三五年。

已的度量衡系統。這或許阻礙了貨物流通，當時依然有匱乏、乾旱、戰爭的問題，不過也提高了異地商品的貿易價值，部分商品變成新奇的事物，或可以彰顯社會地位[19]。北部、中部義大利成為顯著消費主力，市集成為重要的公開場合，可以協商習俗、品味、社會關係等事務。市集對政治而言也十分重要，市場供給的管道一旦被破壞，很可能導致社會躁動，另一部分，由於酒館、妓院的存在，就算不會帶來危險，也可能會有道德的疑慮。當時的良家婦女不能單獨上街購物，也不能在店裡隨意看看[20]。

市集的實體環境讓大眾、負責管理貿易的公家單位都能監督交易情形，一般來說，顧客在街上、廣場的開放空間川流不息，而商家在則在店鋪裡櫃檯後方。市鎮興建商業用途的永久性建物，如廊道，不過人們還是可以在搭棚擺攤的暫時性市集買到食物，

通常擺攤市集會依照習慣擺於在固定的地點，當地的主管機關也會來稽查。鄉下來的農夫可以擺攤販賣自己的貨品，搭棚、搭桌，甚至只是在地上鋪張地毯，只要付場地費給市場管理機關就沒問題。人們也可以從街邊小販購買熟食，有移動式的食物推車，或附有固定廚房、櫃檯的店鋪，還有酒館、旅店等地，提供旅人住宿。為避免詐騙案，國家、市鎮會與基督教機構、商業行會合作，實施一定程度的控管，以確保市鎮能正常運作，並確實掌握食物銷售、製造、改良的部分環節。菁英階級會聘用男性廚師來管理廚房、組織廚房小廝工作，這些男性廚師隸屬行會，一般家庭則主要由女性負責準備食物。

▋ 宮廷奇觀

我們可以從個人家庭環境中，看到當時的消費者在市場上享受到的商品種類有多麼多樣、豐富。當時人們再度追求生活中的感官享受，這在前幾個世紀都不被重視，這波風潮影響了社會對食物的觀點與美學觀念[21]。在文藝復興時，宴會是上流社會的重要社交場合，宴會上除了高品質的食物、廚藝高超的料理之外，還得提供賓客刺激與娛樂，以及視覺饗宴[22]。我們可以從這時期不少繪畫創作的描繪中，看到宴會場合的重要性，而畫家也會特意選擇呈現那些能讓看畫的人驚豔的宴會活動，並以此向他們的贊助人致意，炫耀贊助人的財富與雅致的品味[23]。當時宴會鋪張奢華，義大利各地的公家單位都企圖通過有關消費的法律，以遏止消耗過量、過度精緻的食物，並限制賓客人數[24]。肆無忌憚的炫富在當時不但是敗德的行為，還被視為擾亂社會秩序，尤其是糧食匱乏的時候。即使是修道院禁食的時期（週三、五、許多節慶前夕），宴會的菜單依然豐富細膩。不過，政府得再三明令消費

法規，顯示上流階層對這些規範不屑一顧。

宴會由接二連三的「餐」組成，許多料理會同時上桌成餐，賓客可以隨意品嚐自己想吃的料理，或者說，一般而言客人會選擇離他們比較近的食物。準備宴會的前置作業多如牛毛，家禽料理得要以該動物的羽毛作為擺盤裝飾，公羊則是要鋪上同一隻羊的皮。在義大利宮廷中，餐會常會交替出現「廚房餐」，也就是熱食，以及「副餐」，義大利文為「credenza」，為輕食或冷食。一般以一道附餐與至少兩道廚房餐開場，開始用餐時，也常見主人提供新鮮水果或油醋沙拉的「餐點」，當時的人認為這是胃的暖身，方便消化更有分量的料理。大型的宴會需要專門的侍者在場服務，比如「trinciante」會站在桌邊為賓客切肉、去除烤叉、提供叉子作餐具；「scalco」是總領班，負責統籌所有的工作人員，監督廚師的工作，且跟主人一起討論上餐次序；領班的助手有負責附餐服務的「credenziere」，以及負責走訪市場、確保食材充足的「spenditore」[25]。不分階級，全民都熱愛葡萄酒，在宴會上時，則只會提供品質最好的酒，「bottigliere」（開瓶的人）負責選酒、買酒、為餐點搭配適合的酒，在餐會為賓客斟酒的則是「coppiere」（端酒杯的人）。

人們非常重視禮節、儀態，早在十三世紀末已有指南〈五十種餐桌禮儀〉（*De quinquaginta curialitatibus ad mensam*），作者是在俗會士，來自里瓦的薄內欣（Bonvesin da la Riva）。這是首短詩，標題雖然是拉丁文，內容卻是以義大利文寫成，描述餐桌禮儀的五十種形式，其中包含洗手、入座前要有禮地等候、不可將手肘放在桌上：

禮儀之八，神啊，是要你避免食物塞滿嘴又吃太急；貪吃的人吃太快又滿嘴食物，旁人跟他講話時，他沒辦法回答⋯⋯

禮儀之十六，是要你注意打噴嚏或咳嗽的方式；務必禮貌地轉到其他方向，口水才不會噴到桌上。

　　另一點是當你跟受過教育的人同桌時，不可將手指放進嘴巴剔牙[26]。

　　餐桌禮儀指南不斷推陳出新，自成文類，巔峰時期的作品包含一五二八年出版的《侍臣之書》（Cortegiano），作者為外交官卡仕迪雍（Baldassare Castiglione），以及一五五八年主教喬凡尼·德拉卡薩（Giovanni della Casa）所撰《禮節》（Galateo）。賓客應自我節制，不可顯出過度貪吃的樣子，也不可在席間大肆討論正在吃的食物（除了葡萄酒以外）。使用洗手盆、餐巾、桌巾等器物，提升了用餐衛生環境。正式宴會中，餐桌上會鋪多條桌巾，侍者在每道菜吃完後收拾桌面時，會一併收走一條桌巾。當時餐桌還不是固定存在的傢俱，食物會盛在木板，置於可移動的矮几上，這樣一來，餐會不一定要在正式的房間舉行，也可以在陽台、敞廊、花園中進行。使用叉子被視為是有教養的表現。不過，雖然人們以二齒叉切肉、分菜已有一段時間，它要成為上流階級餐桌上的個人餐具，還要等到十五世紀。畫家波提切利（Sandro Botticelli）以《十日談》故事為題的畫作《納斯塔吉奧的婚禮》（The Wedding of Nastagio degli Onesti，一四八三年）中，已經出現了餐叉。到了十六世紀，餐叉已成為廣泛使用的餐具，用來吃水果與甜食[27]。

　　木製食器依舊是中下階層人民的主流，較富有的人們則喜歡使用瓷器，各個晚餐盤都有所講究。從中古世紀晚期起，藥劑師已開始使用瓷瓶，且會在瓶身仔細手繪內容名稱，以妥善保存香草、香料[28]。文藝復興時，義大利許多地區專門生產手工上釉、美麗精緻的白瓷，包含羅馬涅地區的法恩札市（Faenza）、阿布魯

檸檬之屋（Limonaia），位於佛羅倫斯拉琵翠別墅（Villa La Pietra）。文藝復興時的別墅配有大花園，人們在此進行娛樂活動或戶外晚餐。

佐的卡司戴利（Castelli）、溫布里亞的德魯塔（Deruta）、坎佩尼亞的亞力諾（Ariano）、阿普里亞的拉特札（Laterza）[29]。製瓷流程與方法、技術改良、科技傳播大概要歸功於伊斯蘭世界的文化交流[30]。類似情況的還有玻璃工業，由於玻璃纖薄，色澤更加晶透且造型獨特，自然令菁英階級趨之若鶩[31]。威尼斯成為玻璃製造中心，尤其是穆拉諾小島（Murano）[32]。十六世紀起，金屬容器蔚為風尚，提供金匠、雕刻家切里尼（Benvenuto Cellini）這樣的藝術家一展長才的舞台。餐具分類趨向精細，餐桌鹽罐的出現，顯示新一波訴諸知性與雅興的藝術風格，被稱為矯飾主義，這種風格講究令人驚豔的創意與機巧，並致力將構圖變得複雜精細[33]。

　　十六世紀的義大利引領精緻高級餐飲風潮的創意中心，後來的西班牙會在十七世紀取而代之[34]。宮廷中出現了中下階層風俗

十五世紀初於法恩札製造的瓷瓶，該地為文藝復興時產瓷重鎮之一。

飲食中的元素，比如更多乳酪料理（烹飪書提到的乳酪眾多，諸如：佩柯里諾綿羊乳酪〔pecorino〕、普瓦圖亞乳酪〔provatura〕、帕瑪森乾酪、卡喬卡瓦諾乳酪〔caciocavallo〕、莫札瑞拉乳酪〔Mozzarella〕，還有薩丁尼亞乳酪），臟雜料理（腦、耳，甚至眼睛），還有蔬菜如茴香、洋蔥。較為高檔的餐點會出現牛肉、小牛肉，也會出現鱈魚（cod）、鱘魚、魚子醬，魚尤其常見於基督教禁食的節期。文藝復興時的義大利名廚巴特羅梅歐・史卡皮（Bartolomeo Scappi）曾提過肥鵝肝（foie gras），產於菲拉拉（Ferrara）、皮埃蒙特（Piedmont）、維內托（Veneto）等地的猶太人族群[35]。這時的義大利，還沒有辦法說哪一道菜是我們所謂的「國民菜」——以特定作法烹調固定的食材，煮出能代表某國的典型風味菜色。當時的歐洲菁英階級認可的正統經典料理雖然涵蓋

甚廣，但概念與料理手法相似，都具有中世紀的飲食特色，比如：不明確區分甜鹹料理、使用大量香料、酸味醬料必加麵包屑或研磨扁桃、追求令食客驚豔的視覺效果。不過，烹飪書會在食譜上標註源自國外特定地區，顯示在歐洲各地宮廷工作的專業廚師持續交流烹飪技巧和想法。

我們很難明確界定料理之間如何互相影響變化。有學者認為，出身梅第奇世家的法國皇后凱瑟琳（Caterina de' Medici）對十六世紀後的法國餐飲藝術注入了義大利風格，她嫁給後來的法國國王亨利二世，於一五三三年移居法國，並帶著佛羅倫斯的廚師同行。義大利對其他地區餐飲習俗的影響，最開始可能侷限於餐桌禮儀，包含使用餐叉、新鮮蔬菜的偏好、糖製甜點、果醬與蜜餞[36]。當時也流行白糖盃、糖製裝飾雕像，威尼斯、熱那亞從葡萄牙新取得的殖民地巴西、馬德拉等地進口甜品，且出口到歐洲各地[37]。

▌健康、飲食、烹飪手冊

文藝復興的知識分子強調人在宇宙與文化中的重要性，時人的道德倫理與養生理論，反映在飲食上。我們在先前的篇章已討論了古羅馬醫療家蓋倫與其他作者的四體液學說，他們根據四體液概念，發展出醫學科學及飲食原則，本來古希臘羅馬的醫學文獻到了中世紀，在西歐已然佚失，由於伊斯蘭世界的緣故，這些知識才得以保留、傳播。到了文藝復興時期，歐洲人重新研讀這些文獻，發展出新的觀點。

生活在拜占庭帝國的人們保留了古希臘羅馬的醫學觀，當時信奉聶斯脫里流派的基督徒被視為異端，他們逃到敘利亞，希臘羅馬典籍藉由他們的翻譯得以保存，這些知識後來流傳到波斯，

並進入波斯學界，最後融入伊斯蘭知識分子在科學上的探究。後世學者將體液學說發揚光大，其中較知名的是埃威羅斯*、阿維森納**。阿維森納生活於西元十至十一世紀，他重新整理體液理論，記錄在他所編撰的醫學百科全書《醫典》（Qanun），共五冊，成為醫界重量級的權威著作，後來許多文獻會將《醫典》中的相關資訊製成「taqwim al sihha」圖表，意為「總整理」，或阿拉伯語中的「健康的組織」，這些也催生了「Tacuinum Sanitatis」一類傳播飲食醫學資訊的著作[38]。從十一世紀世紀開始，這些古老文獻又從波斯語被翻譯回拉丁文，卡西諾山（Montecassino，距離羅馬不遠）修道院中的本篤會修士科斯坦提斯‧阿弗坎努斯（Costantitus Africanus）的作品即為一例。十二世紀時，那不勒斯附近的薩拉諾成立了醫學院，編纂出訓誨詩〈醫華〉（Regimen Sanitati Salernitanum），以韻文的形式陳述飲食方針，含有體液理論觀念，這首詩傳遍了義大利。以下摘錄部分內容：

最好的葡萄酒又甜又白。

如果你晚上喝多了而感到不舒服，隔天早上再喝一些：這是解藥。

有了鼠尾草（sage）、鹽、胡椒、大蒜、葡萄酒、巴西里，你就可以做出上等醬汁，但你不能亂加其他的材料。

餐間只喝純水會讓胃嚴重不適，阻礙消化。

吃完桃子之後，吃顆胡桃，吃完肉之後，吃點乳酪[39]。

薩瓦提科家族（Silvatico）在薩拉諾市中心建造了一座藥用植物園，植物園規劃以體液學說為基礎，薩瓦提科家族出身的醫師

---

* 譯自拉丁名 Averroes，本名 Ibn Rushd，台譯為伊本‧魯士德。
** 譯自拉丁名 Avicenna，本名 Ibn Sinna，台譯伊本‧西那。

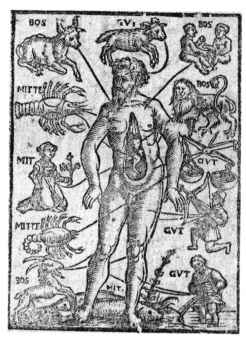

人之十二宮（也稱人之黃道帶、
人體占星術，拉丁文為 Homo
signorum），收錄於一五八○年的
曆法書。中古世紀末時，人們相
信宇宙運行法則能對應在人體上。

馬提歐（Matteo）會在植物園教導醫學院的學生，帶他們看植株，
介紹名稱、特徵。這座植物園近幾年已按照原樣修復[40]。

　　十四世紀下半葉，宗教勢力、符合教會訓誨的哲學對當時人
的影響依然大過醫學與其他科學，令文藝復興知識分子不滿，當
中也包含桂冠詩人佩托拉克。一三四八年，黑死病肆虐，讓許多
無權無勢的人對當時的醫學有了一點信心。一四七○年代後，無
數希臘學者在君士坦丁堡淪陷之後，來到義大利，促使整個義大
利在文化上大幅改革。一四七○年後，印刷術問世，大量飲食相
關的著作相繼出版，盛況持續直到十七世紀前葉，最早一批出版
品是為了宮廷使用而作，還看得到明顯的穆斯林文化。隨著希臘
原文的文獻越來越多，學者也頌揚古典文化講求適度的概念，並
以此批評當時皇宮貴族的生活模式過於鋪張奢侈，包含羅馬教廷
國的教宗，認為是暴飲暴食。同時間，隨著宗教改革擴散，天主

教傳統的影響力也降低了，比如在懺悔節禁食、節制的習俗。此外，雖然達文西已經了解了消化器官的構造，不過人們要到十六世紀末，大量獨立研究才開始風行，修正來自古典文獻中的古老智慧[41]。學者薩維里（Andreas Vesalius）、法羅皮歐（Gabriele Falloppio）透過解剖屍體，證明蓋倫理論在人體構造上有誤。不少學者根據自身觀察實證，反對已深入民間的營養學觀念，比如卡丹諾（Gerolamo Cardano）、佩創尼奧（Alessandro Petronio）、薩拉（Giovanni Domenico Sala）[42]。

　　由於宴會在文化、政治上日益重要，再加上知識分子對健康、飲食的探討，我們不難想像，同時間也大量出現的還有烹飪書。文藝復興早期最知名的食譜集是馬丁諾大師（Maestro Martino）

擷取自十四世紀作品〈醫華〉，上面解釋葡萄酒的療效。

的《烹飪的藝術》（*Liber de arte coquinaria*），約撰於一四六四至一四六五年間[43]，我們對作者所知甚少，只知道他的作品有五個抄本，書中也很少特地註明出於地方傳統飲食的料理。這本食譜書有許多創舉，首先，這是第一次食譜按照連貫的章節編排，並提供精確食材、料理程序，甚至必要廚具的資訊，以往的食譜書可能認為是商業機密，常常隱蔽這類資訊。這本食譜集也見證了文藝復興宮廷食物緩慢轉變的過程，享受精緻餐飲的不只有貴族，也包含新興義大利中產階級，後者積極參與市政與經濟活動。馬丁諾大師的食譜不脫當時的風潮，依然有製造驚奇效果的料理，也看得見十四世紀初風行的西班牙加泰隆尼亞料理，也有反映穆斯林料理風俗，比如使用米飯、椰棗、苦橙、葡萄乾、李乾，這些元素大概是自西西里慢慢流入義大利半島。書中對甜、鹹料理的區隔也變得較為明顯。

馬丁諾大師的食譜集中有大量的蔬菜、豆類，顯示新鮮蔬菜也上了菁英的餐桌，書中有豌豆、蠶豆、蕪菁（turnip）、茴香、蘑菇、「羅馬風格」包心菜，以豬油調味，也有加肉汁做成燉菜。其他常用的食材還有大蒜、巴西里、接骨木（elder）、百里香（thyme）、薄荷，以及其他增添香味的香草。都市有果園、市集，讓許多城市的義大利人可以購得香草、水果，證明當時人民消耗的食材量比當代的飲食論文推測的還多[44]。馬丁諾大師食譜中還記錄了櫻桃、榲桲，甚至有李乾，指出當時的菁英階級喜歡在自己的土地上種植果樹。貴族大戶常把水果作為贈禮，不過他們無法達到自給自足的程度，需要跟商人採購，最好是信賴、熟悉的商家。當然，對菁英階級來說，蔬菜不論生食、熟食，都只是餐點的一小部分，為力求表現，還得加上諸如胡椒、番紅花、薑、肉桂等香料，才能成為搬得上檯面的高級料理，這在史學家大衛・傑特科（David Gentilcore）看來，是「逆向歧視」[45]。後來，反宗

教改革勢力，尤其教皇國的領地內，帶動了一波較講求秩序、東正教風格的文化氣氛，作家、畫家會以蔬菜、水果作為性的象徵或幽默的譬喻，也是人體體液的來源，這反映出蔬果在當時的文化相關性，以及上層階級普遍食用這些食物[46]。

　　馬丁諾大師的著作影響之深遠，以至於我們可以在另一位作家的作品中看到不少他的食譜，《正當享樂與健康》（*De honesta voluptate et valetudine*，一四七四年），為薩奇（Bartolomeo Sacchi）所著，以筆名帕提納（Platina）出版，他是住在梵蒂岡的美食家、圖書館員，以拉丁文寫作，作品風靡全歐洲。帕提納受過古典文學的教育薰陶，強調料理、食品在文化層次上的意義，提升了料理的地位，且重新建立料理與時下醫學、哲學理論的連結。樂於飲食不再是貪食縱欲，以新的角度詮釋飲食的意趣：「誰

《宴會、菜色搭配與準備工作》書中的梅希布果畫像。

會因出於神聖或嚴肅的習俗，對生命中的感受無動於衷；誰會傻到不願以食養生，讓身體與靈魂一同享樂？[47]」他的書中大量出現地方料理與食材，尤其是他最熟悉的地區：羅馬、中部義大利、波河平原，他也指出食物特性與產地的關聯。帕提納承認自己書中的食譜大部分出自馬丁諾大師，他十分熟悉、仰慕馬丁諾，甚至認為大師就是「廚師之王」，他所有的烹飪技術都是從馬丁諾身上學來的[48]。帕提納的拉丁文食譜被翻譯成歐洲各地的方言，讓義大利的宮廷料理成為當時的烹飪標準與歐洲美食創新的核心。

接下來數十年間，義大利宴席變得越來越複雜，料理、服務、餐具都越來越講究，受到矯飾主義風格影響，必須呈現複雜、創意、獨特性。大部分的料理書由「餐飲總管」（scalchi）所作，他們是專職安排餐會內容的人，負責搭配菜色、出餐順序。這個時期印刷術也大幅成長，讓這些著作的發行量達到前所未見的程度，烹飪技巧、美學等資訊因此得以大量傳播。出自名廚的作品，如梅希布果（Cristoforo Messisbugo）所著《宴會、菜色搭配與準備工作》（*Banchetti, compositioni di vivande, et apparecchio generale*，一五四九年）、羅莫里（Domenico Romoli）的《特典》（*La singolar dottrina*）等書，證明高檔宴會的標準來自菜色變化與創意，目的是讓賓客印象深刻，且能顯示主人的品味與財富。名廚端出的料理依舊常使用糖與香料，這是來自中古世紀的飲食風格，不過羅莫里出了許多以蔬菜為主軸的食譜，收錄在日常餐食的章節中。

梅希布果的書中詳細描述了幾場他籌備的宴會，比如，一五三一年九月八日是聖母誕辰，波尼法西歐・貝維拉奎（Bonifacio Bevilaqua）要求他「準備兩張桌巾、餐巾、餐刀、鹽罐，並在每位賓客面前都放置扭紋麵包與一小塊甜扁桃餅乾」。菜單上的第一道餐點包含無花果、鰻魚派、「土耳其風」法洛小麥餡小酥皮點心、

史卡皮《作品》一書中的廚房示意圖。（威尼斯出版，一五七四年版本）

填料蛋，還有其他料理，再來上的是「義式」小塔、炸鯛魚、狗魚（pike）尾、填料烤小牛肉佐「倫巴底風」肉汁與黃摩塔德拉肉腸（mortadella）、麵包塔、豬里肌、小榅桲派，以及綠甜醬。一場宴會當然不只這些料理，還會有更多能顯示廚師、餐飲總管技術高超、主人身家不凡的菜色[49]。

　　文藝復興晚期的料理集大成者，則是名廚巴托羅美歐・史卡皮（Bartolomeo Scappi）所著《作品》（Opera，一五七〇年）。史卡皮在羅馬為樞機主教以及兩位教宗工作（碧岳九世、十世），他是義式料理最偉大的創新者之一，他在著作裡提供精確的指示與建議，包含受建築啟發的餐桌擺設設計，還使用了從美洲大陸來的食材，比如火雞[50]。

　　長期累積而來的經驗告訴我，任何聰明、謹慎的廚師都會想要負責的宴會有好的開場，更棒的中段，最佳的結尾，這是必要的，廚師應該像位明智的建築師，讓他的作品發光。有個好的開始，就像打好了地基，廚師可以在上面建築既實用又美好的華廈，那就是他帶給世界的禮物。廚師設計的程序應該要展現美與穩定，根據他的經驗來思考，他的經驗必須豐富到讓他可以勝任餐飲總管的工作，而不是讓餐飲總管來配合他[51]。

　　史卡皮在這本有百科全書精神的美食鉅著之中，也透露出他對羅馬市集裡販售的食材鑽研頗深，不論是當地生產，或是來自義大利其他國家的進口產品，他書中採用的食材橫跨義大利半島，自波河平原到義大利南部，他也寫下義大利半島東、西部的差異之處，特別是魚類[52]。我們可以藉此一探當時義大利不同地區的料理風格，書中記錄了當時最有名的地區產品，並解釋料理的方法、準備各種料理的食譜[53]。我們也可以在蘭杜（Ortensio Lando）《義大利語其他地方奇聞異事評註》（*Commentario delle più notabili e mostruose cose d'Italia e d'altri luoghi*，一五四八年）書中看到這類對地方習俗、食材的興趣，這本書虛構了一位旅義的「阿拉姆人」（Aramic），敘述他旅途中的見聞，其中也有描述在義大利半島各處的食物。

主流與小眾

　　基本上，當時所有廚房的基本烹飪流程沒有太大差異，不論階級地位，都以需節省能源為主要考量，只不過菁英階級的廚房會多配備先進的廚具，有時甚至有奢侈之嫌，如銅鍋、熱水壺、燒烤鍋、鑄鐵鍋、串燒爐架等。義大利半島自從十二世紀起大量

伐林、開墾耕地，雖然提升了義大利的經濟，卻也讓木柴越來越難取得，城市尤其如此。平民不太有機會在家燒烤、烘焙食物，人們會將食物、麵包帶去設有烤箱的專賣店，另外也流行燜燒，將食物放進緊閉的金屬容器或陶器，再放進尚有餘溫的灰燼中燜煮。水滾、燉等作法依然常見，液體可以確保食材在烹煮過程中不會流失[54]。這時屋內的火源位置更動，從主房間中央，移至連結煙囪的牆面上[55]。

穀類依舊是中下階層的人民主要的食物，都市與鄉下皆然。南方人民通常食用小麥，不過北方鄉下地區也常看到其他穀物，比如蕎麥，通常會磨碎後與玉米粉、米混合。有時候，遇到糧食

威尼斯舊猶太區的猶太麵包店。

短缺或饑荒，地方政府會發放米給窮人。小麥流通也讓麵團類食物變得常見。「pasticci」是常見的烹飪手法，將兩層硬麵團填入各種食材，放進爐心的熱灰裡，取出後外層一般丟棄不吃。「torte」、「crostate」類似「pasticci」，但麵團較稀，並在揉麵時加入奶油或豬油，所以烤完之後不但能吃，還十分美味。史卡皮寫過那不勒斯的「torte」，成品不到半吋厚，也不會加上一層麵團蓋起餡料，這很可能是今天披薩的前身。人們也吃進更多的義大利麵，現做或乾燥的消耗量都增加了，這要歸功於新工具問世，提升揉麵、切麵的效率與數量。銷售用的義大利麵製作效率提升，價格下降，品質更好。地方政府對義大利麵製程的監管也不斷提升，促使現做義大利麵在十六世紀末、十七世紀初成為獨立的專業，不再附屬於麵包製作，有自己的職業行會，製麵師傅被稱為「lasagnari」或「vermicellari」[56]。這時，不分階級都開始使用奶油，因為「齋日」允許使用奶油來代替豬油，不過橄欖油只有社會最富裕的階級才能享受。中下階層人民的蛋白質攝取來自綿羊、山羊，還有最主要的豬肉，都市以食用醃漬豬肉為主，因為新鮮肉品價格較昂貴。

這時的義大利民族組成十分多元，也反映在飲食風俗上。其中最與眾不同的是猶太族群，他們的文化在信奉基督教的各國、各族之中，顯得突出。義大利猶太族群與在中東生活的猶太社群有密切的聯繫，而當時的中東依然是穆斯林文化為主，因此大大地影響了猶太飲食，他們的飲食特色包含甜酸風味的料理、鹹菜中加入松子與葡萄乾、裹麵糊油炸的各種小塊食物，以及使用異族食材如茄子（義大利語中的茄子「melanzana」字源為「mela insana」，意為不良的蘋果）[57]。當然，猶太飲食無法一言以蔽之，比如，到了十九世紀時，上層階級的猶太人強烈排斥食用茄子[58]。許多猶太人在一四九二年被西班牙統治者驅逐出境，被

迫從西西里、薩丁尼亞等地遷徙至義大利半島[59]。不久後，又有來自日耳曼地區的猶太人加入，他們因為宗教改革被迫害。新移民在羅馬、威尼斯、馬克一帶的安科納（Ancona）建立家園，威尼斯原本不允許猶太人住在城市裡，後來於一五一六年頒布了新的政策，強迫猶太人住在同一個地區，且按照來源地分類：「Tedeschi」是來自北歐的猶太人、「Levantini」來自埃及、敘利亞、土耳其，「Ponentini」是來自西班牙與葡萄牙，每個族群都有自己的飲食傳統[60]。人們稱猶太人住的地區為猶太區（ghetto），來自威尼斯方言「getar」，意為煉造，因為該地曾有煉造坊*。一五五五年，教宗聖保祿四世在羅馬實施同樣的政策，規定猶太人夜間不可離開「猶太區」，並且必須佩戴黃帽。

一五七〇年，法蘭西地區的亞維儂將猶太人驅逐出境，他們來到皮埃蒙特區的小鎮庫尼奧（Cuneo）落腳，並保留法式的生活習慣。東北部大港第里亞斯特（Trieste）則與中歐霍布斯堡帝國往來密切，其文化影響反映在當地猶太社群習俗中。

文藝復興時期，也不是義大利全境都壓迫猶太人，許多君主歡迎猶太人，以吸引猶太人經營的生意。猶太社群活躍的地區有維洛納、菲拉拉、曼圖瓦（Mantua，當地有名的南瓜義大利餛飩「tortelli」可能源自猶太文化）、佛羅倫斯，以及最重要的利弗諾（Livorno），這是托斯卡尼大公爵在十六世紀末創建的港口型城鎮，利弗諾的猶太人成為海運貿易的網絡中心，與北非、希臘、中東地區做生意[61]。北非小米配上肉、蛋、炸鱈魚、番茄燉菜等料理都源自猶太文化，至今依然廣受歡迎。托斯卡尼另有一些較小的城鎮也有猶太人的蹤跡，其中最有趣的是馬雷瑪（Maremma）地區的皮提里安諾（Pitigliano），這裡的猶太族群持續活躍，一直

---

* ghetto後來衍生出「貧民區」、「少數民族區」的意思。

托斯卡尼小鎮皮提里安諾。

到近代才遭到法西斯迫害。有種內餡是蜂蜜與堅果的杖型甜點叫「sfratto」，就是源自歷史上到猶太門戶敲門以宣布驅逐令的手杖（義語中的掃地出門就是「sfratto」），這些人的後代在皮提里安諾定居。

在異地生活的義大利猶太人為了維護傳統飲食、遵守戒律，拉比特許少數女性參與儀式性的屠宰作業，不過這並沒有改變猶太女性在公共生活上的其他限制[62]。一五七九年在威尼斯出版的義大利語－希伯來語字典《能言善道》（*Dabber Tov*）中能看到大量的食物類詞彙，可見當時的專賣店、貿易商也依照猶太族群的飲食需求做出調整。這本字典並未收錄來自新大陸的食材，諸如番茄、馬鈴薯、玉米（maize），當時的猶太人可能還不吃這些食物。較令人驚訝的是，這本字典也沒有提到一般有猶太文化標籤的蔬菜，比如茄子、洋蔥、菠菜[63]。

新大陸革命

繼葡萄牙在非洲、印度洋殖民拓展後，西班牙人也到美洲開墾，世界各地都出現了新市場。雖然義大利親王國、王國政權沒有直接參與殖民，半島上許多商人都大量貸款給親王、君主，義大利出身的航海家在葡萄牙、西班牙等國的資助下，成為有名的探險家，比如哥倫布、卡博托（Giovanni Caboto）、皮加費塔（Antonio Pigafetta）、維拉札諾（Giovanni da Verrazzano）、韋司普奇（Amerigo Vespucci），後來法蘭西、英格蘭也加入投資航海探險的事業。這些活動為日後變革埋下伏筆，這場史上最大的生態變革為哥倫布大交換（Columbian Exchange，以哥倫布為名）[64]。大量的歐洲作物、動物被帶到西半球，葡萄牙、西班牙人引進小麥、橄欖、葡萄，以及許多蔬菜如洋蔥、包心菜，家畜諸如雞、豬、牛、馬等。歐洲也同樣流入大量的西半球物種。未知的美洲植物、動物因為不符合傳統科學分類，成為科學研究的主題。為了解、利用新世界來的作物，科學研究轉向直接觀察，這大大地撼動了知識體系過往忠於古老文獻的核心精神，促成了十七世紀的科學革命。

早在十六世紀，義大利就已開始納入從美洲來的新奇事物，我們可以確定的包含火雞，被美洲人馴養的動物，當時被稱為印地安雞[65]。不過，由於歐洲殖民者的文化、道德優越感的緣故，他們雖然帶回了新食材，卻沒有一併將美洲人料理食材的習俗、料理帶回歐洲。比如，歐洲人吃玉米時，沒有像美洲原住民一樣，先經過鹼法烹製（nixtamalization），這個詞來自阿茲提克納瓦特語（Nahuatl）的「灰」與「玉米粉糰」，意思是玉米必須先經過鹼水浸泡、烹煮之後，才碾磨成粉，通常使用石灰水，我們會在下一章討論。少了這個關鍵烹調知識的後果是，玉米在北部、東北

部義大利地區帶來嚴重的健康問題,比如糙皮症*,因為當地農民種植玉米不需繳稅、不必繳納收成作為田租,所以玉米取代小麥,成為主食。早在一五四四年,地理學家拉姆西奧(Giambattista Ramusio)已觀察到玉米融入威尼斯飲食中,接下來的十幾年,耕作玉米的地方擴張到倫巴底、艾米里亞(Emilia)。由於玉米產量高,能適應貧瘠的土壤,讓這種作物大受歡迎,許多地區都引進玉米,固定與小麥輪作。

美洲豆類也隨即成為當地傳統豆類作物的替代品,不過至今依然還有耕作的僅剩豇豆(black-eye bean,也稱眉豆)。同樣的情形還有南瓜:不少美洲新品種尺寸更大,幾乎取代了當地扁長形的南瓜「lagenaria」。其他作物則沒有這麼快被接受,比如番茄、馬鈴薯[66]。番茄早在十六世紀初就已有出現在托斯卡尼的梅第奇宮廷裡的紀錄,不過一開始番茄被認為有毒,只適合做裝飾品。在義大利,番茄被稱為「pomidoro」,意為「金之蘋果」,原因可能是當時市場上常見亮黃色的品種,或是指番茄是新鮮軟式水果類的新成員[67]。馬鈴薯則遲至十八世紀才融入義大利料理中,不過,甜椒、辣椒很快就被廣泛地使用在料理中,成為不少南方料理的特色。

從美洲湧入歐洲的不只有新作物,其他商品帶來的社會變化也促使歐洲飲食轉變。一五九〇年代,從美洲來的黃金、白銀,藉由西班牙、葡萄牙殖民地大量地流入市場,引起價格變化,對歐洲經濟造成巨大影響。以貴金屬鑄造的錢幣因此貶值,促使價格迅速上升,超越了勞工、農民的薪資水平。持有土地的貴族們依靠的租金收入是固定的,通常視當地農民與地主之間的傳統而定,他們在貨幣貶值的情況下,有時得將部分土地賣給新興中產

---

* 玉米缺乏菸酸,人類以沒有鹼法烹製的玉米為主食,會導致糙皮症。

階級，後者持續累積財富之後，則可躋身貴族階級。城市工匠行業、商業活動萎縮，資金不斷從城市流向鄉間的土地資產，到了十六世紀末，情況加劇，危機促使銀行收回資金、轉而投資農業。十六世紀結束前，物價上漲、人口增加，但農業科技創新趨緩，造成社會不安定，多處經歷糧食危機。歷史學家艾瑞克·杜斯特勒（Eric Dursteler）指出：

十五世紀末十年，地中海地區每六次收成中，會有一次歉收。一三七五到一七九一年之間，佛羅倫斯經歷了一百一十一年的長期饑荒，當中只有十六年的收成狀況可以稱上良好。饑荒帶來的損失慘重，舉例而言，波隆那（Bologna）地區在一五八七年到一五九五年多次經歷歉收，導致人口銳減，自七萬兩千人減至五萬九千人[68]。

糧食不足的壓力可以在作家朱力歐·切瑟·葛洛切（Giulio Cesare Croce）的作品中看到，他出身波隆那，較有名的作品是一六〇六年出版的小說《挨餓者宴會》（*Banchetto de'mal cibati*，一六〇八年），故事描述在倫巴底國王亞博因統治之下，農夫巴托羅詼諧的冒險歷程，並以一五九〇年的饑荒為背景，以諷刺方式描繪出奢靡的上層階級，與受苦的平民百姓。這個時期另有一首詩〈饑荒是壞事〉（*Mala cosa e'carestia*），作者不詳，詩中也悲嘆糧食缺乏的困境：

我常吃的不是麵包，
而是包心菜莖，
我在土中挖洞
尋找不同的、奇怪的根莖類，

胡椒與櫛瓜是歐洲人抵達美洲後引入義大利的蔬菜。

　　狼吞虎嚥地吃下肚。

　　真希望我們每天都吃得到，

　　那還不至於這麼慘……[69]

　　在許多歐洲國家，糧食短缺的壓力，讓新教徒運動的影響力
擴張。而十七世紀起，天主教會、反宗教改革運動的反饋也將對
義大利文化造成深遠的影響。

破碎與統一

　　義大利文藝復興帶來空前的榮景與獨創文化，君主、國王彼此競爭，贊助藝術、文學、品味素養發展，也促使飲食層面的提升。崛起中的中產階級，透過金融與商業的力量，成為頗為有力的消費族群，不過義大利半島長期的社會矛盾、政治割據，最終導致漫長的經濟停滯。十七世紀時，外來勢力入侵，對地區的飲食習慣帶來改變，而義大利在這個時期也不再是引領歐洲其他地區飲食創新、精緻化的中心推手。

▎外來勢力割據

　　十七世紀，義大利的政治局面依然是群雄割據，西班牙的勢力範圍擴張到倫巴底、米蘭、西西里、薩丁尼亞以及整個南方。天主教會企圖限制新教徒的勢力，保有天主教會在世俗政治上的影響力，也就是所謂的反宗教改革運動，或稱為天主教革新運動，其箝制力量撲滅了文藝復興以來義大利各地的創造精神。戰爭、饑荒、瘟疫使人口銳減。同時間，由於農業技術停滯、遇上短期低溫期（自中古世紀末，氣候轉為寒冬溽暑，被稱為小冰河期，

自一六五〇年後加劇），農產量驟降，但由於食物需求隨著人口下降而趨緩，主食價格反而不高，都市居民較能負擔[1]。穀物價格下跌，另一個原因是義大利從烏克蘭、東歐進口穀類，促使地主將改為種植經濟作物，如葡萄、稻米，尤其是義大利中、南部，稻米的耕作面積增加，涵蓋皮埃蒙特、倫巴底、維內托與波河平原低地區，然而這些地區的稻米耕作，對土地造成巨大的負擔，文藝復興時期開墾的耕地，在缺少水利管理的狀態下，再度退化為沼澤地。類似的耕地退化也發生在托斯卡尼（馬雷瑪、阿諾河谷〔Arno Valley〕）、羅馬南方的彭提諾沼澤（Agro Pontino）。由於瘧疾流行，農夫無法定居一地耕作，捕魚、打獵時常成為唯一可獲取產品的來源[2]。

　　人口銳減對義大利農業打擊甚巨，而義大利傳統的奢侈品工業也面臨便宜舶來品的競爭壓力，諸如絲綢、羊毛。在北歐，織品工業從城市遷移到鄉村，不受到行會控制，製造更有效率，價格也更低廉。義大利製造商無法跟上其他國家科技進步的速度，而且世界的貿易重心也從地中海轉移到大西洋，商業萎縮導致義大利的銀行金融業停滯。「patriziato」，也就是義大利名門望族，以往藉著貸款給義大利各王國的統治者累積財富，如今轉向收購土地，希望藉此躋身更高的社會階層。歷史學家艾米力歐・瑟內尼稱這個過程為「采邑商業化」，具體反映在鄉間，多處出現奢華的別墅，四周有華麗的花園，可是與周圍的生產活動毫無關聯，只是炫耀主人的財富與社會地位[3]。這類的別墅持續增加，直到十八世紀，提供建築大師帕拉迪歐（Palladio）一展長才的空間，他在維內托建造了許多有名的別墅。

　　在西班牙文化的浸染下，義大利人開始蔑視貿易、金融等職業，受到貴族文化認同影響，人們講究門第，喜好決鬥，極度重視榮譽。這些風俗也反映在法務上，比如，嫡長子制能確保首位

男性繼承人可以繼承貴族所有的財產；以及「federcommesso」，防止繼承者將得到的土地分割出去。義大利南部的貴族地主被稱為「baroni」，在西班牙統治下，得面對龐大的財務壓力，因此沒有動力投資農業以增加收成，他們轉向畜牧配種，尤其著重綿羊，以販售羊毛。只有小鎮、村莊附近有精耕型的農業活動，規模不大，小片的田地、暫時性的空地，無法有太多收成。

讓義大利中、南部農產收穫下降、情況惡化的還有擁有大片產業的神職機構，他們享有免稅待遇，當過世貴族沒有子嗣可繼承土地時，贈遺將歸給這些機構。沒有人投資、管理這些土地，而受限於永久產業管理的傳統「manomorta」，也不能在沒有教宗明確許可的情況下買賣轉手。貴族世家會送沒有繼承權的子女進入教廷樞機團服務，助長了羅馬教廷在政治、文化上的勢力，並在天主教改革運動期間持續成長，義大利新教徒遭受實際壓迫，只有瓦勒度教派（Waldensians）得以倖免，這個社群於十三世紀末逃到阿爾卑斯山谷，定居在皮埃蒙特。由於居住地偏僻，瓦勒度教徒發展出自己的飲食傳統，包含藜麥粥、乳酪麵包湯（barbet，名稱來自當地對佈道者的稱呼），還有馬鈴薯肉餃（calhetta），今天依然可以在這一帶的村落吃到這些食物。

不分神職、世俗，貴族與地主的土地所產出的農產品貶值，他們將經濟壓力轉嫁給農民，提高租金、並要求農民提供更多服務，以及其他封建制度下冗雜的義務，其中多數從十五世紀以來，已鮮少真正實際執行，直到現在。土地「再封建化」的過程，讓農民無法按照過去的傳統、權利，使用公用土地，藉以進行可以維持生計的農業活動，如耕作、放牧、伐木。鄉民遷徙至城市，增加都市的貧窮人口，並增加社會動盪、暴動的可能，特別是義大利南部。那不勒斯當時有三十萬居民，成為歐洲最大的城市之一，與巴黎、倫敦並肩。那不勒斯王國的多數貴族住在首

貝納多‧史特羅奇（Bernardo Strozzi），《廚子》（*The Cook*），約一六二五年，油彩畫布。

都，隸屬行省所產出的農作都會運到首都去。當時，那不勒斯人被戲稱為「吃草的」，他們的飲食中有豐富的蔬菜量，據說熱愛包心菜、花椰菜。一六四七年，那不勒斯人抗議新課的水果稅，佔領了街道，抗爭領袖是名魚販，托瑪索‧安尼耶洛（Tommaso Aniello），人稱瑪沙尼洛（Masaniello），在暴動之後，隨即遭到暗殺。這次的反抗運動由當地中產階級組織而成，他們希望能影響王國政治，風潮傳到了鄉下，農民起來反抗領主。起義的那不勒斯人希望建立共和國，並請求法蘭西的援助，可惜功敗垂成，地方貴族為避免類似事件再次發生，加強與西班牙政府代表的關係，

並採取強硬手段。

　　社會矛盾引發群眾失控事件。米蘭有幾位民眾被控散播瘟疫，遭到處決。許多城市中的猶太人原已被迫住在有圍牆的猶太人區，此時也成為頭號公敵，他們不能販賣通心粉、千層麵給基督徒，有些地方政府甚至頒布反奢侈法，以限制猶太社群的食物消耗量。不過政府沒料到的是，這些法令造就了經典的猶太義式料理。舉例而言，一六六一年，羅馬的猶太人受到禁魚令，限制他們只能食用鯷魚、沙丁魚，於是猶太人發明了猶太羅馬料理，「鯷魚烤菊苣」（aliciotti con l'indivia），將鯷魚、菊苣（endive，也稱苦白菜）

歌劇《瑪沙尼洛》（*Masaniello*）海報插圖所描繪的那不勒斯漁夫，繪者為約翰・威廉・吉爾（John William Gear），一八二九至一八三三年。

鋪平成層，並烘烤[4]。城市裡的猶太人受到沉重的財務限制，他們只好彈性面對猶太教的飲食戒律，這可嚇壞了拉比。鰻魚、鱘魚大受歡迎，羅馬猶太人規律地食用附近鄉間產出的莫札瑞拉乳酪，而在艾米里亞的猶太人則放寬心吃下帕瑪森乾酪[5]。此外，猶太人製作的甜點、餅乾、甜扁桃膏在猶太區以外的地區十分受歡迎，甚至會出現在王公貴族的餐桌上。

▌衰敗與名聲

　　與十六世紀開創文藝復興宴會輝煌歷史的餐飲總管相比，此時的義大利宮廷料理失去了獨到的創意。來自曼圖瓦的廚師史戴分尼（Bartolomeo Stefani）所著《煮出好料理的藝術，訓練從業者精益求精》（*L'arte di ben cucinare et instruire i men periti in questa lodevole professione*，一六六二年）書中，依然保留文藝復興的傳統，但少了些創意，他的食譜與宴會變得異常複雜，符合當時盛行的巴洛克審美風格，講究浮華、愉悅、動態、戲劇性，不若過往追求內斂雅致的品味。史戴分尼在書中描述籌辦宴會接待一六五五年來訪羅馬的瑞典皇后克莉絲汀娜，他記錄了第一道副餐菜色：

　　以葡萄酒潤過的草莓，上頭撒上白糖，在盤子各處擺上以糖製成的貝殼，中間填滿同樣的草莓，並散落一些甜扁桃膏做成的小鳥，讓他們看起來像是在啄食草莓。另有大鴿肉湯，肉以牛奶、馬爾瓦西葡萄酒燉成，瀝乾，放涼，裡面填入浸漬馬爾瓦西葡萄酒的天使蛋糕，上面撒上糖與肉桂，鴿子排成玫瑰花型，泡在開心果奶中，撒上泡過玫瑰水的松子。在盤緣擺上甜扁桃仁膏製成的花形裝飾，裹上糖霜，並鑲上金邊[6]。

＼ 轉變中的醫學理論 ／

自十六世紀起，卡丹諾、佩特羅尼歐、薩拉等人在著作中反對傳統營養學觀點，他們提出的批評根據是自身的觀察經驗。日耳曼流浪醫生提奧巴特斯・龐巴特斯（Theophrastus Bombastus of Hohenheim），本名為霍恩海姆，人們熟知的名字為帕拉塞爾蘇斯（Paracelsus），他提出了新的醫學理論，認為疾病的病因可以化學元素解釋，且為各種疾病提供特定的治療方法。帕拉塞爾蘇斯的理論成為化學家、鍊金術士的研究基礎，在他們提出的假設中，許多自然物質在加熱後會分解出不同的物質，包含揮發性的液體，水銀，以及油性物質或硫磺，還有一種固體殘渣，或者鹽。水銀會影響氣味，硫磺則有甜味、濕氣，鹽影響食物的口感與風味。

化學家不贊同體液學說，隨著時間過去，人們也不再相信消化過程跟烹調過程有相似性，而漸漸以發酵過程來解釋消化。有些物理醫學派學者（iatrophysicist）試圖以物理法則與機制來解釋所有的生理現象。在威尼斯共和國時期出生於弗里烏力貴族家庭的醫師桑托里歐・桑托里歐（Santorio Santorio，一五六一至一六三六年）曾進行醫學研究，測量固體、液態食物在消化前、排泄後的重量。其他化學醫學派學者（iatrochemist）則堅持化學可以解釋醫學上的所有事實，其中有位來自比利時的醫師，揚・巴布提斯塔・馮海爾蒙特（Jan Baptista van Helmont，一五七七至一六四四年）認為許多生理機制，比如消化、供給營養的過程，都是發酵，將食物（死去的物質）轉變成活的東西。法蘭茲・西爾維烏斯（Franz Sylvius，一六一四至一六七二年）也試著以發酵過程來解釋生理機制（物質的分子運動），而令分子移動的力量則是「活力旺盛的精神」。

醫學用藥逐漸脫離飲食的範疇，醫生也越來越著重在確認病徵與治病，而非養生。科學研究與發酵消化理論應該還是對人們看待食物、烹煮食物的觀念有些影響，不過是間接的；人們認為，鹽或固體食材，可以透過使用富含奶油、油脂的醬汁，來跟富含水銀或揮發性液體（比如葡萄酒、烈酒）結合。而人們越來越接受、喜歡吃容易發酵的食材，比如新鮮蔬果。

前兩世紀裡大量出現在精緻宴會的義大利麵與蔬菜料理，幾乎沒有出現在史戴分尼的書中，或許是因為這些料理變得司空見慣，端上菁英階級的餐桌有失顏面[7]。儘管義大利陷入經濟停滯、瘟疫、戰爭、社會紛亂之中，特定幾個地方所生產的高檔食材，還是在義大利各王國之間受到菁英喜愛。比如，一六六一年，波隆那特別公告禁止仿冒摩塔德拉肉腸，這道出名的豬肉食品是城市的驕傲[8]。有些食譜書中的內容出現較多地方傳統料理的痕跡，比如法朗切斯科・法賽里（Francesco Vaselli）所著的《宴會大師亞比丘》*（L'Apicio ovvero il maestro de' conviti，一六四七年）。不過最明顯的例子是《朝臣的油燈》（La lucerna de corteggiani，一六三四年），作者為喬凡・巴提斯塔・科里緒（Giovan Battista Crisci），以及《現代宴會指南》（Lo scalco alla moderna，一六九二年），作者為安東尼奧・拉丁尼（Antonio Latini），兩者都出身那不勒斯。科里緒的紀錄詳盡，讓我們看到許多南方佳餚、食材，涵蓋地區包含阿布魯佐、巴西里塔卡、卡拉布里亞等。另外值得注意的是，書中的食譜鮮少來自市鎮，反而著重在鄉村或偏遠地區，這也告訴我們，當時都市文化地位下降，經濟收益來自鄉村，政治體系由住在鄉下的貴族、地主把持[9]。另一方面，拉丁尼則在書中序言大方坦承他對那不勒斯的情感：

　　由於我在那不勒斯寫作，我決定採用這塊土地上的常用語，不放外來詞彙，這裡的人聽不懂那些詞，而且，我在此宣布，我喜歡特意這麼做，不只因為這於我有益，也因為這項罕見的殊榮可說是人人稱羨，這是受到大自然特意保存，才能流傳下來的，

---

* 譯注：亞比丘為古羅馬名廚。

菲力切·弗圖拉托·比奇（Felice Fortunato Biggi），《小天使與水果花卉圖》（*Putto with Fruit Festoon*），油彩畫布，約一七五〇年。根據十七世紀旅居倫敦的作家卡史托維卓的觀察，義大利人吃的蔬菜量遠勝北方歐洲民族。

沒人能否認[10]。

　　拉丁尼在書中特意將重心放在南半島的在地食品，其中包含新引進義大利的番茄。一六六〇年代，英國自然史學者約翰·雷（John Ray）旅行至義大利，從他的紀錄中，我們得知當地料理中已出現了番茄[11]。除了包含這項食材的食譜，拉丁尼也記錄了一款專門搭配水煮料理的醬料，非常類似當今的墨西哥莎莎醬，茄子、夏南瓜（squash）、番茄湯，以及含有蛋、小牛肉、鴿肉、雞脖子的燉菜。

　　拉丁尼的食譜中，甜、鹹菜色的區分更為明顯，這是從法蘭

西地區傳來的復古飲食風[12]。飲食習俗、文化偏好同時也隨著創新的醫學、飲食理論改變，體液理論不再主導營養學，人們轉向相信以實證科學為基礎的觀念。

《簡記義大利食用之所有根莖類、香草、水果，生熟皆有》（ *Brieve racconto di tutte le radici, di tutte l'erbe e di tutti i frutti che crudi o cotti in Italia si mangiano* ）是本醫學論文，由賈科莫・卡史托維卓（Giacomo Castelvetro）於一六一四年成書於倫敦，記錄當時的義大利人食用的蔬菜量遠超過北方的鄰居。他說：

令我訝異的是，如此好吃又健康的植物，在這裡居然很少種，也很少吃。他們既不關心，也一無所知，我想，他們耕耘花園、菜園不是為了餐桌美味，而是為了炫耀自己家能種出源源不絕的異國植栽[13]。

在後面的文章裡，我們可以看出卡史托維卓顯然對外國人處理沙拉的方式非常不滿：

了解怎麼清洗與調味香草，是很重要的。這邊的家庭主婦、外國廚師只是把蔬果拿出來，放進桶子或鍋裡，隨便潑一點水，然後呢，他們不會用手把菜撈起來，即使正常人都會這麼做，他們會直接把水倒掉，葉子也一起被沖走了，而桶子裡的沙土當然也跟著沖到菜上。吃到的時候令人不爽[14]。

▍啟蒙運動

義大利的十八世紀時跟前一個世紀一樣，政治上的勢力更迭由外部勢力決定。托斯卡尼被劃給洛林公爵，他是霍布斯堡

家族的人。西班牙將倫巴底讓給奧地利，皮埃蒙特的薩伏依公國（Piedmont of Savoy）勢力擴張到薩丁尼亞全區，那不勒斯王國由西班牙國王繼位，他的那不勒斯頭銜為波旁查理（Charles of Bourbon），他控制南義大利與西西里，建立了不受馬德里控制的地方王朝，直到一八六一年。外交關係緊繃、多處戰事，也造成教廷與許多義大利王國的關係緊繃，王國企圖從貴族手中奪取權力，建立權力向更中央靠攏的官僚、經濟、軍事體系。一七二八年，西西里王維多里奧‧阿瑪迪奧二世（Vittorio Amedeo II）施行地籍制度「catasto」，皮埃蒙特、薩丁尼亞所有土地資產都需依法登記。一七四九至五九年之間，奧地利政府在倫巴底也實施同樣的政策，減輕小農與佃農的財務壓力，並對神職機構名下的資

薩伏依公國統治者維多里奧‧阿瑪迪奧二世國王與他的家人，一六九七年，法國印製。

＼壯遊／

雖然十七世紀到一八四〇年代間的義大利經濟發展落後，在鐵路交通蓬勃發展之下，義大利成為旅遊勝地，北歐國家的中上階級男性常到此一遊，人們稱之為「壯遊」，本來的主要目的是教育，讓青年能接觸古典文化的源頭，參觀建築遺跡、藝術作品，旅行至威尼斯、佛羅倫斯與羅馬等城市。不過，從許多層面而言，這段旅程被時人視為一種入會儀式，即將加入上層階級的男子藉此經歷奇風異俗，伴隨偶有的危險。另一方面，只有最富裕的家族有能力送孩子到義大利長期旅居，這趟遠遊也能區隔社會階級。

曾踏上旅途的人含著名的日耳曼詩人暨知識分子歌德（Johann Wolfgang von Goethe），他在一七八六至八七年間赴義，他將旅行的回憶寫入作品《義大利之旅》（*Italian Journey*），於一八一六至一七年出版。他走訪許多北方城市，如特倫托（Trento）、維洛那（Verona），當然不免俗地包含波隆那、佛羅倫斯、羅馬，接著往南至那不勒斯，甚至搭船到西西里島，踏上巴勒摩與其他小鎮。雖然他明顯對食物不感興趣，不過他依然提供了有趣的飲食觀察紀錄，特別是當時與他往來的上層階級。比如，一七八七年他曾與那不勒斯的菲藍吉里家族（Filangieri）共進晚餐。以下段落摘自他對那天的敘述，其中一位女主人不斷戲弄同桌的修士，反映出知識分子文化圈的轉變：

「我們會有絕妙的餐點，」她告訴我，「不會有肉，但好吃無比；我會讓你見識最好的料理，最經得起挑剔的美食。但在此之前，我得小小折磨一下那些修士。我受不了這些人：每天他們都來我們家拿走一些東西。我們有的一切，都應該是要與朋友一同享用的才對。」這時，桌上已端來了湯，那位本篤會修士正在用餐，態度中規中矩。「拜託，不要有浮誇的儀式，大人。」她說，「如果湯匙太小了，我會叫人給您拿大一點的來。您吃飯時習慣吞大口一點。」……我們談話的過程中，神父們一刻不得閒，不斷遭到我一旁的鄰居再三侮辱。特別是上魚料理的時候，廚師把魚做成肉類料理的外觀──為了遵守懺悔節戒律──這道菜招來接二連三，既不敬又邪惡的言論[15]。

歌德也描述那不勒斯慶祝聖誕節期，精彩豐富、活靈活現。

販賣香草、哈密瓜、葡萄乾、無花果的商家，真的讓人心情愉悅。沿街掛滿食物做成的花圈：有金黃色的香腸大皇冠用紅絲帶繫起，火雞屁股上都綁著紅緞帶。他們跟我保證已經賣出了三萬隻，這還不算自己在家裡養肥的火雞。街上有大量載蔬菜的驢子、閹雞、山羊羔，在城市、市集裡遊蕩。還有雞蛋堆成的小山，你無法想像雞蛋山可以堆到這麼大。這些統統會被吃完，但還不夠，每年會有名官員帶著小號手，騎馬繞城，在所有的廣場、十字路口宣布那不勒斯人吃下了多少牛、小牛、山羊羔、綿羊羔跟豬。人民凝神細聽，並隨著數字歡呼：他們都記得自己對數據的貢獻，大感滿足[16]。

歌德對西西里風景、居民的描述也躍然紙上。不過，這位大作家似乎比較想要以科學角度來分析所見到的環境，對於自然鮮果的味道倒是興趣缺缺。舉例而言，他寫塞結斯塔（Segesta）時，提到精耕的農地、工作中的農民、洋薊、野茴香，但隻字未提這些東西的氣味與風味。這不特別讓人驚訝，因為旅行中的貴族多半會避免食用當地食物，恐怕食物受到污染或致病，他們尤其不會吃中下階層餐館所煮的料理。

產課稅。許多義大利王國關閉修道院、修女院，徵收其名下資產，並禁止將土地再列入永久產業管理。在歐洲君主施加的壓力下，一七七三年教廷廢除耶穌會，並將資產轉讓給世俗政府。

十八世紀除了政治版圖巨震，還有兩大變化。其一是全歐人口明顯增長，這是由於美洲新作物在歐洲傳播，加上農業科技進步、生產系統改善。原本人們懷疑害怕的新食物如馬鈴薯、番茄等，逐漸被接受。農學家、政治家努力將馬鈴薯引入鄉村、提高中下階層的接受度，以降低饑荒帶來的災害。菁英階級倒是欣然接受了這些食物。一八〇一年，那不勒斯國王的廚房總管，維

千索・克拉多（Vincenzo Corrado）寫下了一篇關於馬鈴薯的文章，裡面收錄了我們所知最早的馬鈴薯麵疙瘩（gnocchi，義大利麵的一種）食譜，這證明了馬鈴薯在皇宮貴族間的接受度[17]。玉米的種植範圍涵蓋全義大利，大多是取代原有的穀類作物如高粱（sorghum）、小米。玉米很容易融入當地飲食習慣，人們改用玉米來煮以前常吃的雜糧粥（polenta）。偏遠地區的勞工也吃玉米，對他們而言這是廉價的食物，他們在邊陲的耕地上勞動，耕種經濟作物以符合市場需求。雖然米在當時帶有貧窮的標籤，種植環境也常貧瘠，米在糧食缺乏時卻是許多地區的救命良方，由於引進品種多元，米也適合煮成不同的料理，在上層階級的飲食中，米可以烹煮成精緻料理，比如那不勒斯的烤飯「sartù」以及北方的燉飯（risotto）。

地主如果來自經濟較發達的地區，會投資自己的土地資產以利產業升級，引入現代科技與新的勞動雇傭關係，這撼動了傳統鄉村的社會階層與社會基礎。倫巴底在開明專制的奧地利女皇瑪麗亞・泰瑞莎（Maria Theresa of Austria）統治之下，佃農制度逐漸消失，取而代之的是租賃合約。灌溉系統、土地管理都有長足進步，讓稻米產量上升，採取精耕、畜牧互補的勞力密集農業模式也有出色的成果。要達成如此規模的管理，需要相當程度的社會組織力，提供偏遠地區有資金的創業家出頭的機會，他們租下大片莊園、購入牲畜、規劃銷售且支付勞工薪水。不只如此，奧地利女皇剝奪貴族的權利，將所有的地方傳統稅收歸給中央。一七七六年時，她推動改革，實施自由貿易，她的兒子約瑟夫二世繼位之後，繼續推行改革政策。托斯卡尼公爵也如法炮製，頒布法令限制土地買賣與併購，讓農產品發展自由貿易，另著手開拓耕地，改善瓦迪奇安納（Valdichiana）、馬雷瑪的沼澤地。不過，佃農制依舊是托斯卡尼鄉村地區的主流，羅馬涅、馬克、溫布里

亞地區也是如此。

　　有些地區的大型莊園地隸屬教廷，或是無法將土地分割、出售以換取資金的貴族，這種情況下，農業創新滯礙難行，只得依循當地傳統的土地管理方式[18]。波旁家族企圖推動的地籍登記制，在地方貴族強力反抗之下失敗了，貴族侵佔最好的田地種植小麥，因為小麥的價格居高不下。貧窮的農人、鄉村受薪的勞工深受通貨膨脹所苦，他們的勞動所得跟不上食物價格上漲的趨勢。不過，小麥充足的環境，讓那不勒斯都市居民的飲食轉變，他們從大量的蔬食轉向義大利麵，消耗量大到令當時的人稱呼那不勒斯人為「吃通心粉的」，他們的上一個綽號則是「吃草的」。此時出現的加壓模具與其他手動器械，提高了義大利麵的產量與品質，並拉低了售價，而那不勒斯南方的小鎮，如托勒・亞努茲亞塔（Torre Annunziata）、格拉涅諾（Gragnano）藉由當地的麵粉製造業，躍升義大利麵製造重鎮。製造商偏好採用的乾燥過程有三階段：天然日曬「incartamento」，這會讓義大利麵的表面帶有薄薄的脆皮，稱為「carta」（紙）；將麵條靜置於涼爽處，讓麵紙表層吸收麵芯的水氣；乾燥的最後階段將麵置於通風處，通常不受太陽直射。長型麵條在第二、三階段的乾燥程序通常需要多走幾遍[19]。

　　義大利其他的製麵產業位於利古里亞，尤其是薩瓦那（Savona）、波多毛里奇歐（Portomaurizio，就是今日的茵配里亞，Imperia）、阿普里亞，附近巴利地區的工匠藉著當地與威尼斯長期的貿易關係，出口義大利麵商品。

　　同時期，其他食品製造業並沒有這等效率。總體農業經濟成長停滯，成為新興階級的目標，他們持續經營自由創業與私人資產，當時知識分子、商人熱切支持私有資產制。知識階級發起的運動被稱為啟蒙運動，大幅影響了針對經濟的政策辯論，逐步累積政治壓力，最終導致法國大革命。重農派經濟學者認為，國家

喬吉歐・蒐美
（Giorgio Sommer），
《吃通心粉的人》，
（*Mangiamaccheroni*），
約一八六五年，印刷攝
影集。

的財富應以土地為主，以此得到的利潤可用於投資其他經濟活動，
他們倡導將大片公有田地私有化，摒棄開放作為牧地的傳統、廢
除所有會限制農產品自由貿易的規範，他們將私人企業與資金視
為經濟活動的決定性因素。

　　散播新潮經濟思想的中心地區為米蘭、佛羅倫斯與那不勒
斯。究納韋西（Antonio Genovesi）所著《貿易與公民經濟課》
（*Lessons on Commerce and Civil Economy*，一七五四年）強化了
政治經濟學在學術上作為專門領域的定位，而格拉第（Giuseppe
Maria Galanti）在一七八六至一七九四年之間出版的《兩個西西
里之史地新觀》（*The New Historical and Geographical Description
of the Two Sicilies*）則大肆批評義大利南方的封建制度遺毒。位

威尼斯聖馬克廣場。威
尼斯是義大利第一座有
咖啡館的城市，第一間
咖啡館於十七世紀開幕。

於佛羅倫斯的知識分子組織則是創立於一七五三年的農友學會
（Accademia dei Georgofili），該組織側重農學相關議題，其影響
力可見於旅法托斯卡尼學者法布朗尼（Giovanni Fabbroni）所著
《反映農業現況》（*Reflections on the Present State of Agriculture*，
一七八〇年），藉由作品向義大利思想家介紹重農經濟原則。米
蘭的號召力不在學術圈，他們經營政治聲量，透過《咖啡》（*Il
Caffè*）期刊向公眾發聲，該期刊於一七六四至一七六六年出
版，負責人為亞勒山卓、皮耶特羅‧衛里兩兄弟（Alessandro
and Pietro Verri），後者撰寫了頗具影響力的〈思考政治經濟學〉
（*Meditations of Political Economy*，一七七一年）一文，文中探討
需求、供應的概念。

這些知識分子的努力不只對糧食生產的政治、科技層面有貢獻，也將消費模型具象化，符合當時講求進步、現代化的思潮。他們的論點當然是參考法國經驗，當時沙龍、咖啡館成為新的社交型態，也是人們彼此激盪、思考的環境，理想上有助於形塑自由、有力、有理且清晰的討論。許多義大利的中產階級贊同啟蒙運動在政治、知性上的態度，支持人的理性、科學的力量、進步的理想等思潮。對於希望在所屬社會中有更多發展的階級而言，這些觀念特別吸引人心，也會削弱貴族的特權勢力，他們渴望參與政治、經濟、國家管理。

知識的光亮提供破除迷信、無知、偏見的必要助力，但也將矛頭指向宗教勢力，更明確地說，天主教會的勢力。

中產階級此時發展出自身的飲食品味，食物與飲食變成角力的舞台，形塑並實踐中產階級的文化認同。來自歐洲殖民地，新奇、富有異國情調的舶來品，在中產階級間掀起潮流、時尚，塑造了中產階級的品味。美洲進口的糖磚讓人們可以負擔糖的消費。人們喜愛咖啡，認為可以提升智性上的敏銳度，讓晚餐、派對的席間對談變得更有趣、機智，且持續到深夜。喝咖啡蔚為風尚，專家機構也得跟進，以招待品味挑剔、不斷增加的顧客群。咖啡館源自鄂圖曼帝國，原是讓男性可以聚會、休閒、討論時事的公共場合，不受家庭、工作、清真寺等環境限制。一六八三年，義大利的第一家咖啡館在威尼斯開幕，許多在港都生活的猶太人也跟進，在利弗諾、威尼斯等地開業，這些地方跟東地中海鄂圖曼貿易中心有密切往來，猶太社群也有交流[20]。其實，由於咖啡源自伊斯蘭文化，一直帶有爭議，直到教宗克勉八世（Pope Clement VII）准許基督徒飲用咖啡，才平息了紛爭[21]。

巧克力、可可飲品在十六世紀由西班牙王公貴族引入，當時製作過程是機密，直到該世紀末，教宗國瑞十三世（Gregory XIII）

認可巧克力飲料不算打破禮拜齋戒，耶穌會士才放心暢飲，即使耶穌會並不鼓勵，會士們依然喜歡巧克力，且推廣巧克力。一六〇六年，佛羅倫斯商人法蘭切斯科・安東尼奧・卡列提（Francesco d'Antonio Carletti）終於得到了祕密配方，將其介紹給佛倫羅斯的梅第奇王朝[22]。到了十七世紀下半葉，科學家瑞迪（Francesco Redi）研發出添加茉莉花的巧克力配方，深得公爵科西莫・梅第奇的喜愛，甚至宣告該配方為國家機密。到了十八世紀時，熱可可飲料風潮已經征服了全義大利。不過，新熱潮也遭到一些知識分子的批評，詩人吉塞普・帕里尼（Giuseppe Parini）《少主的覺醒》（Il risveglio del Giovin Signore）中寫道：

我看到您那僕人又進來了，他頭髮梳得一絲不苟，問您要喝什麼，這些都是最受歡迎的飲料，您今天想用哪只珍貴的杯子。杯子與飲品都來自印度，請選一個您喜歡的吧。如果您今天想來點甜的暖暖胃，讓胃有天然溫和的熱氣，好幫助消化，請您務必選擇巧克力，這是來自瓜地馬拉或加勒比海的享受，當地蠻人的頭髮是用羽毛繫起來的。如果您為憂鬱所苦，或覺得您美美的四肢長胖了，務必來點從阿勒坡或摩卡（Moca）煙燻的香料飲點綴您的雙唇，那裡有千百條船隻往來不息[23]。

中產階級不看好老派貴族複雜又昂貴的料理，認為對身體負擔過大，又矯揉做作，他們喜歡傳統大眾的單純風味，不過中產階級新發展出來的味覺偏好，也經過一番精緻化，以滿足越來越講究的味蕾，他們避免粗俗、誇張的味道與香氣，包含大蒜、洋蔥、包心菜、乳酪等，另一方面用心挑選、研究新的蔬菜、香草品種，比如異國食材鳳梨，這時溫室（義大利文「stufe」）也開始流行，讓人們可以種植熱帶植物。菜單上多了香橙、檸檬氣泡飲、

冰沙、冰淇淋等選項，也出現了生蠔、松露。研究食物的偉大學者皮耶羅·坎伯勒西（Piero Camporesi）的觀察頗具文藝氣息：

引人注目的是，在奢侈浪費的文藝復興、巴洛克料理退流行的同時，也結束了大型狩獵的時代，一切空中飛的、野地竄的、會動、會跑、會跳、有生命的，在雨中、風中、太陽下走跳的，都免除了悲劇。這確實引人注目，一整個世紀講求智性的光，反對黑暗與陰影的，竟然會去吃冷冰冰、一動也不動、像屍體一樣的組織，去吃那從水中拔出來的，或來自不結果又活在暗處的花苞裡，在潮濕月影下的陰暗受滋養，匍匐在秋季森林底下的土壤之中[24]。

東道主在娛賓時，不再偏好以量取勝，而求菜色多元多變，量少而和諧。人們講究餐點的視覺效果，比如料理色調、擺盤、餐具的選擇，中國瓷器、絲綢、木器風靡一時。菜單不提供酒類，人們也選擇不在席間飲酒，這些考量被視為品味與教養的表現。料理常常出現醬料，這是源自法式料理的特色手法，醬料讓進餐的人可以享受濃郁的風味，卻不會吃進太多食物，造成胃的負擔。

法式餐飲潮流前所未有地席捲了義大利大戶人家的餐桌。法國人喜歡新鮮食材，鮮明的風味，減少香料使用，並明確區隔甜、鹹菜色，這些特徵逐漸傳播至全義大利。有錢可揮霍的消費者喜歡購買來自英國、法國的進口商品，當時人們認為義大利傳統食品老土，品質又差。作家皮耶特羅·衛里曾在給手足亞勒山卓的信中，說自己比較喜歡普通等級的奧地利葡萄酒──他可能是指匈牙利托考伊白酒（Hungarian Tokaj）──勝過倫巴底最好的酒，因為飲前者怡情，飲後者只會酒醉[25]。不過，也不是所有人都比較愛法國菜。修道院長喬凡巴斯塔·羅伯特（Giovambattista

插圖來自法國御廚拉法罕《法國廚師》於一七二一年的義大利譯本，法文原版於一六五一年出版。這本書對十八世紀的義大利飲食影響甚鉅。

Roberti）在〈函論十八世紀奢侈〉（*Lettera sopra il lusso del secolo xvIII*，一七七二年）就語帶諷刺：

　　巴黎人比任何其他歐洲人還要營養不良，但是，某些吹毛求疵的法國人，越過阿爾卑斯山來到義大利時，嚐到的料理只不過跟他們習慣的烹飪手法不同，居然敢心高氣傲地說難吃，即使他們也不是什麼有錢人，比如教跳舞或語言的老師……。在我看來，盛名在外的國家之光，不過可笑；我們可以點醒他們，梅第奇家的凱瑟琳在世的時候，是我們出身壁爐邊的專業人才與義大利餐飲總管，千里迢迢到那裡教他們什麼是美食的藝術[26]。

　　在廚房工作的職人明顯感覺到法式料理影響力。富裕的家族

偏好雇用法國出身的廚師，這些人在義大利的地位比當地廚師高，也比較熟悉自己同胞的習俗與時下潮流。那不勒斯、巴勒摩貴族的家庭廚師被稱為「monzù」，這是法語外來詞「monsieur」（先生）進入當地口語之後的轉音，顯然法國料理在南方貴族之間地位崇高。當時所謂的法式餐點非常流行，第一道餐點為湯與開胃菜，接著的第二道餐包含幾樣主餐，最後上甜點。當時兩本法式料理的經典傑作，分別在一六九三年、一七四一年於義大利翻譯出版，前者是法國御廚拉法罕（La Varenne）的《法國廚師》（*Le Cuisinier françois*，原出版年為一六五一年），後者是梅夏盧（Massialot）所著《宮廷與中產階級的廚師》（*Le Cuisinier royal et bourgeois*，一六九一年），之後出版的食譜書，都會以法式手法調整在地料理與食材。其中幾本書顯示皮埃蒙特地區的飲食介於法式與義式傳統之間，比如《在巴黎出師的皮埃蒙特廚師》（*Il cuoco piemontese perfezionato a Parigi*，一七六六年）、《皮埃蒙特女廚師》（*La cuciniera piemontese*，一七七一年）。皮埃蒙特之外，羅馬廚師法蘭切斯科・李奧納迪（Francesco Leonardi）則探索冷盤肉、豬肉食材與各種當地特色料理，他的心血成為六大冊百科全書式的《現代亞比丘》（*Apicio moderno*，一七九〇年），書中有一款番茄醬，內含洋蔥、大蒜、芹菜、羅勒，另有一篇番茄鑲肉食譜，內容跟今天的番茄鑲肉大致一樣。這時番茄其實已經加入了高級餐點的行列，早在一七〇五年，為羅馬耶穌會學院工作的廚師高丹席歐（Francesco Gaudenzio）出版的食譜集中，就能發現番茄醬食譜[27]。

那不勒斯御廚柯拉多（Vincenzo Corrado）以法式料理手法烹製南方食材，他的作品記錄在《有品味的餐飲總管》（*Il credenziere di buon gusto*，一七七八年）。許多食譜中都出現了玉米粥、香草、酸豆、旗魚、洋薊、帕瑪森乾酪、帕瑪森火腿、

閹公羊、番茄等，以及其他典型的食材[28]。柯拉多關注的地方鑲餡料理，也出現在〈那不勒斯王國特有食材與王家圍獵新訊〉（*Notiziario delle produzioni particolari del regno di Napoli e delle cacce riserbate al real divertimento*，一七九二年）一文中。柯拉多文章的描述，一方面藉由炫耀財富與領地向國王（與其他贊助者）致意，另一方面也透露了他真正有興趣的主題，頌讚地方美食，諸如托勒‧亞努茲亞塔的通心粉、阿弗沙的巧克力蛋糕、卡迪托（Cardito）的乳酪與莫札瑞拉乳酪[29]。柯拉多〈為貴族文人預備畢氏蔬食飲食〉＊（*Del cibo pitagorico ovvero erbaceo per uso de' nobili, e de' letterati*，一七八一年）文中，認為蔬食不但健康，納入最高級的料理也毫不遜色。

柯拉多在《有品味的餐飲總管》序言中提及他對烹飪歷史演變的看法，認為當代人節制、滴酒不沾、依照生理需求進食等風尚，只是短暫的潮流。

習慣用同樣的方式吃飯、煮一樣的食物等等，會讓人厭惡。厭惡孕育好奇心，好奇引人多去體驗，體驗則形塑了感受力。人依照喜好品嚐、品味、變化、選擇飲食[30]。

料理便是由此而生，柯拉多認為料理是單純又自然的藝術，古羅馬人經由鋪張奢華、精緻多變、講究隆重的生活方式，打造出料理。這位那不勒斯大廚認為，義大利人繼承了古羅馬人對美食的熱情，並傳給了法國人，後浪推前浪，法國已青出於藍。

這個時期還出現了一位享受食物、以此為樂的人，傑科莫‧卡薩諾瓦（Giacomo Casanova），最聲名狼藉的浪蕩子，他在餐桌

＊ 譯注：古希臘學者暨數學家畢達哥拉斯以倡導素食、斷食出名。

畫家不明，可能出自法蘭切斯科・納里奇（Francesco Narici），《傑科莫・卡薩諾瓦》（Giacomo Casanova），年代不明，可能為一七六七年，油彩畫布。

上談笑風生，並藉此誘惑婦女[31]。卡薩諾瓦對精緻飲食的正面態度，與當時鉅著《百科全書》（Encyclopédie）形成強烈對比，作者德臼古（Louis de Jaucourt）在啟蒙運動的條目裡詳述另一種衡量料理的態度，對德臼古來說，梅第奇家族的凱瑟琳皇后引入法國的飲食風俗帶來浪費、糜爛與耽溺，是衰敗的徵兆[32]。德臼谷批評過度講究的飲食文化，與當時不少義大利人一致。天主教保守派認為，享受美食、迷戀人造之物是負面影響，敗壞個人道德與社會風俗。前所未見的社會情勢、風氣開始質疑貴族的特權，不過許多貴族仍然愛好豐盛的飲食，反映他們的財富與權勢。

　　義大利諸王國在政治、經濟上的改革進展幅度有限且緩慢，

直到十八世紀末至十九世紀初法國發生了翻天覆地的歷史事件——法國大革命，法王被送上斷頭台、共和制當道、恐怖統治、中產階級的回應，最終促成拿破崙崛起。當上法國皇帝的拿破崙，勢力幾乎涵蓋義大利全境，除了受英國保護的西西里，他在義大利半島中部、北部設立共和政府，但實際上落入法國軍閥控制，義大利地方革命分子企圖建立自治，並未成功。拿破崙在滑鐵盧戰敗後，法蘭西帝國的敵對勢力在維也納聚首，企圖藉由維也納會議，恢復拿破崙崛起前的歐洲政治秩序，同時在義大利被推翻的各王朝，得以重拾領土，但各方企圖維持的現狀並未持久。

　　義大利政治版圖經歷如此劇變的同時，不同地區的文化、經濟結構依舊各行其是，差異之大叫人訝異。阿爾卑斯山脈一帶的山谷與鄰近的丘陵地，土地所有權破碎，小農、牧民可以依照傳統，在夏季放牧、利用公有田。在阿爾卑斯山南部地段，許多家族住在崎嶇的山坡地上，共同生活、務農，這種大型農場稱為「masseria」，農場所有人有權可得半數農產收穫。隨時間過去，

十九世紀時，義大利各處都有玉米田，通常煮成粥來吃。

這些農場規模逐漸碎片化，分割成小片田地，每塊田以核心家庭
為單位勞動，比起大規模的群體更容易掌控。

　　新式合約要求農民支付固定數量的小麥，農民需要超過半數
的農地面積種植小麥，才足夠支付所需額度，他們被迫以最好的
土地種小麥，自己卻只能吃馬鈴薯與玉米裹腹，農民生活水準驟
降，也造成糙皮病盛行，這種疾病的症狀包含腹瀉、皮膚炎，能
導致失智甚至死亡[33]。人體缺乏維生素 B 會導致糙皮病，如果以
玉米為主食，卻沒有使用鹼水烹製法（詳見上一章），玉米含有的
菸鹼酸（niacin，屬於維生素 B3，人體必需營養素）將無法被人
吸收。當時上層階級的飲食內容通常不含玉米，玉米也被貼上貧
窮的標籤。

　　在波河平原一帶的農業活動，大部分是經濟市場導向，此區
的灌溉系統、公共建設領先全義大利。法律促進農產銷售、土地
買賣，農耕採用現代技術，並整合勞力密集的畜牧活動。這樣的
環境有助創業發展，商人被稱為「affittuario」或「fittavolo」，他
們向旅居外地的地主承租中型、大型農場「cascine」，並藉由經
營管理，盡可能提高投資利潤、回收資金。勞工通常領取固定額
度的日薪（勞工被稱為「braccianti」，詞源來自雙臂「braccia」一
詞），他們承擔大部分的農業勞務。義大利中部的傳統佃農制依然
是主流，土地分割成「podere」或「fattoria」的小單位，上面通常
包含農民家庭所住的房子，以及農用設施，如穀倉、馬廄。佃農
制無法吸引投資，因為地主只能收取一半的農穫，再者，由於農
民一般離群索居，他們傾向自給自足的管理方式，這樣的模式無
法支撐大規模的市場經濟作物生產。因此，義大利北部盛行的輪
耕系統，並沒有擴張到托斯卡尼、義大利中部，這些地區依舊盛
行休耕，該地景被稱為「alberata」，狹長的田地上種滿樹木，葡
萄樹則間雜在中。義大利南方的貴族、神職機構依舊坐擁大部分

土地，法國佔領時期，僅徵收了小部分土地。偏鄉貧民沒有土地，得以勞動換取薪資。有時他們會承租面積極小的田地，但規模小到往往難以自給自足。他們通常住在丘陵、山坡上的村落裡，每天通勤步行到耕地上工作。南方農業境況窘迫，只有沿海地區稍有改觀，那些地區種植果樹、橄欖、葡萄樹等作物，並藉由加工，生產能在市場賣出高價的食品。

　　總體而言，在義大利政治統一之前的一百年間，資本主義滲入農業生產的腳步雖然緩慢，卻勢不可擋，在經濟因素介入下，形塑偏鄉勞工生活的傳統模式，逐漸被摧毀。土地私有化、新型態的合約、農產品重組等結果，使得農民生活條件惡化，這時正值義大利死亡率下降、人口上升的時期[34]。

▌ 統一過程與後續發展

　　前文所述複雜且多元的偏鄉地貌，居然在十九世紀中葉成為單一國家：義大利王國。薩伏依公國統治者藉由維也納會議，將前熱那亞共和國的領土佔為己有。薩伏依公國領土原本就包含薩丁尼亞、皮埃蒙特，如今多了熱那亞的土地，這象徵拿破崙時代終結。熱那亞喪失獨立，同樣喪失獨立的還有威尼斯，拿破崙將其劃給奧地利。薩伏依國王為了消滅外國勢力與來自義大利本島的專制統治者，經歷了一連串的陰謀、叛變，到了一八四八年，薩伏依發動戰爭，最後取得了義大利本島中、北部大片土地。一八六〇年，大將吉瑟普・加里波底（Giuseppe Garibaldi）領軍探勘西西里，並一路北征，顛覆波旁王朝，一八六一年，義大利王國宣布成立。義大利軍隊在一八六六年征服了維內托，一八七〇年攻破羅馬，透過外交手段使外國駐軍撤離羅馬，教宗被困在梵蒂岡，孤立無援，直到一九二九年教廷與義大利簽訂拉特朗條約

（Lateran Treaty），恢復正式外交關係，梵蒂岡與義大利才有正式國家外交。

如果義大利中南部的農民曾冀望加里波底軍隊顛覆政權、帶來統一之後，可以改善他們的生活，他們的美夢很快就破滅了，對南部農民尤其如此。當加里波底抵達西西里時，他為了集結當地勢力推翻波旁王朝，就曾宣布，土地將會重新分配給需要的人民。但是，當布隆特鎮（Bronte）的社會騷動演變成暴動時，義大利將軍畢奇歐（Nino Bixio）祭出峻罰，處決了叛亂分子以鎮壓動亂。一八七〇年後羅馬被佔領，貴族資產並未遭受重大變革，唯有神職機構的土地遭到清算，致使中南部中產階級的資產增加，不過多數新地主並未引進現代農耕技術，土地管理照樣因循舊制，而以往殘存的傳統公有地，則在現代商業導向的私人土地所有權模式下被瓜分，農民不再有額外可利用的公有地。

統一後，最初的政府組織將農業經營完全交給民間私營管理，皮埃蒙特在一八六三到一八六六年之間，完成了運河網絡，並以前任首相迪卡沃（Camillo Benso di Cavour）為工程命名。一八七八年，阿布魯佐地區的弗契諾湖（Fucino lake）以人工方式抽乾。直到一八八二年，國家才撥下小額資金協助沼澤排水，只是目的並非增加農產，而是為了滅絕瘧疾，但公家單位肆無忌憚地混水摸魚，以致政府不得不委託私人財團經營，排沼工程在羅馬周邊的鄉野、艾米里亞羅馬涅等地區開拓了大片耕地，而馬卡雷瑟（Maccarese）也出現了重要的私人農業企業。政府制定法律以促進山地造林，降低土石流。今日的義大利依然有土石流問題，比如二〇一一年十月，五漁村曾遭受嚴重土石流侵襲。

統一之後，內陸的國境、關稅在幾年內取消了，鐵路建設讓貨物能順利流通，促使地主為了市場銷售，專營少數作物。在南方出現了大面積的柑橘、扁桃，北方的皮埃蒙特、倫巴底地區則

一八三七年的義大利。

種植稻作，如今這些稻田已不復見，只有維內托、艾米里亞還留有部分。橄欖油、葡萄酒產量增加，但以內銷為主，與之相反的是義大利麵、乳酪，這兩種食品越來越受國外歡迎[35]。此時義大利農業依然受限於不夠發達的交通運輸、過於複雜的輸送網絡、缺乏倉儲、信貸額度低、高額稅金等問題。統一後逐漸整合的義

大利農業，將地區農業推入世界貿易中，面臨高度變動的市場經濟。一八八〇年代，全球發生生產過度危機，導致農業收入下滑，將偏鄉勞工逼離鄉村、出國打拚，他們多數移民至美國、加拿大與南美國家如委內瑞拉、巴西、阿根廷，自此之後，義大利人民不斷移出，足跡將會遍布全世界。這場世界性的危機，導致義大利人的每日卡路里攝取量大幅下降，一八七〇年平均每人每日兩千六百四十七大卡，十年間降至兩千一百九十七大卡，到一八九〇年前再降至兩千一百一十九大卡[36]。

國家統一無法立即整合人民，絕大多數鄉村居民，還有大部分都市居民，既不識字、也不會說標準義語。各地社會、政治系統過於分歧，政府得花上數年才得以建立中央權力，在南部與西西里島尤甚，當地的盜匪藏匿在山上，還經常受當地人支持。鄉村的飲食貧乏，內容單調且熱量不足。農產品大多直接送往都市的中產階級消費者，偏鄉勞工食用玉米、大麥、小米、藜麥、栗、扁豆、蠶豆、鷹嘴豆，也將以上磨成粉來煮粥、製作餃子、麵包、佛卡夏麵包。人們也以豆類與米維生。只有集中生產小麥的西西里、阿普里亞地區，人民才有機會食用小麥，不過當地農民的生活條件也一樣低落。我們可以在作家雷皮薩提（Mario Rapisardi）《收穫者之歌》（Il canto dei mietitori，一八八八年）中看到當時的困窘，這位作家來自西西里島卡塔尼亞：

　　我們是收穫者的軍隊
　　我們為了大人收耕作物。
　　迎接我們的是炎日，六月豔陽
　　炙我們的血，曬黑我們的鼻頭
　　曬得我們手中的鋤頭都發燙
　　當我們為了大人收耕作物的時候……

我們的孩子沒有麵包吃

誰知道啊，搞不好明天就死掉了，

我們羨慕您的狗有得吃。

而我們繼續為了大人收割作物。

太陽將我們曬得東倒西歪、跟跟蹌蹌：

只要水和醋，一小塊麵包與洋蔥

就足夠讓我們免於飢渴

甚至可以填飽肚子

讓我們為了大人收割作物吧……[37]

由於每日工時漫長，為了確保工人能持續工作，會提供大分量的餐食，確保他們可以繼續收割葡萄、採集加工橄欖、屠宰豬隻[38]。寫實作家維賈（Giovanni Verga）在短篇故事《那東西》（La Roba，一八八三年）中清楚描寫了在西西里收穫葡萄的情形：

收穫葡萄的季節來臨的時候，全村的人都擠進他的果園，如果你聽到土地上傳來歌聲，那是人們一邊採馬札羅的葡萄，一邊唱歌。至於收割小麥的時候，馬札羅的採收工人會四散在田裡，像一批軍隊，而你只需要一丁點錢就能養活這些人，清早給他們吃乾糧餅，早餐吃麵包與苦橙，中午吃野餐，晚餐吃千層麵。裝千層麵的碗得跟洗手盆一樣大[39]。

中央政府為了了解義大利勞工階級的處境，資助調查與民族誌研究，其中包含一八八一至一八八六年，一項針對偏鄉族群的土地所有權調查研究，由葉契尼（Stefano Jacini）主導[40]。研究發現，勞工階級大約花費百分之八十的家庭預算在食物上，而內容主要是基本主食[41]。那不勒斯工人社區的街上會販售通心粉，

吉瑟普‧加里波底，一八六一年，取自
印刷攝像圖卡。

人們通常買了就直接在街上吃完。

　　人們食用的肉類很少，僅在特殊場合才吃肉。一八九二年，
因應市場大量肉類需求，一間大型屠宰場在羅馬開幕，當時羅馬
的城市地位上升，資金、員工、新政府機構、官員大量湧入，不
過多數勞工階級無法吃到最好部位的肉，只能負擔內臟、雜碎，
義大利文稱為「quinto quarto」，意為四等份中的第五份，因為動
物屠宰一般將牲畜肢解成四份，剩餘的雜碎料就是第五份。牛
尾、犢腸、牛腩隨之成為羅馬下層階級料理，比如香煎羊肺、羊
心佐洋薊「coratella」；豬油番茄香料燉牛尾「coda alla vaccinara」，
該料理有時會加上可可粉與松子；番茄薄荷醬燉牛腩「trippa alla
romana」，吃之前撒上羅馬佩柯里諾綿羊乳酪（pecorino romano）[42]。

　　義大利知識分子、政治家常把營養不良的問題當作南北飲食
文化差異，歷史學家卡洛‧赫斯托斯基（Carol Helstosky）把這

十九世紀末，牛腩成為中下階級
飲食的重要元素。

種觀點取名為「兩種飲食方式的故事」[43]。不過，社會階級差異
比起地理環境影響更大，藍領階級、偏鄉勞工的生活為瘟疫、糧
食匱乏所苦，如此情形造成社會動亂。比如，一八六八年，政府
恢復徵收磨坊稅，以磨石轉動周數為單位課稅就引起社會騷動；
一八八七年，肇因為課徵穀物稅；一八九八年時，由於大環境使
農業經濟自八〇年代長期蕭條，當年物價飛漲導致許多主要城市
發生暴動，衝突的最高點導致悲劇，米蘭大量抗爭者被屠殺[44]。
社會史學家索欽列尼（Paolo Sorcinelli）觀點犀利：「義大利人為
了有飯吃，學會了抗議和抗爭。[45]」勞工領取固定薪資在波河平
原是主流，工人集結，組織罷工、向雇主爭取更好的薪資。

　　迎接十九世紀末的是工業化的食品製造公司興起，不過多數
農產品以內銷為主，不論是新鮮、乾燥或醃漬食材[46]。當時物流
配送的基礎設施依然進展緩慢，一八九七年，米蘭才出現了第一

座有冷藏保鮮的倉庫，當時歐洲其他國家早已引進這類基礎設備。因應屠宰肉品保存的需求，義大利北部地區已出現類似的硬體建設，當時人們對冷凍肉品還懷有戒心。不過，第一次世界大戰來臨，為了供應軍糧，冷凍肉品不再是問題，前線士兵得吃冷凍肉、罐裝肉品[47]。由於義大利麵的科技變革早了幾世紀，依舊是食品物流網的開路先鋒。以蒸汽、電力為動力的機械增加，比如小麥篩選機、揉麵機、烘乾機等，增加了義大利麵製造量，讓義大利麵可以順利配送到全國，甚至到世界各地的義大利移民手上。格拉涅諾、托勒‧亞努茲亞塔等地區，依然是義大利麵製造中心，而許多地方新設了製造工廠，如阿布魯佐（得科、寇寇兩品牌）、艾米里亞（百味來〔Barilla〕）、托斯卡尼（堡康利〔Buitoni〕）等。義大利麵本來被認為是南方傳統食物，如今逐漸變成全國性的特色料理，只不過各地區分別有自己的配方、造型、長度。消費者可以選擇不同材料製成義大麵：小麥麵粉、杜蘭麵粉（semolina）、兩種麵粉混合，有時以番紅花染成黃麵，或番茄紅麵、菠菜綠麵。工業化製造的新鮮義大利麵（材料加入新鮮雞蛋或雞蛋粉）、義大利麵餃也出現在市面上，食品公司為了凸顯產品差異性，更加入了其他元素，如：麩質、鐵、鈣、啤酒酵母，或者任何感覺上會增加營養價值的東西[48]。義大利麵配番茄醬的組合，從那不勒斯地區一路向北方傳開[49]。食品保存技術除了傳統「conserva nera」（黑漬法），也就是番茄醬經熟滾、日曬後的黑色糖漿漬醬，可保存過冬，還可製成罐頭，罐頭製造技術進步要歸功於法國人阿佩爾＊（Nicolas Appert）的貢獻。

　　一八八〇年代農業危機導致穀物價格暴跌，農民只好改種其

＊ 阿佩爾發明氣密式食物保存法，並申請專利，他的研發成果為現今罐頭保存技術的基礎。

他有利潤的作物，番茄成為許多地區的首選，包含南方的那不勒斯、薩勒諾，以及北方帕瑪、皮亞琴察一帶，大規模種植也促使罐頭產業蓬勃發展。知名品牌吉歐（Cirio）最初創立於杜林（Turin），全力經營番茄罐頭，在那不勒斯附近設立不少工廠，迅速建立起跨國的物流網絡。這段時期出現的食品品牌，到今天對義大利人來說依然耳熟能詳，比如溫布里亞佩魯賈市（Perugia）的巧克力佩魯吉納（Perugina）、卡飛駱（Caffarel）品牌推出的榛果巧克力「gianduiotti」、杜林的酒類品牌如馬丁尼與羅絲（Martini & Rossi）、琴贊諾（Cinzano），倫巴底沙羅諾（Saronno）的拉札諾尼餅乾（Lazzaroni），里亞斯特斯托克（Stock）的白蘭地[50]。這些商品在國外大受歡迎，累積了名氣，也讓義大利本地中上階級有機會逐漸培養出高檔消費者，雖然是小眾市場卻逐漸成長，散布全國，這群人依靠品牌來避免日益氾濫的山寨品[51]。另一方面葡萄酒產業腳步蹣跚，此時義大利生產的葡萄酒大部分是「vini da taglio」高濃度混酒，這種葡萄酒酒精濃度高，出口至外國後，再與當地產品混合銷售，另外也有以不同品種、品質的葡萄混合調製的餐酒「vini sfusi」，後者的葡萄栽種一般重量不重質。一八七〇年代，葡萄樹蟲害根瘤蚜從法國蔓延開來，到八〇年代末傳入義大利，農家不得不重新整理、優化葡萄園管理，這改善了葡萄產量，但也讓產量較低的地方品種式微[52]，部分地區則出現商業成長，西西里的佛羅里歐家族（Florio）藉著販售加烈葡萄酒瑪莎拉（marsala）一手建立熱門品牌，這種加烈葡萄酒是在拿破崙時期由英國人捧紅的[53]。瑪莎拉葡萄酒成為中產階級的首選，另有皮埃蒙特的開胃酒，知名公司如夏崗（Gancia）、琴贊諾等，成為農民改善作物的動力。

　　義大利中央政府在統一人民飲食習慣上也有點貢獻，不過是來自義務兵役的副產品。青年男性需要離家五年（一八七五年後

改為三年）接受訓練與派駐，他們被派到遙遠的異地，嘗試聽懂難以理解的當地方言，也體驗不同的地方習俗[54]。義大利軍隊將領明白生活品質十分重要，特別是飲食條件，能左右士氣[55]。對許多士兵來說，這是他們有生以來，第一次能在一天內吃到高營養的三餐，有些食物不太討人喜歡，大家尤其討厭罐頭肉品，不過其他配給，如咖啡、義大利麵（搭配番茄醬）、乳酪等食物，成為士兵每日的食物。兵役結束之後，這些退伍士兵把在軍中養成的飲食品味帶回家，這樣的食物偏好成為國家認同的象徵，不過當時的義大利人民對國家還沒有一致的認同。

我們對於這時的中產階級消費的食物品質、數量確切的情況所知有限，因為政府、文化研究人員、慈善組織都將重心放在下層階級的飲食與營養狀況。不過，透過報章雜誌、食譜書，我們還是可以了解中產階級的餐飲習慣、餐桌禮儀，最重要的是，他們如何透過文化、社會認同來形塑自己成為新生國家國民的身分認同。統一之前的食譜書大多反映地方料理與食材，有專為貴族所寫的，也有大眾食譜，前者如伊波立托・卡瓦卡第（Ippolito Cavalcanti）《料理理論與實踐》（*Cucina teorico-pratica*，一八三七年），後者如《廚子不做作》（*Il cuoco senza pretese*，一八三四年），另也有嘗試收錄不同地區傳統料理的食譜，如《講究實惠的皮埃蒙特新型廚師與那不勒斯總管》（*Il nuovo economico cuoco piemontese e credenziere napoletano*，一八二二年）。

為義大利中產階級的國族料理勾勒出輪廓的第一本書是《廚房裡的科學與美食藝術》（*La scienza in cucina e l'arte del mangiar bene*），出版於一八九一年，作者是佩雷格利諾・奧圖西（Pellegrino Artusi）。奧圖西出生於弗利（Forli）的小鎮弗利波波里（Forlimpopoli），父親是事業有成的商人，他在一八五二年時，搬到佛羅倫斯繼續做生意，直到一九一一年去世為止，他一生富

那不勒斯的義大利麵工廠，一八七五年，喬吉歐‧蘇梅（一八三四～一九一四）攝。

裕，愛好文學與烹飪。當時他找不到投資者出版自己的食譜書，只得自己出版，初版在四年內賣出了一千本，不過幾年時間，他的作品在中產階級廚師之間走紅。當奧圖西逝世的時候，已賣出超過二十萬本書，若考量到當時義大利識字率有多低，這個數字驚人地高。這本書再版了十四次，最初收錄四百七十五篇食譜，後來一路增加到八百篇。奧圖西最熟悉的料理是托斯卡尼、亞米里亞、羅馬涅等地區的菜色，不過書中收錄了義大利各地的料理，他一個人創造出義大利全國通用的烹飪美食詞彙。他的食譜即使有時稍嫌模糊，倒是寫進許多趣事，讓人讀起來津津有味。奧圖西的食譜目錄包含「米蘭風炸牛小排」（costoletta alla Milanese）、他家鄉羅馬涅風格的鰻魚，還有南方料理如西西里庫斯庫斯（couscous，又譯北非小米，對義大利人而言是猶太風格的食材），

以及作者認為是拿坡里披薩的一種點心，上面有扁桃仁與瑞可達乳酪（ricotta）。作者不喜歡刺激性的胡椒，也沒有提到任何薩丁尼亞料理，不過他寫了幾篇外國食譜，比如烤牛肉與舒芙蕾，我們可以從中得知當時異國料理受到義大利中產階級歡迎。

奧圖西的書反映出的不只是當時中產階級的文化與價值觀，也告訴我們他們可運用的食材與消費能力。奧圖西在書中也趁機進行觀念教育推廣，食譜中參雜著家庭省錢祕訣、衛生建議、勸人喝酒節制的醫療建議，還有家庭財務管理觀念。他的文字輕鬆有趣，讓我們可以藉此拼湊當時的文化氛圍。我們閱讀他的食譜，會發現奧圖西很少精確地點明分量，他假設讀者們，大部分是女性讀者，會清楚知道怎麼衡量食材量。下面附上兩篇我翻譯的食譜，也是一樣的情況。

中產階級的用餐方式通常是全家共享一餐，這強化了核心家庭中的父權結構，且讓他們跟都市或鄉下的底層光棍顯得不同，後者多半獨自用餐，且吃得很省（節慶期間除外），工作時間、地點會有不同[56]。歷史學家索欽列尼詼諧地點出，當時工人階級大口吃飯、狼吞虎嚥，跟當今的速食文化有異曲同工之妙，遠不是傳統想像中家人同坐一桌、享受家庭時光的理想畫面[57]。不論是餐廳或中高階級私人家戶的正式用餐，慢慢出現了固定的順序結構，先有開胃菜「antipasto」，再來是第一道餐點「primo」（通常是湯品，或義大利麵，偶爾會是飯類），第二道「secondo」（肉或魚類）佐「contorni」（配料，一般是蔬菜），最後上甜點。開胃菜只有特殊場合才會出現，不過南方人的桌上通常都會有些小零嘴，在兩餐之間解饞：橄欖、薩拉米臘腸、乳酪。（如今這樣的餐點結構大致不變，不過現在的義大利人較少在一餐中吃下那麼多道餐點，除非是特殊場合或是星期日大餐。）若有賓客受邀一同用餐，這樣的上菜順序可以讓主人決定餐點內容、時機，控制食物分量，

＼ 佛羅倫斯風味墨魚燉飯 ／

這個軟體動物目頭足動物科＊的無脊椎生物（學名：Sepia officinalis）在佛羅倫斯被稱為「calamaio」（墨罐），可能是因為大自然讓牠的小囊袋可以裝黑色液體來自我防衛，那液體也可當墨汁使用，而美妙的托斯卡尼語的詞彙常跟相似性有關。托斯卡尼的人們，尤其是佛羅倫斯人，熱愛蔬菜，每道菜都要加點蔬菜，所以這道菜有甜菜根，我覺得真的很搭，就像「pancotto」（麵包湯）跟使徒信經祈禱文一樣搭，我可不想讓攝取過多植物成為某些階級體態鬆弛的原因之一，當然原因不會只有一個，那些人出於某些緣故，體虛又弱不禁風，就像秋天的葉子窸窸窣窣掉個不停。

將墨魚去皮、分開，去除無用的部位，像是骨頭、嘴巴、眼睛、消化器官等，墨囊放一邊備用。清洗乾淨之後，切成小丁，尾巴切小塊。將兩顆洋蔥切細丁，也可以一顆洋蔥加兩瓣大蒜替代，放進醬鍋，加上優質大量的橄欖油一起燒熱。當洋蔥轉金黃色時，加入墨魚，等墨魚熟、變成黃色，這時加上六百克莙蓬菜，要事先除去菜梗並切成大片。適度翻炒，繼續煮約半小時，加入六百克米（這也是墨魚在下鍋之前的重量）、墨魚汁，當米充分吸收醬汁後，慢慢熬煮，適度加入熱水。跟平常一樣，米不可以完全煮透。我們認為的收乾程度，是你的飯可以在盤子上堆出小山。每次上桌之前都要記得撒上帕瑪森乾酪絲，不過如果你的腸胃敏感，請不要這麼做：這道料理或其他類似食材搭配這種乳酪，會讓你不好消化。現在我會告訴你另一種煮法，你可以依照自己的喜好來煮這道燉飯。不加莙蓬菜、不加墨汁，當墨魚像我們說的變成黃色的時候，放米，慢慢熬煮，加熱水、番茄醬料或番茄糊，並加入一點點奶油，增加亮澤與風味，快煮好的時候加入帕瑪森乾酪。如果你想讓這道菜更上一層樓，在煮到三分之二的進度時，加入一些我們之前在丁鱥（tench）燉飯提到的豆子[58]。

＊譯注：應為軟體動物門、頭足綱。

＼ 鑲餡馬鈴薯炸肉丸 ／

馬鈴薯，三百克

雞蛋，兩顆

一撮肉豆蔻

帕瑪森乾酪、適量麵粉

　　馬鈴薯煮熟後，去皮、過篩，在桌上鋪一層薄麵粉，把馬鈴薯泥放上去。在馬鈴薯泥上戳出一個洞，放入鹽，加入肉豆蔻的香氣，倒入雞蛋、帕瑪森乾酪絲，然後將馬鈴薯糊揉成軟團，加入適量麵粉，但盡可能不要加太多，將馬鈴薯糊分成十八等分。手上沾點麵粉，在各個馬鈴薯糊上戳洞，放入肉丁。手上保持有手粉的狀態，將四周的馬鈴薯糊撥上來蓋著肉，搓成圓球狀，在用豬油油炸。這道料理可以當作炸肉料理的配菜。這道菜很炫，好吃又便宜，因為你也可以把餡料換成雞內臟。如果你剛好買了一隻全雞，你可以剁碎雞冠、雞胗、腹中蛋，以洋蔥丁與奶油煮熟，再加上火腿碎片（肥瘦都要有）。如果你手邊沒有雞，用其他方式做餡料 [59]。

同時展現出得體的安排。週日大餐在某方面而言是中產階級家庭的特殊場合，一種小型宴會。不過他們週間的食物通常簡便，人們喜歡會重新利用剩飯、剩菜的食譜。

　　旅館、餐飲業大興，也成為中產階級花大錢的地方。以餐桌服務的角度而言，這時出現了新潮的「俄羅斯式」服務，多道餐點不是依序呈上給各別賓客，而是同時間端上桌。

　　無法負擔高級餐館的人，會去酒家「osterie」、飯館「trattorie」。不少都市人喜歡在星期日至市郊的鄉間出遊，這些地方的酒家會提供簡單的餐食，甚至有的只要顧客有買酒，可以自備食物。這些地方提供的酒品質良莠不齊，通常跟價位一致。更窮的人則喝發酵葡萄汁摻水，或醋酒水。義大利製造的葡萄酒在

卡爾・韓德烈・布洛赫（Carl Heinrich Bloch），《羅馬酒館》（*Osteria in Rome*）一八六六年，油彩畫布。

義大利跟法國的關稅戰爭之前，大多出口外銷，直到一八九〇年代早期戰後才大量回到本地市場，價格也降低至人民較能負擔的範圍，消費量也上升了。在國外的醫療機構，觀念較進步的專家將酗酒行為視為疾病，不過義大利人對此看法較為矛盾，一方面認為葡萄酒有益健康、提供營養、可有效抵抗瘧疾，又不比更強的烈酒來得有害，另一方面，也認為過度飲用葡萄酒對個人、社會都有害[60]。

這時鄉村居民的收入、生活條件依然比都市藍領階級差。雖然一八七九年法律將小學列為義務教務，文盲依然多不勝數。整體而言，女性與孩童跟男性相比，較容易有營養不良的問題，全家人吃得都很寒酸，但因為男性是家中的經濟支柱，得以分配到

更多食物：

　　女性（不論單身或已婚）站著吃飯，可能是在廚房、角落、
面對廚房用具前、坐在木柴箱上，或是坐在地上，手上端著食物，
餐具沒有鍍銀，因為男人才能用鍍銀餐具。女性吃的通常是剩
菜，她們一個人吃飯──根據來自皮埃蒙特鄉下某女性勞工的回
憶──「在〔男性〕不在家時才吃飯」[61]。

　　一八八〇年代的農業危機提供波河平原農業發展的基礎，但
中、南部的偏遠地區勞工生活品質則變得更糟了。北方地區因為
產業發展帶動季節性工作，鄉村家庭有較高的收入，得以負擔的
食物種類變多，糙皮病盛行率因而下降[62]。不過，中部地區佃農
罹患糙皮病的數字增加，尤其是山區，在此之前的山區幾乎沒有
病例。農民被迫以玉米維生，疾病因而擴散，他們為了支付稅金、
購買商品，土地上種植的大多是經濟作物[63]。農民的刻板印象是
強壯、吝嗇、節儉，連政客在內的上層階級無能改善貧農生活窘
境，都以此迷思作為藉口開脫。當時，鄉村勞工被視為懶惰、放
縱、不思進取、無知，人們忽略了這些行為跟營養不良之間的關
聯性。不過到了二十世紀時，義大利的農業人口依然佔大多數，
工業化、經濟發展尚未起飛。

從戰爭到奇蹟

黃金歲月

二十世紀初，全球發展迅速，促使生產量與價格飆漲。大部分的服務業受薪階級生活水平提升，文職人員、公務員待遇提高。一九一二年，所有的男性市民取得投票權。由於薪水增加、移民轉入外匯，勞工不論在都市或鄉村，也有較好的生活條件。市場出現了新的工業商品，比如濃縮肉高湯、即溶巧克力粉、泡打粉，迅速培養出消費文化。

政府制定了一些法令來協助部分地區的工業成長，含巴西里卡塔、那不勒斯、卡拉布里亞、薩丁尼亞等，不過這時的經濟火車頭依然是農業掛帥。農業部門也發生了許多重大改變，尤其是義大利北部，帶來改變的是農業機械化、肥料、互補農業活動系統化，含農耕、畜牧、酪農[1]。相較同時間的其他歐洲國家，肉類依然只佔在義大利飲食中次要角色，人們的蛋白質主要來自醃漬、乾燥的魚類。全國葡萄酒消費量增加，都會中心當然比鄉村地區要高一些。玉米消費量下降，雖然小麥、義大利麵的價格居高不下，銷售依然上升，部分原因是從一八〇〇年代晚期至第一

次世界大戰之間，進口穀物數量增加超過一倍。

許多義大利人經歷過第一次世界大戰，義大利在一九一五至一九一八年參戰，被視為「第四次獨立戰爭」*，與法蘭西、大英帝國協約，共同反抗日耳曼帝國、奧匈帝國，藉此取得半島東北方受外國勢力統治的領土，羅馬認為應歸義大利王國的地區如特倫蒂諾上阿迪傑（Trentino Alto-Adige）、威尼西亞朱里亞（Venezia Giulia）等。

第一次世界大戰徵召鄉村勞工去打仗，造成農業生產缺乏勞力，糧食產量因而驟降。此外，當時也不容易取得肥料與其他原料補給。大戰期間，一切經濟活動受政府管理，戰時的工業生產讓沒有上前線的男性有工作可以做，缺乏勞工的情況也促使薪資上漲。因此，就算戰時補給配合、價格控制（calmiere）涵蓋小麥、肉品、雞蛋、奶油、糖跟其他食品，當時的義大利人還是可以負擔較健康、多樣的飲食。事實上，國家補貼讓人民在這段期間更能負擔麵包，補貼是為了防止每次物價上漲都會引起的社會騷動[2]。消費者也改用替代食品，如乳瑪琳、糖精，主食改為大麥、米等[3]。戰爭末期，送往前線的食物量增加了，激起人民抗議。歐里諾・圭里尼（Olindo Guerrini）所寫的書《利用剩菜的藝術》（*L'arte di utilizzare gli avanzi della mensa*，一九一七年），在作者逝世後才得以出版，內容符合中下階層的節儉觀念，也收錄勞工階級的料理，比如麵包湯[4]。不過，細讀會發現，圭里尼作為詩人暨圖書館員，其實是為了較富有的讀者寫作。書中有一部分是野味料理。談到牛肉的篇章，引言是這麼說的：「不論是出於習慣

---

* 譯注：義大利王國建立後，一些義語地區雖然地理上緊鄰義大利，卻依舊由外國勢力統治，義大利民族主義者認為那些土地都是王國應收復、解放的領土。在第一次世界大戰前，義大利共有三次獨立戰爭，普奧戰爭被視為第三次獨立戰爭，義大利王國藉此收復了維內托地區。一戰中義大利趁機與協約國聯手，企圖得到屬於奧匈帝國的北方土地，戰後獲得的土地也是義大利民族主義最重視的目標之一。

卡皮耶洛在一九二一年為金巴利所
做的廣告海報。

或健康因素，那些時常或沒一天間斷喝肉湯的家庭，他們的刑罰
就是一輩子都得煮肉。[5]」我們不難想像，會有多少義大利家庭夢
想遭到每天吃肉的詛咒。這本書提供的飯類食譜不少於義大利麵，
可見作者出身北方，也看得出飲食習慣的區域性差異。

　　戰爭讓不同地區的男性聚在一起，他們所吃的食物被視為「國
家的」、「義大利式」，這些食物通常跟他們家鄉習俗、飲食偏好截
然不同，多數時候也更加豐盛。士兵吃得到肉、乳酪、咖啡、糖，
甚至有酒喝，對鄉下來的士兵而言，文化衝擊更強烈，他們習慣
的飲食內容跟軍中相比，較為單調貧乏。戰爭伙食的每日卡路里
為三千六百五十大卡，上山打仗的軍隊還會有額外補給[6]。這是
義大利人首次以統一國家的身分上戰場。人們有了國族認同，他
們希望把義大利領土（特倫托、里亞斯特）從奧地利勢力中解放
出來，這樣的思想將在日後數十年間影響歷史。

　　戰後，最富裕的義大利族群帶領的消費文化大幅增長，他們
張開雙臂擁抱新產品、新潮流。啤酒就是這段轉變的好例子。雖
然許多義大利啤酒品牌不斷爭取消費者的關注，戰爭卻使產量大
跌，因為進口麥芽受到戰事影響，戰爭結束後，啤酒消費量一飛
沖天。而義大利併吞了原屬奧匈帝國的領地，包含設有重要啤酒
工廠的里亞斯特、梅拉諾（Merano），前者有德列爾（Dreher），
後者有佛洛斯（Frost）等品牌，這時變成義大利品牌，其他品
牌包含位於亞利亞里（Cagliari）的意克努沙（Ichnusa）、別拉
（Biella）的梅納布列亞（Menabrea）、烏丁內（Udine）的莫雷帝
（Moretti）、那不勒斯的沛羅尼（Peroni）、布雷夏（Brescia）的武
樂（Wührer）都大受歡迎[7]。義大利的釀造酒、蒸餾酒銷售額大
幅提升，報紙、雜誌等媒體影響力漸增，品牌也趁勢大打廣告，
這時的識字率已提高不少，文字廣告越來越有影響力。早期的廣
告大部分是印刷媒體，得長篇大論地描述產品的技術面與帶給人
的感官體驗，通常附上價格、通路，讓人知道哪裡買得到。一九
〇〇年代間，出現了巨幅海報讓不識字的人也可以理解。藝術家
卡皮耶洛（Leonetto Cappiello）就是當時的商業藝術先驅，他創
造品牌海報讓人記得商品，委託他的品牌商品包含琴贊諾阿馬羅
酒、克勞斯巧克力（Chocolate Klaus），包裝紙上的「綠衣女子」
成為該產品的標誌，還有苦味金巴利（Bitter Campari），海報上的
橙皮中站著精靈。後來，大眾喜愛的海報設計也成為明信片、撲
克牌、月曆的圖案，也有直接將海報尺寸放大的巨幅看板。尼佐
里（Marcello Nizzoli）、普薩提（Severo Pozzati）等藝術家則不再
使用裝飾藝術風格來創作廣告，改以抽象方式來傳達。一九一九
年，福圖納托・德佩羅（Fortunato Depero）創立未來派藝術工作
室，他的圖像實驗室著名作品為金巴利系列廣告。

法西斯受到人民擁護

第一次世界大戰結束後，義大利政府恢復無為而治的作風，但義大利人習慣了在戰時得到的物資，他們不想放棄已養成的生活習慣，反而願意支付更高的價格[8]。雖然國外移民的匯款金流萎縮、鄉村人口的壓力增加，造成了土地侵佔、社會不安定的狀況與環境，由於主食與其他農作物的價格成長溫和，鄉村人民的收入還是保持穩定。由於工會、社會黨的影響，工廠勞工的薪資提高、工作安全改善。

光譜的另一端，工業集團透過投資軍隊而成長、獲利，他們鞏固自己在產業中垂直、水平的位置，形成半壟斷式的企業集團。通貨膨脹與貨幣貶值同時發生，影響最深的是中下階層中產人士，因為他們薪資固定。一九一九年，政府企圖停止發放維持麵包價格的補助金，所掀起的政治風暴影響劇烈，導致人民以選票換新政府。義大利自一八五〇年代起開始出現消費者合作社，到了這個時期因為物價飛漲而規模擴張，他們運作的模式類似合股公司，他們集中資金，批發進貨，因此可以較低價格售出，比小商店更有競爭力。同時，他們建立了完備的物流網絡，讓義大利剛萌芽的資本主義導向農產品可以輕鬆找到販售通路。義大利的社會張力到一九二〇年時達到緊繃。人們佔領工廠、鄉村騷動，促使資本家集結成組織，工業企業家組成義大利產業聯邦「Confindustria」、地主則組成「Confagricoltura」，隔年，義大利共產黨創立。

動盪的社會氛圍、中產階級不滿現狀、社會矛盾高漲，讓墨索里尼、法西斯黨在一九二二年得勢，為了鞏固權力，他們到處進行暴力、恐嚇行為，大多數針對報紙媒體、政治組織、工會、鄉村工人組織。法西斯政府將罷工列為違法行為，並以代表勞資

雙方的「法人團體」取代工會，目標是消滅不同勞資協議的對比。
該政權也重新評估義大利里拉幣值，導致生產下滑、出口量下降、
薪資大跌、物價上漲，情勢到了一九二九年全球大蕭條的時候，
更為慘烈。政府為了控制價格，實行商業保護主義手段，增加進
口小麥的關稅，在一九二五年開始所謂的「穀物戰鬥」（battaglia
del grano），企圖藉此刺激小麥生產，但這項政策實施的時候，正
巧碰上全球小麥產量過剩，價格大跌。

　　法西斯政權發現這些政策不足以提供人民必要的穀類分
量，政府針對國內所有沼澤地實施「全面開墾耕地」（bonifica
integrale）政策，理論上包含國家土地與私有地。一開始的政策
執行順利，自彭提諾沼澤地區、羅馬南邊等地撥出了三千塊田
地給農民，這些農民通常來自東北部。直到今天，墨索里尼在
拉丁那（Latina）、薩包底亞（Sabaudia）兩大城市周圍地區建造
的村落，名字還紀念當初的開墾者，如波戈·賽波提諾（Borgo
Sabotino）、波戈·皮阿瓦（Borgo Piave）、波戈·卡婺（Borgo
Carso），這些小鎮位於義大利的東北部。同期間，另有政策協助
缺乏資金但管理得當的農家，有效率地銷售轉移土地所有權。政
府干預的目的不只是增加小麥產量，也為了要限制農民移入工業
城市，移民問題在北方尤其嚴重，法西斯政府一度為了增加義大
利人口，努力阻擋人民移民至其他國家。由於政府將農業重心放
在小麥生產，忽略了畜牧業，以及外銷可得更高商業價值的其他
作物，如葡萄、柑橘。因應中南部人民越來越少消耗米食，政府
建立了全國稻米告示牌（Ente nazionalerisi）來刺激當地的稻米消
費量。一九三七年下半年，義大利依然有三分之一的小麥消耗量
需仰賴進口[9]。法西斯政府開始關注麵包議題，鼓勵人民節制食
用麵包，敦促義大利人吃更豐盛、儲藏時間更久、更有營養的全
麥麵包，取代白麵包。學校會教導學童墨索里尼寫的短詩，這是

他為一九二八年的麵包日而作的詩，至於麵包日則是為了紀念珍貴的食物。那首詩是這樣寫的：

真是愛麵包，一個家的心臟，餐桌上的香氣，壁爐中的快樂。要尊重麵包，額上的汗滴，工作的驕傲，犧牲的詩歌。要榮耀麵包，田裡的榮耀，地球的香氣，生命的盛宴。不浪費麵包，大地的財富，神最好的禮物，由人辛勞所得，最神聖的獎賞[10]。

這首詩的用字遣詞與口氣是法西斯政治宣傳修辭的範例，當時媒體也深深受此影響。墨索里尼熱愛藝術的力量，不只是視覺藝術、海報、廣播，還有影像，當時電影逐漸成為流行的娛樂。墨索里尼是世界上率先上鏡頭進行政策宣傳與政治造勢的領導人

羅馬的反制裁遊行，一九三五年。

之一，他出現在照片和電影播放前會出現的新聞匯報中。「穀物戰鬥」期間，墨索里尼在小麥收割季時站在田裡，影像中的他打赤膊，幫忙做工[11]。早在一九二四年，法西斯政府就成立了「光之學院」（Istituto Luce）來製作電影或短片，在全義大利放映[12]。許多紀錄片主題是鄉村勞工的生活與生產活動，象徵國家的中堅分子[13]。一九六〇年代間，文宣部的長官成立了電影城（Cinecittà，位於羅馬），佔地不小，配備了現代化的音響，目標是成為「台伯河上的好萊塢」。政府也成立電影學校「攝影實驗中心」（Centro Sperimentale di Cinematografia），許多從這裡畢業的專業電影工作者，將會在日後聲名大噪。

科學家、營養學家群起支持法西斯政府政策。他們提出的理論表示，義大利人的新陳代謝平均較低，因此每天攝取的卡路里不需那麼高，應低於其他民族的攝取量[14]。他們認為，地中海民族節儉的飲食習慣，並不是因為貧窮，而是來自生理上的不同，畢竟古羅馬人盛讚節儉的飲食，他們正是法西斯政治宣傳認定的文化楷模。農民們吃真正的食物、在日常活動中勞動身體，再加上天生喜好簡單的飲食風格，理應比都市人健康，甚至有更強的性能力[15]。不論如何，當時的人認為吃太多比吃太少要危險得多。

一九三五年，義大利糧食缺乏的問題，出現了可能的解決之道，義大利佔領了衣索比亞，新領土能提供可耕地，還可滿足墨索里尼的殖民宏圖，一石二鳥[16]。軍事行動征服了索馬利亞、厄立垂亞，義大利並宣布東非是義大利帝國的一部分。但國際聯盟也採取行動報復，他們對義大利實施經濟制裁，影響戰略物資的進出口。墨索里尼再度反擊，他在國內進行一波政治宣傳，實施封閉經濟「autarchia」，不再仰賴國外產品，國民只用國貨，他再度提高關稅，箝制消費者購買外國貨[17]。隨之而來的是，義大利接連發生糧食短缺、價格飛漲，特別是肉類、奶製品，民怨日

益累積。法西斯政府在各處設立施膳堂，發放糧食給需要的人，這項措施與其說是為了解決糧食不足的問題，不如說是政府的宣傳手腕。政府將資源配給至非洲以支持殖民開墾，由於當地缺乏投資與基礎建設，收穫量低於預期。殖民地運來了香蕉、洛神花（karkadé）、花生，但產量不足以獲利。

▌ 法西斯政權下的飲食文化

理所當然地，法西斯政治宣傳把食物消費、省吃儉用、愛國情操跟道德品行綁在一起。主婦肩負的任務是把法西斯理想、經濟政策融入義大利日常的家庭生活中：

面臨前所未有的緊要關頭，在通往犧牲的路上，需要超越的力量，才能組織出積極又有力、有道德的堅毅特質。作為家庭主婦，你擔負的任務重要性超越以往，在各方面與我們國家利益密切關聯。當你為家庭核心生活付出、投入潛能與精力，我們希望你能做楷模，導正那些漠不關心、漫不經心的人們，讓他們能分毫不差地遵循節儉的規定。我們將這責任擔在身上，直到勝利屬於我們的那一天[18]。

鄉村婦女也成為政治宣傳的對象。鄉村婦女（Massaie rurali）運動興起，由於越來越多男性投入工廠生產活動，鄉村農業逐漸需要女性勞工參與，至少在特定季節幫忙[19]，鄉下的女性聚集起來，希望能找到更好的方法來管理家庭預算，也改變了飲食習慣，當時美國掀起一陣家庭經濟運動，義大利婦女也有樣學樣，她們轉以理性、科技的角度來看待烹飪。一九二六年，義大利成立國家科學化工作管理處（National Agency for the Scientific

Organization of Work），目的是進行義大利家庭、廚房現代化，於是電子爐、電水壺、鋁鍋、平底鍋、時鐘、磅秤還有其他用具，進入家庭生活。當時的人多數從未聽過冰箱，不過多數家庭有冰塊保冷箱。人類利用鋁的科技進步，因此義大利廚房迅速出現了大量製造的家庭用品，比如可以在火爐上煮出類似義式濃縮咖啡的比亞雷提摩卡壺（Bialetti Moka Express）。最早義式濃縮咖啡機專利是由貝查（Luigi Bezzera）在一九〇一年提出申請，專門為餐廳設計，操作員工需要經過訓練，後來經法蘭切斯科・意利（Francesco Illy）改良後的版本，使用加壓空氣沖泡咖啡，但機器過於龐大，且價格昂貴。新的爐煮咖啡壺讓人可以在家享用風味類似的沖泡咖啡，取代了傳統那不勒斯咖啡壺，舊式那不勒斯壺分上下壺，煮咖啡時需要先煮沸下壺，再翻轉整個咖啡壺，讓熱

法西斯執政期間，現代化的廚房用品成為義大利家庭主婦的地位象徵。

爐上摩卡壺,現在依然會出現在大多數義大利人家中。

水滴進兩壺之間的咖啡粉中,進行萃取[20]。不過,獨裁政府上台後,咖啡變得稀有,連婦女雜誌都建議讀者少喝一點:

我們是活力充沛、機警靈巧的民族,我們不需要咖啡,不需要刺激醒腦的物質……咖啡對我們來說,不是必需品,而是精品與習慣,人們先入為主地認定咖啡能治病,是工人不可或缺的助手。但我們就算是在沮喪、殘酷的處境下,都不怕工作,這一點永遠不會改變。我們不需要在濃縮咖啡櫃檯前佇足,也能氣定神閒地做好工作[21]。

家庭主婦也喜歡新的義大利麵製造機,只要壓下握柄,麵團送進圓筒之間,就能滾壓出薄薄的麵皮。如今這個工具還是會出現在願意自製麵條的廚房中,至少會在特別餐會或週末大餐的時

候派上用場。在貿易禁令之下，製造出烹飪裝置十分重要，烹飪箱「cassette di cottura」可以節省煤、瓦斯：這種木箱內塞滿棉花、衣物、紙類，製造隔絕冷熱循環的空間，可以把鍋子移到箱上續煎，或是把在爐子上煮到一半的食物放上去，維持熱氣到完成料理。

法西斯政府確保女性能學習到「現代」的飲食習慣，以及新的、更有效率的烹飪方法[22]。當時許多廣播節目的內容圍繞這些主題放送。女性應該努力降低消費、避免不必要的購買行為，但也會接收到時尚品牌的廣告——當然是義大利國產——還有食品公司贊助廣播節目，播出知名歌手的演唱會[23]。一九二二年，義大利第一家廣告公司ACME開始營運，人民開始聽到簡潔好記的廣告標語。廣告喜歡的行銷手段是營造出科學、具科技感的氛圍，向聽眾傳達消費不止滿足個人欲望與需求，而是建設國家的具體行為[24]。

一九三四年，堡康利旗下的巧克力品牌佩魯吉納（Buitoni-Perugina）贊助了改編自大仲馬《三劍客》（*The Three Musketeers*）的廣播劇，並且印製一百款角色收藏卡片，蒐集到一整套卡片的聽眾可以獲得獎品，收集越多套，獲得的獎項更大，最大獎包含飛雅特汽車（Fiat）——如果你收集到一百五十套卡片，你可以獲得一輛托普力諾款（Topolino）飛雅特汽車。義大利掀起一波蒐集熱潮，人們特別想要最稀有的卡片「狠角色薩拉丁諾」（Feroce Saladino）。最後義大利政府在一九三七年下令禁止這種銷售宣傳方式。雖然消費文化越來越蓬勃，食品產業卻跟不上腳步，依然落後。除了在上個世紀崛起的少數食品品牌，大多數的食品公司的規模不是很小，就是極小，由於物流網絡不暢通，只做當地生意，且沒有太多科技創新[25]。

不分階級，女性受惠於烹飪書、女性雜誌，傳播中產階級追

求得體、節儉的價值觀，並且向全國民眾介紹地方料理與食材。出版產業也幫助穩定法西斯政權的飲食政策，他們除了提倡效率與現代化，也頌揚不浪費的烹飪文化。家庭主婦必須在拮据的預算下，想方設法做到減少食物浪費、符合政權的愛國命令、維持家人健康、符合道德情操，還得讓客人留下好印象（fare bella figura）。猶太裔家庭主婦菲南姐・莫米里安諾（Fernanda Momigliano）所寫的《困頓也有好生活》（Vivere bene in tempi difficili，一九三三年）裡面給讀者的建議是，想像一個住在都市、收入微薄的四口之家。

當時出版的食譜書將無肉飲食視為時尚潮流，現代消費者的象徵，在此之前，義大利已在一九〇五年出現了素食主義協會[26]。一九三〇年，迪薩拉帕盧塔公爵（Enrico Alliata di Salaparuta）《素食料理：自然美食家手冊》（Cucina vegetariana: manuale di gastrosofia naturista），書中倡議的飲食風格倒不是來自法西斯式的簡約飲食，而是哲學價值選擇，隱隱暗示精緻上流品味。一九二九年，《義式廚房》（La Cucina Italiana）發行創刊號，選用薄如日報的紙張印刷，每月出刊，刊物定位為「給家庭與饕客的美食學雜誌」，試著平衡上層階級消費者的喜好與中產家庭主婦的需求。一九三二年，《義大利日報》（Giornale d'Italia）買下《義式廚房》，此後該雜誌成為法西斯食物政策的傳聲筒。那個時代最暢銷的書是艾迪亞・波尼（Ada Boni）《幸福法寶》（Il talismano della felicità），一九二五年發行初版，書名就宣告要藉著食譜將家庭和樂傳遞給讀者。波尼的書不斷再版、更新，至今依然被視為經典食譜書，人們通常會把此書當作禮物，送給新婚婦女。法西斯政權垮台後，這本書也刪去了宣揚愛國、政治立場強烈的部分，讓不同時代的讀者也能接受《幸福法寶》。波尼女士來自羅馬，對潮流與新鮮事非常敏銳，她出版食譜書之前，已有發行雜誌

＼ 用烤鍋煮實惠麵疙瘩 ／

　　將一百五十克白麵粉放進鍋裡，放到爐上，拌入兩顆全蛋、兩公升牛奶，分次少量加入，以免結塊。加入五十克瑞士葛瑞爾乳酪，在繼續攪拌的同時開中火，直到看見麵糊變濃稠，拌入三十克奶油至乳化成功，加入一點鹽，離火。將麵糊倒在烘焙紙上，放涼之後將麵糊均勻推散，讓厚度一致，再切成大丁，放入抹過奶油的烤盤裡，撒上小塊奶油與帕瑪森乾酪絲，將烤盤放入烤箱，烤至麵疙瘩變成好看的金黃色[27]。

＼ 實惠豌豆肉餅 ／

　　取一牛肉寬薄片，撒上鹽，覆蓋上切片的摩塔德拉肉腸（約七十克），隨意放入一些瑞士葛瑞爾乳酪薄片（約五十公克），將肉緊緊捲成長筒狀，用線綁緊。取燉鍋，放入一大塊奶油、一小塊潘切達乳酪、一顆切成圈形的洋蔥，開火煮，食材開始變成棕色時，加入鋪過麵粉的肉捲，將肉捲煎至棕色，倒入含有一小匙番茄醬的溫水一杯，蓋上鍋蓋，小火燜燉一小時。然後加入三百克新鮮豌豆，如果醬汁太濃稠，加入一大匙溫水。加入鹽、胡椒，繼續燉煮。待豆子軟了，再半小時就可以上菜了。收乾醬汁後，淋在好吃的玉米粥上，即可開動[28]。

《珍寶》（*Preziosa*）的經驗，該雜誌於一九一五年創刊，主打給家庭婦女的務實建議，打動活在封閉經濟中的讀者。同時代另有幾位知名女性飲食作家。一九二九年，亞瑪麗雅・莫瑞提（Amalia Moretti Foggia della Rovere）開始以筆名「派翠妮拉」（Petronilla）為週刊《週日報》（*La domenica del corriere*）撰寫營養健康相關文章，她是義大利第一位擁有大學學位的女性（生物學與醫學），在米蘭當兒科醫師，她的專欄「爐邊」（Tra i fornelli）讀者眾多。她的文章情感豐富、筆調文雅，獲得家庭主婦認同，在食物配給制、

義大利由於侵略衣索比亞遭受貿易制裁，但連飲食雜誌《義式廚房》都贊同法西斯的政治洗腦宣傳。

封閉經濟的艱困年代，主婦依然渴望能讓家人吃得體面一點，不過派翠妮拉幾乎不曾在文章中提到這樣的景況。

艾姐・格拉希卻（Ada Bonfiglio Krassich）以「實惠又健康」為主，寫了一系列的書，左頁兩篇節錄自一九三七年的版本，當時封閉經濟已成為現實，國家正在打仗，需要愛國的家庭主婦。請注意食譜中列出較昂貴食材時，建議分量非常小，比如瑞士葛瑞爾乳酪（Gruyère）與摩塔德拉肉腸。不過，書中依然預設消費者日常飲食吃得到肉、奶油，還有一些食材在往後幾年幾乎就買不到了。

有時，法西斯文宣機器會直接干涉人民飲食內容，他們出版《如何吃得營養》（*Sapersi nutrire*）、《多吃魚的必要性》（*Perché bisogna aumentare il consume del pesce*，一九三五年）、《經濟制裁時代的簡樸烹飪法》（*La cucina economica in tempo di sanzioni*，一九三五年）等小冊子。市面上一度出現不少猶太食譜書，可見猶

太族群是國家的一分子，這些書提供的傳統節慶菜單，會依照一般的義大利用餐順序，前菜、第一道餐、第二道餐、配料甜點[29]。不過這些在一九三八年墨索里尼頒布種族法後，就消失無蹤。

法西斯黨強調豐富的地方名產、料理，視為國家驕傲，成就了義大利這個獨一無二的國家，並號召人民消費地方食材。人們慶祝節日時特別強調傳統風俗，尤其重視農業相關的民俗。一九三一年，義大利旅遊俱樂部（Italian Touring Club）出版《義大利美食指南》（Guida gastronomica d'Italia）[30]。這本書的目的是讓全國人民都能學到地方食物的知識，否則只有特定地區的人才知道[31]。這種新態度跟以往看待傳統食材的方式不同，地方食材被視為「名產」、「特色商品」，這樣的企圖不但預設能吸引到遊客，還假定遊客有能力旅行、有錢可花，且交通系統發達。法西斯政權將鐵路系統視為重要國家建設，發達的鐵路網促使車站附近現代餐館林立，他們不賣當地食物，主打「義式」食物[32]。學者艾伯托・卡帕提認為，交通運輸現代化、鄉村發展、食品製造工業化、政府自產自銷的飲食政策等，與《義大利美食指南》的理念並不衝突，這本指南發行後不久，法西斯開始宣導自給自足，卡帕提認為：

以封閉經濟來看，食品產業為國家累積財富、保護消費者不受外國競爭者的影響，且並不會摧毀偏鄉、山區的小型製造商。這項集體經濟計畫中，職人師傅、食物技術員、家庭主婦各有其貢獻[33]。

另有幾本書反映出人們渴望能展現豐富的義式飲食文化，記者帕奧羅・孟內里所著（Paolo Monelli）《貪吃鬼漫遊記》（Il ghiottone errante，一九三五年）、艾妲・格拉希卻為家庭主婦寫的《地方料理煉金術》（Almanacco della cucina regionale，

一九三七年），以及一九三九年由法西斯政府控制的國家公共機構聯盟發行的《義大利餐館》（*Trattorie d'Italia*）[34]。

提供葡萄酒與餐點的場所各式各樣。酒館「osteria」提供大量的便宜葡萄酒，通常品質很差，可以賒帳，顧客點酒就可以自備食物。有時候酒館會同時提供酒與餐食，食物如果不是自家廚房煮的，就是來自附近的炸物鋪、烘焙坊或其他類食品商家。城市的酒館較多，鄉下較少見，北方多於南方。酒館也成為社會主義分子的眼中釘，他們提倡禁酒，希望能減少勞工酗酒的問題，讓勞工有文化、參與政治，他們的口號是「多一本書，少一瓶酒」（libro contro litro）。另一方面，這些酒水場所是人們與朋友聚會的去處，人們可以不用待在家，到這裡跟朋友玩、打牌、談論時事，對於北方城市新興工業區的勞工而言，是生活不可或缺的一環，他們的居住空間狹小擁擠，甚至人滿為患[35]。南方人特別會把酒館當作男性場所，雖然會有女性參與酒館營運，她們一般只待在廚房與店面後頭，與顧客打交道的前台工作屬於男性。我們可以在導演盧契諾・維斯康堤（Luchino Visconti）作品《對頭冤家》（*Ossessione*，一九四三年）看到兩性在工作分配上的區隔，充滿早期新寫實主義風格。電影開場是名英俊又有肌肉的流浪漢，他穿著吊帶背心，朝著路邊的酒館走去，逕自闖入酒館後方的廚房，嚇到了裡面風情萬種的美豔酒館老闆娘，她也是酒館廚子。流浪漢直接從鍋裡拿東西起來吃，女子顯然視此舉為調情手段。兩人的邂逅打破社會常規，預示了兩人之間將發展出情慾高漲的激情，最終促使他們謀害老闆娘的丈夫，冷漠肥胖的老闆。

如果是特別小型，又聲名狼藉的酒家，也被稱為「bettola」，至於「taverna」反倒隨著時間過去，形象漸漸好轉。提供餐點的營業場所，如果不想做酒館、酒樓類的粗俗生意，會稱自己為飯館「trattoria」或餐廳「ristorante」，這裡注重服務品質、擺盤，提

留鬍子的人是我的曾祖父，這是一九三三年羅馬的地方市場，罐頭、包裝食品在當時已經很常見。

供義式或法式餐點。由於法西斯政府想要防止外來語侵蝕義大利語，「trattoria」這個字變得政治不正確，一九四一年，義大利皇家學院甚至正式刪去「ristorante」一詞[36]。不論如何，德國作家漢斯‧拔斯（Hans Barth）早在一九二一年就曾在《酒館》（Osteria）中抱怨食堂的中產階級化，這本書最初於一九○八年出版，是本劃時代的指南，專門介紹義大利這種傳統場所[37]。

　　當法西斯食物政策令人民苦惱不已的時候，出現了一波新的視覺藝術運動──未來主義──這波風潮贊同法西斯對食物消費的觀點，但卻是以破壞傳統精神的方式，熱切擁抱現代化、機械、速度感。一九三○年，藝術家馬里奈諦（Filippo Tommaso Marinetti）、飛里亞（Fillia，本名路易吉‧柯倫波〔Luigi Colombo〕）在杜林當地《人民報》（Gazzetta del popolo）發表大膽宣言《未來主義料理宣言》（Manifesto of Futurist Cuisine），文字內容叫人譁然，他們的晚餐也是，作秀、打高空的論調，跟實際

這是我的曾祖父在戶外野餐的照片，一九三〇年代，雖然食物短缺，
城市人還是會到鄉下野餐，到酒館、飯館外食。

的食物一樣重要[38]。

《未來主義烹飪法》（*La cucina futurista*，一九三二年）呈現的
料理與餐點組合，與義大利傳統背道而馳，本書引言中寫道：

> 未來主義飲食革命已經遭到許多批評，這是意料之中，這本
> 書闡述的目標，層次高、尊貴又實用，對我們民族的飲食文化進
> 行激進修正，使之更強大、更有活力、更具有靈性意義，我們結
> 合智慧、經驗與創意，提供嶄新的料理，且經濟實惠，取代大量、
> 庸俗、重複性與成本高昂的舊式飲食。未來主義料理是為了高速
> 生活而創造，就像一艘快艇，那些傳統主義分子看來，會覺得瘋
> 癲又危險，令他們膽戰心驚，但事實正好相反，飲食革命的目標
> 是要調和人的品味與生活，創造今日與明日的和諧[39]。

純粹以事實而論，未來主義的飲食創作看起來不但難以達成，

＼摘自《未來主義料理宣言》（一九三〇年）／

　　首先我們要揚棄義大利麵這個荒謬的美食宗教。或許，英國人受益於鱈魚干、烤牛肉、甜點，荷蘭人受益於肉佐乳酪，德國人需要酸菜、豬油、臘腸，但義大利麵對義大利人一點幫助也沒有。舉例來說，它跟那不勒斯人機智、熱情、慷慨、直覺敏銳的靈魂衝突。以前那些英勇的戰士、靈感充沛的藝術家、口若懸河的辯士、機靈的律師、堅毅的農夫，每天都得面對大量的義大利麵，他們因為吃義大利麵，發展出典型諷刺、多愁善感的質疑態度，常常抵銷了他們的熱忱。明智的那不勒斯教授辛諾瑞里博士寫道：「義大利麵跟飯或麵包不一樣，你不會細嚼慢嚥，而會狼吞虎嚥。這種充滿澱粉的食物，大部分在口中經由口水消化，再經由胰臟、肝臟接手轉化食物的過程。吃義大利麵會導致這些器官產生不平衡的疾病，結果就是體虛、消極、一心嚮古卻不思進取，還有不沾鍋主義。」

　　我們需要廢除享受飲食樂趣這種平庸的日常陋習。我們呼籲，運用化學來取代國家免費提供的食物，以粉末或藥丸的形式，在短時間提供身體必要的熱量與相應的營養素，乳清蛋白化合物、合成脂肪與維他命。如此一來，我們才能真正降低生活與薪資成本，相對減少工時。今天，只需要一位勞工就能達成兩萬瓦。鋼鐵、鋁製機器將很快取代順從的工人，服務廣大人民，幾乎可將人民完全從勞動中解放。這樣一來，一天工作減少兩、三小時，可以讓你將其他的時間拿來砥礪高貴的思考、投入人文藝術，淺嚐完美的午餐。不分職業貴賤，所有人都可以分配到午餐，完美依照他們每日所需的營養分量。

還讓人喪失食慾，比如「春之悖論」（Paradosso primaverile）這道菜是在管狀冰淇淋上放香蕉、梅子餡水煮蛋；「自由文字」（Parole in libertà）由海參、西瓜、義大利菊苣（radicchio）、一小塊帕瑪森乾酪、一球谷岡左拉藍黴乳酪（Gorgonzola）、魚子醬、無花果、阿瑪雷托香甜酒餅乾（amaretto，台灣常稱杏仁香甜酒，不含

杏仁，含扁桃籽萃取），以莫札瑞拉乳酪鋪底，將所有食材整齊地排上去，吃的時候要閉起眼睛，用手四處探索，同時，偉大的畫家「自由運字人」德佩羅（Depero）會朗誦他的名曲〈甲克僕森〉（Jacopson）[40]。書中的食譜多數是作風大膽的拼裝食物，時常帶有性意涵、污穢、挑釁的暗示，比如這句「生肉被小喇叭的聲音撕裂」[41]。

將牛肉切成方正的肉塊，刺以電流，浸泡在萊姆酒、白蘭地、白草阿馬羅酒混合液中二十四小時。取出肉，盛盤的時候，以紅辣椒、胡椒、雪鋪底。每一口要完全咀嚼一分鐘，吃的人要在每一口之間吹奏急促的小喇叭。

鬥士醒過來的時候，會有人拿一盤水果給他們吃，上面擺滿成熟的柿子、番石榴、血橙。當這些水果消失在口中，房間會噴發一股迷人的香氣，裡面有玫瑰、茉莉、金銀花（honeysuckle）、相思樹，鬥士會粗暴地拒絕吸入這種令人沉迷往日、墮落的香甜氣息，他們馬上戴起防毒面具。

他們離開之前，會吞下一口「炸喉酒」，這是以一小球帕瑪森乾酪浸泡在瑪莎拉葡萄酒製成的烈酒[42]。

墨索里尼本人沒有吃過這種浮誇的晚餐，不過他曾表示欣賞未來派的創作[43]。

▌ 大混亂與重建

雖然墨索里尼跟希特勒的納粹德國有政治經濟關係，第二次世界大戰開打時，他卻宣布不參戰，直到一九四〇年六月才加入友軍，對抗大英帝國與法國。義大利參戰顯然是場災難：在希臘

戰後羅馬的黑市。

的軍事行動失敗；義大利軍前往俄羅斯，加入希特勒對史達林的作戰也戰敗。一九四三年七月，義大利許多城市遭到大規模轟炸，同盟國也在西西里登陸，義大利國王伊曼紐三世（Vittorio Emanuele III）將墨索里尼解職，監禁在阿布魯佐。九月，巴格多里奧（Marshall Pietro Badoglio）主導的新政府與同盟國簽下停戰協定，德軍隨即佔領義大利北、中部，連同羅馬在內，拉丁畝、阿布魯佐以南的地區則受義大利政府與同盟國友軍控制。墨索里尼被釋放，並在北方加爾達湖（Lake Garda）旁成立了傀儡政權，以薩羅（Salò）為首都。佔領區的義大利人成立民族解放委員會（National Liberation Committees），從各政黨中募集戰鬥隊員，以游擊戰的方式對抗納粹軍及法西斯殘羽。

戰爭不可免地帶來饑荒，鄉村勞工被派上前線，農業生產不足，糧食供給暴跌。人民普遍會在家儲糧，政府一九四〇年就開始糧食配給制，最早針對咖啡與糖，後來清單越來越長，油、米、義大利麵、麵包也加入了行列。政府發放食物券，民眾可以換取

基本食材，但配給制度運作不太靈光。由於市場上買不到肉類，
人們會想辦法在家養雞、兔、豬，自己吃，也拿出去賣。農民建
立了獨立於政府之外的物流網絡，將貨物運送至城市，賣給收購
者，貨物會再以高價賣出，有些商家也會隱匿政府配給物資，轉
售至黑市[44]。旅館、餐廳依然營業，有能力的消費者在這些地方
依然可以得到完整的套餐服務。由於政府官員的默許，黑市系統
（borsa nera）可以運作，磨坊巡視員、警察、城市警衛，都可藉
此獲取一些食物回報。針對戰時糧食供給的研究指出，黑市是人
民獲取物資的主要來源，提供有限的選擇給薪資固定的人民[45]。

一九四五年納粹佔領結
束，美國士兵擁抱一位
小女孩的畫面。

如果只仰賴政府的配給食物，一個人的每日攝取量約只有九百卡路里[46]。都市居民如果有家人住在鄉下，多半會遷出都市，搬到食物相對較多、生活品質較好的偏遠地區。納粹佔領區的情況更加嚴峻，德軍要求人民提供大量糧食供軍隊使用，並聚集男性提供勞力。

一九四四年，羅馬從納粹手中解放，佔領區往北縮減至「哥德線」，從羅馬涅的里米尼（Rimini）到托斯卡尼的馬爾米堡（Forte dei Marmi）。義大利人最後在一九四五年四月二十五日宣布全面反抗納粹佔領，德軍投降，墨索里尼被捕之後遭受槍決，他的屍體被送至米蘭，倒吊在廣場中。該廣場曾有十五名游擊隊員遭到納粹槍決。這個日子現在是義大利人的國定假日。

一九四六年，義大利人民投票決議，改變政體為共和制，一九四八年通過新憲法。美軍抵達義大利南部，很快擴散至全國，市場上突然再度出現了煉乳、餅乾、巧克力、咖啡、其他食物，但由於物流網絡依然不太暢通，消費者還是會到黑市購買生活所需。政府雖然致力改善城市與鄉村之間的合法物流運輸，但成效不彰。糧食供給高等勤務部（Alto Commissariato dell'Alimentazione）與聯合國善後救濟總署（United Nations Relief and Rehabilitation Administration）難以提供人民的巨大糧食需求。義大利農業合作社（Federazione italiana dei consorzi agrari）也協助參與糧食與農作物的物流整頓，該組織從一八九〇年就開始提供農民信貸服務，協助農人取得種子與農用品[47]。無數義大利人得靠政府施膳處、政黨組織或天主教會相關組織如「教宗食堂」（Refettori del Papa）的食物救濟。

一九四五至一九五五年這十年被視為重建時期（ricostruzione），由於義大利共產黨、社會黨的勢力強大，成為冷戰之下東西方陣營的窗口。美國需要義大利留在西方陣營，因此義大利被納入歐

洲重建計畫的一部分，也就是馬歇爾計畫，藉此得到資金挹注來重建生產系統，以免失業人口過多導致社會動亂。大量資源投入政府主導的計畫，重建工業，當時的工業已經集中在北方的金三角，米蘭、杜林、熱那亞。義大利首度舉辦民主選舉時，新國會的政治辯論主要圍繞在糧食議題，多數黨「基督教民主黨」是有天主教色彩的政黨，背後有美國為後盾，而美國則是援助與糧食供給的來源，相較之下，跟蘇維埃關係良好的義大利共產黨就無此資源。

同時，鄉村地區的問題嚴重，已經到臨界點，尤其是南部。一九四九年，卡拉布里亞地區的美利沙（Melissa）警察殺害農民，強佔農業空地。鄉村主要的問題包含土地所有權集中、科技落後、勞工薪資低且長期營養不良，針對這些問題，當時曾有口號「耕者有其田」（La terra a chi lavora）。事件發生隔年，經過左翼團體多次協商之後，開始推動改革，他們反對任何類型的大規模土地所有權，基督教民主黨則尋求維護私有財產的同時，也能支持鄉村勞工的路線[48]。土地改革涉及約百分之三十的可用地，幫助有限，且來得太遲。被剝奪土地的地主可獲得利息百分之五的國家債券作為補償，而農民則有機會向政府購買小型田地，貸款期限三十年。小農獲得的土地面積約一百五十萬畝，他們依循傳統方式務農，常常沒有能力將產業升級、現代化。沿海地區受惠於土地改革最多，政府設立「南方財政專戶」（Cassa del Mezzogiorno），以特別款進行公共建設。不過，即使政府努力囤積小麥以穩定售價水準、支持鄉村勞工薪資，每年的農業生產率僅上升二‧五個百分比[49]。

許多義大利人習慣的飲食，日後被稱為地中海飲食，內容主要是穀物、鄰近鄉村生產的新鮮蔬果、義大利麵、雞蛋，偶爾吃魚與一點乳酪。北方義大利人攝取較多動物性脂肪。不過一九五〇

戰後義大利人終於能取得食物。

年代，每人年度總肉類攝取量依然有限。土地改革之後，國會針
對貧窮狀況展開調查，結果指出南方超過半數的家庭屬於貧戶[50]。
許多家庭依然使用壁爐、炭火爐來煮飯，經濟狀況好一些的人家
會購入「cucina economica」，這種爐台可以燒水煮飯，以煤炭或
木柴為燃料。電子爐、瓦斯爐對當時人而言依然是奢侈品[51]。

　　一些年輕的電影工作者以這類貧困的處境為題創作，電影氣
氛嚴肅，雖然反映現實，但通常因為創作者的政治立場有所誇大，
這些電影人如羅貝托・羅塞里尼（Roberto Rossellini）、維多里奧・
狄西嘉（Vittorio De Sica）、盧契諾・維斯康堤。這批創作者拒絕
以上一代政治宣傳的角度來看待他們所處的世界，他們不在片廠
拍攝，轉往現場攝影，盡可能雇用素人演員演出作品。他們的創
作選擇，開創出新電影美學，聞名世界，被稱為新寫實主義[52]。
這些故事主要描述勞工階級角色的悲歡離合。盧契諾・維斯康堤

西西里沿岸蘭帕杜沙的漁民。戰後，義大利部分地區仍自外於經濟體系。

種稻工人，義語為「mondine」。《慾海奇花》電影主角群，畫面來自電影（一九四九年）。

在《大地震動》（*La terra trema*，一九四八年）描寫住在西西里東岸的漁民家庭掙扎求生，卻被殘酷打倒的故事；桑蒂斯（Giuseppe De Santis）的《慾海奇花》（*Riso amaro*，又譯《粒粒皆辛苦》、《艱辛的米》，一九四九年）著重種稻工人的生活、鄉村勞工工會的困難。

弔詭的是，觀眾並不買帳，他們已習慣了法西斯政權贊助的電影，電影是娛樂，也是政治傳聲筒。新寫實主義大師維多里奧・狄西嘉的傑作《單車失竊記》（*Ladri di biciclette*，一九四八年）中有一幕非常有名，故事背景是二戰剛結束的羅馬，有位父親決定裝闊，帶兒子去高級餐廳吃午餐，但他們其實沒有那麼多錢可以揮霍。兒子看著附近傲慢的上流階級食客面前擺滿豐富的食物，自己只能吃簡單的「mozzarella in carrozza」，也就是在麵包中間夾一片莫札瑞拉乳酪後下鍋油炸的三明治。他也喝了一點父親的紅酒，心中明白母親不可能會同意他們在做的事。陌生的環境讓孩子緊張，當父親提到上班用的腳踏車被偷了，一家人面對的困境時，他滿懷愧疚，幾乎食不下嚥。我們在這一幕看到一位陷入絕境的父親，他奮力維持自己身為家庭經濟支柱的角色，貧窮的現實卻擺在眼前，他沒有辦法提供家人更多的食物，令人不勝傷感。我們可以從電影中的許多元素得知當時在公開場合吃飯是怎麼一回事：客人受到的招待、吃得到的料理如何，社交場合談論的話題是糧食匱乏。狄西嘉另有一部片關注貧窮，《米蘭奇蹟》（*Miracolo a Milano*，一九五一年）中，有群流浪者為了「一隻真的雞」參加抽獎，最後得獎的幸運兒在其他餓肚子的參加者面前把雞吃了。

狄西嘉以戲謔輕鬆的風格討論社會議題，這樣的手法也越來越常在後來義大利電影中看見，這些作品反映出一九五〇年代初期，義大利經濟改善的狀況。路西卡諾・埃默（Luciano Emmer）

《八月的星期天》（*Domenica d'agosto*，一九五〇年）將諷刺重點轉到羅馬群眾身上，片中群眾帶著大量食物去海邊玩，有飯可吃的新現實帶來安全感，也暴露人民教育素質不足。食物與飢餓不再是攸關多數人生存的迫切議題，很快成為喜劇的主題，如馬力歐·馬東納（Mario Mattone）《貧窮與尊貴》（*Miseria e nobiltà*，一九五四年）。這部片故事背景是那不勒斯，由受民眾喜愛的知名喜劇演員托托演出，最知名的場景是托托餓扁了，當他吃到番茄義大利麵時興奮過度，甚至把口袋裝滿麵，又用手抓麵吃，邊吃

馬力歐·馬東納電影作品《貧窮與尊貴》中的角色托托（一九五四年）。

邊跑到桌上跳起舞來。義大利電影也記錄了美國的影響，重建時期，義大利人學習美國人的飲食方式，外國食物也廣泛地流行起來。史坦諾（Steno）《在羅馬的美國人》（Un americano a Roma，一九五四年）故事主角是位想當美國人的羅馬人，他的新身分認同讓他滑稽地模仿美國人的語言及行為舉止。主角列舉自己想吃的異國食物，比如優格與芥末，表明那些食物是多麼迷人，同時卻難吃得要命。許多義大利人到現在還是可以一字不漏地背出他的經典台詞。此外，他也拋不開對傳統美食的愛，比如義式長麵和葡萄酒，只能一邊嫌棄這些食物過氣又無趣，一邊又渴望吃這些食物安撫自己。經典台詞「義大利麵，你撩了我的心，現在我要來把你吃掉啦」今天還是常被義大利人引述，用以形容看到全球化的食物雖然覺得新潮有趣，卻不像傳統義式料理令人滿意[53]。

一九五〇年代中期，糧食匱乏問題逐漸消失。工業化食品產量日益增加，如義大利麵、奶製品、葡萄酒、烈酒等。外國消費性食品，比如麗滋餅乾（Ritz）、威士忌、可口可樂也被認為是富裕、大都會文化的象徵。此時期的烹飪書反映了人民的心情，提供異國風味的大膽食譜，目的是招待來客時能博君歡喜。不過家庭飲食習慣並沒有太大的改變，歷史學家卡洛・赫斯托斯基點出：

雖然此時人們消費的食物量比之前戰時多，他們的日常食物和用餐組合卻沒有改變。義大利食品工業集中製造、銷售有地中海特色的食品，強化了既有的飲食習慣：義大利麵、橄欖油、番茄、葡萄酒、麵包[54]。

女性重回傳統的中產階級的顧家角色，她們理應肩負照顧家庭的天職，從周圍越來越多商品、消費選擇中獲得成就感，藉此表達自我[55]。不過，經濟體系成長速度太快，超越可以維持傳統

戰後，新的工業化食品（比如製成擠壓式條狀的栗子醬）風靡一時，被視為現代化與進步的象徵。

性別角色的幅度，一九六〇至一九七〇年代間，一批又一批的女性投身職場，推動義大利社會邁向新的時代，促進改革家庭法，人們可以離婚，女性首度取得自己身體與性生活的掌控權。

生活是甜蜜

　　由於國際之間維持和平、貨幣穩定，國內對消費性商品的需求擴大，一九五〇年代晚期，義大利進入所謂「經濟奇蹟」的開端，對許多義大利人而言，生活變簡單了。一九五八至一九六三年之間，義大利國內生產總值平均成長率為六‧三％，尖峰期是一九六一年，達到七‧六％。失業率下滑，最低在一九六三年降至二‧二％[56]。大部分的經濟發展來自工業，一九五七年義大利

加入歐洲經濟共同體（European Economic Community），該組織宗旨是促進專業分工、擴張消費需求的自由市場。隔年，建立歐洲共同農業政策，會員國得以大幅度自由交換農業貨物，但該政策的策略權高度組織導向，著重效率，跟義大利的土地改革政策衝突。歐洲價格補貼的商品包含穀類、牛奶、乳酪、肉品，在義大利多數由北方平原生產，而南方的商品則幾乎被忽略，如橄欖油、葡萄酒。一九六一、一九六六年，義大利政府通過綠色平原（piano verde）兩項計畫，內容著重引進技術、機械化、施肥、殺蟲劑、建設工程。這些措施增加了鄉村對工業產品的需求，多數流向大型農業企業。

義大利政府採納的歐洲導向的新框架與政策，沒有改善小農的生活水準，不少人最後將土地賣給較大的地主。雖然一九五七年的新法規在南方劃定工業投資地區，但由於北方的工業金三角米蘭、杜林、熱那亞成長迅速，導致南方居民大規模往北遷移。義大利人口分布迅速變化，自統一之後，不斷由內陸往沿海、鄉村往都市移動。自一八八〇年代起，每十年就有將近一百萬人從偏遠地區移入都市中心。在一九五一至一九六一年之間，移動人口數增加到三百二十萬，當政府撤銷法西斯時期限制人民在國內遷移的法規之後，其後十年間降至二百三十萬[57]。一九五五至一九七一年的移居人口約有九百萬[58]。同樣在一九五一至一九六一年之間，農業勞動人口佔比從四十四％降至二十九％，不過鄉村生產力隨著消費市場成長反倒上升。這個趨勢在「經濟奇蹟」結束之後依然如此，到了一九八一年時，在義大利的農業工作僅佔十四·一％[59]。

電影工業也審視了這波移民風潮，電影中常常藉由食物表達鄉愁、外來者與原生社群之間溝通不良、離家到陌生異鄉打拚的艱辛與恐懼。我們所能舉出不少能反映時代的電影作品：盧契諾·

維斯康堤《洛可兄弟》（*Rocco e i suoi fratelli*，一九六〇年），故事描寫來自米蘭的巴西里卡塔一家人之間的悲歡離合[60]；或是像卡密羅・馬斯托羅辛奎（Camillo Mastrocinque）《托托、佩皮諾與狐狸精》（*Totò, Peppino e la malafemmina*，一九五六年）這類輕鬆戲謔的喜劇，故事主角從那不勒斯跑到米蘭，因為怕冷而穿上厚重大衣、毛帽，還帶著一袋南方食物；馬里奧・莫尼切利（Mario Monicelli）《可疑的人》（*I soliti ignoti*，或譯《無名者》、《聖母街上的大人物》，一九五八年）則講述羅馬一群初出茅廬的小偷，許多來自外地。

　　大量的內部移民導致社會深層結構變動，撼動家庭結構與傳統價值體系。許多農工為了穩定又較高的薪資，拋棄田地，到工廠上班。但農業勞動人口突然下降，則導致沒有人投入勞力密集卻產量稀少的農作物，前所未有的打擊讓農作物、生態多元性降低，許多食品製造的技術、工匠傳承幾乎消失。

　　在北方落腳的移民，飲食習慣難以一概而論，多半要看他們的個人情況、家庭背景、經濟狀況、融入社會與當地社群的程度而定。不少人會覺得小時候吃的食物已經落伍了，甚至會認為那些東西粗鄙，是窮人的食物；也有些人喜愛家鄉的飲食傳統，窮盡心思尋覓必要食材來煮飯。節慶是移民會特地烹煮、分享自己家鄉傳統料理的時候，他們也藉此重溫自身認同。不過，這些料理只會出現在家庭、親友圈相聚的場合，而移民的經濟狀況改善後，這些家鄉菜的象徵意義則大過實際用途，人們依然會為了傳統烹煮這些食物，但卻很少真的吃下肚。過去通常是由女性負責煮食，現在女人得出門工作，沒有那麼多時間做飯，此外，女權運動提倡的政治概念，將許多女子推離廚房，她們視廚房為剝削。

　　話說回來，人口大規模重新分布，促使地方食品流傳到國內各地。跨區的飲食交流雖然一直存在於較高階級的人民之間，但

從一九五〇年代開始，義大利重建農業生產系統，踏上農業工業化的道路。

農民、匠人一般吃的只有地區生產的食材，一來熟悉，二來便宜。
如今落腳北方的南方人想念地中海食材，帶動商業食品需求，和
地方食材流通，以前只能在地區吃得到的食物包含：水牛乳製成
的莫札瑞拉乳酪、日曬番茄、橄欖油。不少移民到了北方城市之
後，在戶外市集找到第一份工作，大多是非法黑工，在街上當小
販，攢錢慢慢往上爬，買下合法的攤位或店鋪[61]。市場是新來乍
到的人找工作的地方，人們可以在這裡跟同鄉、同村的人聚在一
起，講一樣的方言、消磨週日時光，這類行徑受到北方人的懷疑，
甚至直接批評[62]。隨著時間過去，南方的創業者也成功地經營出

自己的店面，餐廳、麵包店、甜點店，這些店家對所屬群體很重要，也扮演著區域文化交流的媒介，當地人可以藉此認識沒聽過的地方特產和料理。

　　經濟穩定發展，人們的蛋白質攝取量上升，超越以往，就算是較為貧困的移民也是如此。雖然歐洲政策人為操作價格，使得牛奶、乳酪、肉品維持高價，這些食材在義式飲食中的角色還是變得比歷史上任何時期都重要。迅速提升的尤其是肉類消耗量，不只是數量，也包含品質、肉品部位。一八八一年的平均每人每年肉品消耗量如果是十一·二五公斤的話，到了一九七四年，已經增長至四十五公斤[63]。買得起牛排、嫩牛肉片「fettine」，變成

一九五三年飲食雜誌《義式廚房》某一期封面標題：吃肉成為戰後豐盛物質新生活的象徵。

金錢與生活舒適度的象徵，取代了傳統常用部位，人們認為以往常用部位的肉太韌或不夠多汁。新的消費性食品湧入市場，包含莫塔與艾吉塔冰淇淋（Motta and Algida）、帕維西餅乾（Pavesi）、能多益榛果巧克力抹醬（Nutella）。

不過，除了知名大品牌如百味來、堡康利、費列羅（Ferrero，巧克力製造商，知名產品包含金莎巧克力）、吉歐之外，食品工業成長依舊受限於農產品的產量上限。消費性用品、器具的產量情況則好得多，瓦斯爐普及，家裡也出現了冰箱，並配有小型冷凍庫，促進冷凍食品慢慢增加，比如冷凍魚，以及後來出現的冷凍蔬菜[64]。義大利人喜歡藉由購買車子來展示自己的經濟實力，並在週末、假日時遠遊，常常一出門玩就是一個月不在家。八月的義大利幾乎停擺，許多移民會在這時候回到家鄉，觀光變成常見的休閒娛樂。

一九五四年十二月首度出現電視公播，拉起消費文化新時代序幕。知名節目《旋轉木馬》（carosello）早在一九五七年就出現在電視上，緊接著晚間新聞之後播出，長度僅有十分鐘，再來是當時僅有的電視台製作的娛樂節目。《旋轉木馬》內容為短篇商業廣告（包含真人演出與卡通動畫），促銷商品的畫面僅有幾秒鐘。廣告商在這段黃金檔期中帶給觀眾許多角色冒險與故事，很快成為流行文化的一部分，且為廣告商品打造強勢的形象。當時的民眾會讓小孩看完《旋轉木馬》再上床睡覺，處罰小孩的方式也包含不給小孩看該節目。《旋轉木馬》長年播映，直到一九七七年，因為長篇幅商品廣告的製作與電視播映成本太高，才不再播出，廣告商改為採用其他更直接的廣告手法[65]。

這時義大利人收入增加，又受到廣告刺激，越來越愛去美國人發明的超級市場。義大利第一座超市在一九五七年於米蘭開幕，參與投資的是尼爾森·洛克菲爾（Nelson Rockfeller）所創立國際

基本經濟公司（International Basic Economy Corporation）[66]。雖然米蘭在一九一七年就有了高級百貨公司「再興」（Rinascente），也有從法西斯時期就設立的親民連鎖商店「UPIM」（Unico Prezzo Italiano Milano）、「Standa」（Società Tutti Articoli Nazionali Dell'Abbigliamento，全國服飾公司），新興的食物超級市場對義大利人來說還是新的購物體驗，顧客需要自己去架上找商品，以往在傳統雜貨店，拿東西是店員的工作，此外，超市販售商品數量更多，且食品包裝方式也不同。因為義大利食品工業規模太小，產量不足，農產相關的企業普遍落後，超市會販賣進口商品，或販售自有品牌的麵包、咖啡、香腸、乳酪。小型商家透過聯合商業總會（Confcommercio）抵制超市，認為超市壓低價格、藉由向地方政客施壓來消滅地方企業。消費者合作社經營的面向也變廣了，讓他們可以跟私有企業集團競爭。合作社聯盟（The League of Cooperatives）成立時間為一八八六年，旗下的商家與採購力增長，成為左翼政黨與消費者之間的重要連結。幾十年過去，聯盟與私人企業家之間的競爭關係，被捲入政治鬥爭之中，雙方劍拔弩張，興訟不斷[67]。一九六二年，商家也成立自己的聯營會「CONAD」（Consorzio Nazionale Dettaglianti，全國零售聯營會），後來成為義大利的重要超市企業之一。

在經濟奇蹟發展之下，酒館、酒樓幾乎消失不見，取而代之的是公共消費場所，比如年輕人愛去的咖啡吧，人們覺得在咖啡吧聚會，氣氛更現代、有趣。義大利的「美式咖啡吧」在一八九〇年代間出現，人們在這裡喝到的義式濃縮咖啡，是由咖啡師操作機器沖泡，再替客人端到吧檯上[68]。

客人會在吧檯上站著喝掉義式濃縮，或是跟朋友到一旁坐著享用。一九六〇年代間，咖啡吧再度成為展示時尚潮流的地方，裝潢講究現代、俐落的設計感，使用新潮材料，如亞麻油地氈

一九六〇年代，我的祖父母某次家庭聚餐。從餐桌上可以看出經濟奇蹟的影響，食物變得豐盛。

（linoleum）、保麗板（Formica）、鋼材等。常設在手足球桌旁的點唱機，成為便宜的娛樂，提高了流行音樂聽播率。大量製造的碳酸飲料、酒精飲品則取代了葡萄酒的地位，如啤酒、蒸餾酒、阿馬羅苦酒（amaro，草本利口酒），還有較少見的混合飲品。傳統的酒館「osterie」消失，但新式酒館「hostaria」出現，字首「h」暗示歷史、傳統，提供人們習慣、懷舊的老派飲食。自一九六〇年代起，義大利人的飲食體驗，常在傳統與創新、地方身分認同與全球化現實生活之間不斷擺盪。

現在與未來

　　義大利正在改變，人們的飲食風格也隨著大幅改變，餐桌禮儀、習慣、用餐過程、用語都漸漸不同。用餐時間、地點、節奏、中途休息、烹飪時間與技巧也一併演變。在廚房工作的職業人士，工作流程與品味也不一樣了。義大利從鄉村迅速變成高度工業化的國家，加上舊式農業轉型現代化過程一波三折，也深深影響了傳統田園農耕、市場、家庭廚房之間的平衡關係[1]。

　　上述文字來自學者皮耶羅・坎波雷西（Piero Camporesi），描述義大利的劇變如何在短短幾十年之間撼動了飲食系統。不過，過去依然在現在留下了深深的烙印，讓許多消費者在對傳統、地方認同懷抱好感的同時，也張開雙臂擁抱現代化與全球化帶來的進步，無法取捨。

迎向千禧年

　　「經濟奇蹟」時期所帶來的影響深遠，將義大利社會推向新時代。在一九六四至一九七三年之間，雖然國內生產總值成長率平

均為四‧八％，但跟幾年前的快速成長期相比，生產量略微下滑。

社會壓力在一九六九年引發一連串的罷工、工會風波，被稱為「熾熱之秋」（autunno caldo）。極端保守主義分子採取所謂的「高壓策略」（strategia della tensione），不斷引起攻擊事件、謀殺、其他恐怖主義活動，悲劇的高潮發生在米蘭廣場的爆炸案，共有十七人喪生。先前遠赴瑞士、法國、比利時、德國從事採礦、工廠等短期工作的勞工，也在這時回流歸國，造成失業率上升。國家政府提出的解決方案是建設社會福利系統，其中包含退休規劃、健康保險以及其他勞工福利，其中許多勞工享有終身聘雇權。這項系統持續運作到二〇一〇年代早期，在金融危機影響下無法維持為止，國家嚴重負債，歐元區的財務政策累積的壓力，促使政府實施一連串政策減少福利，引發民怨。從一九七四至一九八二年，生產量停滯，受到一九七三年時候危機，通貨膨脹嚴重，引發工會抗爭。國內生產總值在一九七五年萎縮至三‧六％[2]。義大利共產黨在一九七六年獲得三分之一的投票數，同年社會衝突爆發。國內極端組織進行恐怖主義活動，不分左右翼皆然，風聲鶴唳、人心惶惶，讓義大利人稱這段時期為「鉛色年代」（gli anni di piombo），鉛指的是子彈的材料。

一九八三年，中間偏左的政府上台，總理是社會黨黨魁克拉西（Bettino Craxi），開創了「八〇年代黃金時期」，這段時間由於通貨膨脹溫和，政治穩定，國內生產總值微幅成長，私人消費量提高。相較於先前凡事政治化、公共利益掛帥的時代，此時的人民對個人生活、成就、財務安定更重視，這股潮流被稱為「逆勢」（riflusso）。雅痞們喜歡個人主義、享樂主義，羅馬、米蘭的夜生活變得熱鬧、刺激且高雅，比如，曾有人注意到外交部長米開里斯（Gianni De Michelis）的好胃口，他總有去不完的晚餐聚會。名流往來需要食物、大吃大喝，而時尚餐廳裡，想要吸引有錢的

＼ 伏特加鮭魚筆管麵 ／

四人份
一百克（一又二分之一條）奶油
一百五十毫升伏特加
番茄
一百三十毫升（半杯）鮮奶油
四百五十克筆管麵

一顆中型紅蔥（shallot）
一百克煙燻鮭魚
一百七十五克（一杯）櫻桃
一大匙番茄醬
韭菜碎
一大匙蔥碎

　　將紅蔥切碎，用奶油炒軟。將煙燻鮭魚切成薄長條，加入紅蔥，淋上伏特加，並讓酒蒸發。將番茄切成四塊，稍微跟鮭魚一起煎一下，加入一大匙番茄醬，最後加入鮮奶油，煮片刻後熄火，將韭菜均勻撒上去。同時另燒一鍋鹽水，將義大利麵煮到軟硬適中，瀝乾，把麵放進鮭魚中，迅速拌勻即可。趁熱享用。

＼ 伐木工人義大利餛飩 ／

四人份　四百五十克義大利餛飩
一百克煙燻帕瑪火腿（prosciutto cotto）（可以用熟火腿取代）
二百五十克白蘑菇　二百克去皮豌豆
一百三十毫升（半杯）鮮奶油　鹽、胡椒粉　帕瑪森乾酪絲

　　煮滾一鍋鹽水後放入義大利餛飩。同時，將火腿切丁、蘑菇切片，跟豌豆一起下鍋煮，要用深的平底鍋。等食材變棕色後，如果有黏鍋的現象，加入一點煮餛飩的水。等十分鐘之後，加入鮮奶油，以鹽、胡椒調味，再煮三到四分鐘。當義大利餛飩煮好時，瀝乾，倒入有鮮奶油的鍋中攪拌，撒上帕瑪森乾酪絲即可，趁熱享用。

客人，最重要的是裝潢設計與環境氣氛，而非餐點料理，人們打扮入時去餐廳參觀，也成為餐廳風景的一環。

義大利人越來越喜歡異國風味料理，法式新潮料理也上了義大利餐桌。大廚師與家庭主婦都想試試感覺上大膽新奇的食材，結果則見仁見智。當時流行吃義大利麵配冰淇淋與鮭魚，正式用餐場合會在料理之間送上檸檬雪酪。前頁所附的食譜，在我所成長的一九八○年代，大家都愛吃。這些食物對一九七○年代間的美食家而言並不陌生，幾年之後這些料理慢慢變得親民。我記得小時候認為這些菜跟我母親平常煮的傳統美食相比，是精緻高級的料理，而且覺得食材極具異國情調——包括食譜中無所不在的鮮奶油。當時的人普遍還不會擔心膽固醇過高的問題。

一九八○年代，外國食品企業開始進攻義大利市場，諸如達能（Danone）、雀巢、聯合利華（Unilever）、卡夫（Kraft）。有些老義大利品牌失去獨立性：達能買下了戈邦尼乳酪（Galbani）與沛羅尼啤酒；百加得（Bacardi）則買下馬丁尼與羅絲。一九八五年，第一間麥當勞餐廳在北方波札諾（Bolzano）開幕，人民不但認為麥當勞冒犯義大利傳統與國民生活方式，還覺得打擊本國勞工組織、在地製造商與餐廳產業。為了防止激烈反彈聲浪，這家美國公司收購了速食連鎖餐廳布吉（Burghy），這家公司在整個義大利半島都有店面，並從蒙德納市（Modena）的克雷蒙尼尼集團（Cremonini）採購肉品，該集團也販售食材給義大利連鎖商店。

一九八○年代看似耀眼，政府公債劇增，社會不平等也加深。第二次世界大戰之後，南北方的生產力差距越來越大[3]。最大國有食品企業集團SME在私有化的過程中捲入訴訟，變成工業企業家班內德蒂（Carlo De Benedetti）與媒體巨人企業家貝魯斯柯尼（Silvio Berlusconi）之間的漫長法律攻防戰。

人民深刻感受到歐洲共同政策對義大利的衝擊。歐洲經濟共

同體為了抑制農產品價格補貼所造成偏差影響，以及農產品過剩帶來的破壞，砸下不少經費處理，而民眾對此也不滿，一九八四年歐洲經濟共同體修改共同農業政策，實施國家上限額度，以限制牛奶產量。一九九一年，政府施行新政策，不以產出量發放農業津貼，將補助改用在脆弱的農民身上。由於義大利的食物消費模式在短時間之內變化過巨，營養學家對人民健康與日漸增加的肥胖率感到憂心，尤其是孩童的情況[4]。

義大利的政治金融機構貪腐嚴重，包含總理、國會議員都收受賄賂，衍變出暢通無阻的行賄制度、違法政黨政治獻金，稱為回扣（Tangentopoli，詞源為「tangente」，意指回踢）。一九九二年，米蘭一群司法官展開掃貪調查，稱為白手套案（義文「Mani Pulite」意指乾淨之手），調查結果最終導致傳統政黨勢力崩潰，

麥當勞店面開設在米蘭典雅的艾曼紐二世紀念迴廊（Galleria Vittorio Emanuele II）中。

也為義大利第二共和開路,對許多人而言是求之不得。一九九四年,貝魯斯柯尼正式踏入政壇,組織「義大利前進黨」(Forza Italia),贏得選舉,但他組成的政府在八個月後,於政爭之中失勢。貝魯斯柯尼後來再度兩次出任總理,分別是二〇〇一至二〇〇六年,以及二〇〇八至二〇一一年。

我們現在還沒辦法完全評估二〇〇八年全球金融海嘯的影響,當時的總理馬里歐·蒙提(Mario Monti)實施嚴苛的撙節政策,繼任總理雷塔(Enrico Letta)改採較為溫和的版本,時局和政策讓義大利的食品製造、分配、消費整體進入蕭條。國債持續增加,失業率上升(二〇一二年為九·七%,其中十五至二十四歲的青年失業率高達三二·六%),國家社會福利體系陷入危機,人民普遍對公家機關、政治人物失望,種種原因使義大利未來發展蒙塵[5]。食物消費量直接受到影響,義大利人減少浪費食物,購買前會先評估可否吃完,他們購物頻率上升,購物量卻下降,趁食材新鮮時用完。有些人改買較便宜的食材,留意超市高折扣的商品。雖然通貨膨脹沒有增加(二〇一二年時約為二·二%),但要從金融危機恢復往日水平,可能還需要時間,因為政府為了清償債務,提高稅額。

義大利社會不平等問題加劇,具體呈現在兩極化的飲食習慣上。根據二〇一一年農產品市場服務組織(Institute of Services for the Agricultural Food Markets)的調查報告,二〇〇九至一〇年,高級食品銷售量提高一三·七五%,同期間其他種類的食品銷售量都陷入停滯[6]。少數人有錢可以揮霍在食物上,多數義大利人則改吃較為節儉的地中海飲食,上一代人在經濟奇蹟時期才拋棄這些食物,視為落後、貧窮的象徵。

▍吃什麼、去哪買

　　這時期，最明顯的食物相關體制結構變化是分配網絡，類型變化多，且互相競爭。不論是都市或鄉下，超級市場、自助式量販綜合超市、折扣商店、購物中心（centri commerciali）等商家，逐漸取代傳統露天市場與小型家庭式雜貨店。多家物流公司共組批發採購中心（centrali d'acquisto），向大規模物流網（Grande Distribuzione Organizzata）集中下大筆訂單，藉此在與製造商議價時取得優勢，物流網也因此獲利[7]，造成大者恆大，因為優勢持續成長，加速供給、有利管理，寡佔市場讓大企業賺取更多利潤，但導致市場資源分配不均，最終影響消費者權益。連鎖企業可以低價販賣自有品牌商品，其供應製造商對民眾而言，知名度不如企業品牌，不過價格較低廉，也沒有那麼多資源打廣告[8]。此外，外國企業已成為綜合超市的龍頭，比如德國的麥德龍超市（Metro）、法國的歐尚超市（Auchan）與家樂福，這些巨型超市通常座落於大城市土地便宜的市郊，附設大型停車場，讓消費者開車來採購大量商品[9]。德國利多超市（Lidl）在一九九二年進入義大利，他們在全國開設超低折扣零售超市，以低成本販售雜牌商品，店面通常相對較小，設於市區邊緣地帶。

　　大多數的義大利人不再天天上市場買菜，他們為了節省時間、油錢，每隔一陣子才到超市採買，尤其喜歡到郊區最大的綜合超市採購。食品產業的新目標改成讓消費者感到方便、便宜、實惠，既是回應，也是強化了當代人時間不夠用的感受，義大利人感覺到自己活在腳步越來越快的時代。

　　冷凍櫃普及也助長了這個趨勢，再者，食品工業化已經讓全國人民都買得到地方特產：任何地區都可以買到北方製造的軟質乳酪羅比歐拉（robiola）、斯卡奇歐（stracchino），南方的斯卡莫

Eataly羅馬分店一隅。

札（scamorze）與莫札瑞拉乳酪，還有各式各樣的義式臘腸、火腿、香腸。

較傳統的物流管道並未完全消失，他們轉為服務不同的顧客群，比如：步行可及的社區商店，店家熟知客戶喜好，客人只想在短時間內買幾項商品的時候，就是很方便的選擇；由移民經營的街口雜貨店，深夜與週末依然營業，價格不高，店家利潤低；設在都市精華地段的獨立商店定位轉型，專門服務美食家，提供精品美食，主打高品質、口碑好、附加價值高的商品，顧客要求較高，所知甚多，且不在意多花幾個錢。過去幾年間，一家新的大型連鎖店興起，「Eataly」*的第一家商店於杜林開幕，雖然許多方面跟傳統社區商店定位大致相似，但已在全國開設多家分店，

* 譯注：與英語的「義大利」一詞諧音。

市場會提供其他地方難以買到的產品，比如蝸牛。

在羅馬的分店將羅馬舊火車站改造成多樓層店面，甚至拓展到國外，在東京、紐約也都設有分店。Eataly採用類似超市的商店結構，提供精選的高品質食品——通常是在地生產、半手工或職人製作——並結合餐廳吸引人潮，餐廳也成為購物休閒的一環。

　　Eataly想要提供給顧客的包含環境感官體驗、購物經驗、市集氛圍，後者依然在義大利人的消費過程中佔有重要性。在都市中心地區，許多市場、市集在政府規劃下，從戶外露天場地移到新建的室內場地，理論上是為了講究衛生、效率，但這樣的轉變並不輕鬆：裝潢過程通常耗時、新建築的管理費用導致漲價，種種原因讓市場商家、攤販在此過渡期間總憂心顧客流失。不過，顧客倒是不排斥室內市場，規劃良善、動線明確的購物過程受到歡迎，而且新式市場除了食物，也能容納其他類型的商家。每日營運的露天市場依然普遍，規模較小的市鎮中心，也有以週、月

為單位的市場。某些露天市場，尤其大城市的市場，會藉由保持傳統、老派的門面來吸引觀光客；位於精華地段的市場，則升級轉型，成為高級食品專賣店。

有大量移民的城市，新移民會承租市場攤位，販售義大利人不熟悉的食品，移民者的第一份工作常是市場工作，自此慢慢融入原生社群[10]。其他的市場攤位則服務各自的社群，為市場增添了多元文化的大都會氣息，這曾經是義大利傳統飲食的根基。

市場上的食品、食材基本上來自中央批發物流中心，義大利全國的商人、外國商家會在此聚集批貨。政府在二〇〇七年訂立「農夫市集」（mercati contadini）相關法規，喜歡購買產地零距離（chilometro zero）商品的消費者，會到農夫市集採購來自當地、由農民直銷的食品[11]。小型製造商、生產者，或採行有機農法（agricoltura biologica）的農民，無法承擔批發中心要求的大量商品，會在農夫市集販售產品，直接面對客戶，而客戶也願意負擔較高的金額來支撐當地經濟、降低長途運輸產生的環境負荷、實踐在地傳統的文化認同、與周邊鄉村建立連結。

由於顧客購買食品時，重視直接服務、跟商家的關係，許多超市因此在店裡設立顧客服務區，讓客人在逛街時可以直接面對真人、試吃產品、閒聊打交道，就像以往在舊式社區商店或露天市場一樣。超市還設有專區讓顧客親手拿取、挑選食物（當然必須使用塑膠手套），藉此製造類似露天攤販的感官購物體驗。義大利人穿梭在不同產品分配體系之間，依照個人喜好、經濟狀況、政治認同，在不同的時間、去不同的地方、買不同的產品。關注社會發展、抱持特定價值觀的顧客，也會優先選擇「以社養農」（gruppo d'acquisto solidale，重視人與環境勝過利潤的購買選擇）的產品，或是支持社會農場，後者是特殊人士融入社會的一種機制，提供更生人、成癮患者、對社會有高風險的人士，以及農地

被黑道把持的農民，重建生活的機會[12]。公平貿易網（commercio equo e solidale）也在各大城市營運店面，販售從開發中國家來的巧克力、咖啡、茶。

食物的政治

人民重燃對葡萄酒、義大利傳統食品的興趣，也喜歡傳統飲食、在地產品，同時，歐盟的政策取向大轉彎，強力推動二十七個會員國整合工作，目標是讓歐盟不只行政上體系更一致，經濟與財務政策也需跟進，此舉當然遇到不少阻力與反彈，食物也在協商的項目之中。

從一九九〇年代起，食安問題刺激了歐洲社會，比如狂牛症，人民普遍更關心餐桌上的食物從何、如何而來。二〇〇〇年，歐盟執行委員會（European Commission）提出白皮書，重點擺在食安危機、食安標準、需向消費者揭露的資訊等議題。歐盟依照該報告，提出相關規範以保障食物安全，提倡「從土裡到碗裡」（from farm to fork）都須安全、有法可循。歐盟一般食品法（Regulation 178/2002）規定食物供給鏈上的所有食品、動物飼料、飼料原料都要可以追溯。為確保能夠追蹤源頭，樹立「前後各一步」原則，也就是供應鏈上的所有企業，都必須能明列其供應商與買家。超市龍頭為了消除消費者的食安疑慮，對食品追溯的法規要求亦步亦趨，要求生產者、製造商、包裝廠遵循標準規範，以確保問題萬一發生，究責有據。最常見的標準是全球優良農業規範（GlobalGap，前身為歐洲優良農業規範〔EurepGap〕），世界各地的農場，只要想將產品銷往歐洲的農場，都對此不陌生，其他的國際常見規範，如英國零售商協會（British Retail Consortium）、國際食品標準（International Food Standard）等，也涵蓋非農產品

的商品。當然，可追溯認證增加了產品價值，大型供應商得以較高價位販售商品，強化他們在商業網絡中的勢力與控制權。產品追溯在物流上的運作並不那麼容易，雖然大型連鎖企業相對能掌握產品來源，但要確切列出哪些店面已售出某產品，問題就會比較複雜[13]。

二〇〇二年，歐盟成立歐洲食品安全局（European Food Safety Authority）作為獨立運作的風險評估組織，辦公室設於帕瑪，該組織可針對科學爭議發表聲明，協助歐盟處理食安危機與緊急事件。歐洲食安局並沒有執法權，但可向歐洲執委會提出建議。

該組織也可以自主直接向公眾提供資訊，唯有在緊急事件發生時，須先與執委會、歐盟會員國協調溝通策略。歐盟為了管理食物相關風險，採用「預防性原則」：作為歐盟的執行部門，若歐洲執委會在合理考量之下，對任何問題有疑慮，可採取行動降低風險。基於此原則，歐盟早在一九八〇年代就禁止對牛隻施打生長賀爾蒙。歐盟在二〇〇二年將食品安全法規整理成「一般食品法」，於二〇〇五年正式實施，此外也在二〇〇六年實施衛生條例（Regulations 852/853/854/2004）。雖然歐盟大力處理食安問題，義大利消費者依舊對自己吃的食物有所疑慮，因為民眾長久以來無法信任政府組織與政治人物，普遍認為政治腐敗、效率低落、親族裙帶主義問題嚴重。一般而言，消除消費者疑慮的責任會落在市場、零售商的身上，不過，國內大部分的食品議題討論重點多圍繞在品質，而非安全層面[14]。

由於目前還未有明確證據指出基因改造生物體（genetically modified organisms，又稱基因轉植體，下文簡稱基改體）對人體沒有危害，歐洲政府對此採預防性管理原則。歐洲人民則表達高度認同，多數人害怕任何潛在的基因修改工程。一九九九年，歐

盟會議上決議暫緩基改體立法提案通過，不過二〇〇一年，歐盟立法，針對實驗性質的基改體釋出進入環境作出規範，必須提供措施避免慣行農作物因此受到污染。二〇〇三年，歐盟也立法規範基改轉植食物與飼料，規定若內容物含〇·九％以上的基改成分，需要清楚標示，認定此標準量為合理「非蓄意含量」。不過，肉品業者不需要註明穀物飼料是否含有基改成分。美國曾針對歐盟法規限制基因工程作物提出抗議，認為違反國際貿易協定，歐盟在世界貿易組織的壓力下，在二〇〇四年將基改體立法排入程序，立法通過規範後，基改體食品有了檢測標準，進入市場。

政府立法之後，核可的基改品種作物包含玉米、棉花、歐洲油菜、馬鈴薯、大豆、甜菜等，並允許基改飼料。不過，奧地利、法國、希臘、匈牙利、德國、盧森堡紛紛在國內立法禁止基改體，促使歐盟在二〇〇一年的準則中納入「安全條款」。

此外，西班牙、義大利、英國、比利時等國的地區政府，以及立法禁止基改體的會員國，以不受法律約束的政治協定為基礎，創建無基改體的安全地區網，以保護農業策略免於基改體相關的危險所影響[15]。義大利有十二個地區，加上波札諾自治省，都加入了這個組織。義大利政府也要求農民需經過事先申請，才可以種植基改作物，即使已得到歐盟許可，還是需要再向當地政府申請許可。傳統農民，尤其小農，明白引進基改作物對自己並無太大好處，單位面積產量高的基改作物多為工業用途，小農因此轉往開發附加價值高，具有地方特色的品種或特產，讓自己的作物可以在商品市場之外獲取利潤，有些人會爭取產地認證標章，以抬高價格[16]。另外。由於中小型的鄉下農民鮮少創新，又少有研究單位協助，他們通常會因地制宜，搭配不同生產、銷售模式，調整規模、品種，盡最大可能獲取商業成功[17]。然而過多的派別、標籤，也讓消費者感到困擾，他們未必明白背後的原因，也不一

定在乎複雜的食品生產過程與規範[18]。

　　人們認為有機農法（agricoltura biologica）有利於永續農業，已成為歐盟重要議題。二〇〇九年，歐盟制定新規範，定義有機農產品的目標與生產原則。工廠製造的食品需要包含超過九十五％的有機成分，才能標明「有機」；生產有機食物的廠商，必須在包裝上使用歐盟的有機認證標章，若進口食品符合類似或相同的標準，也可使用此標章。有機農業在義大利的發展並不是一帆風順，一九九〇至二〇〇〇年間，由於歐盟針對實施有機農法的農民提供津貼，義大利的有機農場從一千三百座成長至超過五萬六千座，然後在二〇〇二至二〇〇四年之間，許多農場無法在三年轉型期限內種植出有機農產品，不再被列為補助對象，導致義大利有機農場大幅萎縮[19]。即使如此，義大利的有機農地依然超過一百萬公頃，二〇〇一至二〇〇九年間，有機食品消費量提高了八·七％[29]。

　　根據生態銀行（Bio Bank，義大利有機食品資料庫）二〇一二年報告，義大利有機農業者最多的三大地區為倫巴底、艾米里亞羅馬涅、托斯卡尼。二〇〇九至二〇一一年之間，全國的消費量皆有提升：傾向有機食品的「以社養農」團體組織增加了四十四％（類似社區食品採購團體，以社會力量支撐農業），線上有機食品銷售增加了二十七％，餐廳使用有機食品的比率提高（上升十七％），農場直接銷售的有機食品也增加（上升十六％），農業觀光（agriturismo）則提升十％。其中的重要成長是學校的有機食品消耗量增加了三十三％[21]。一九九九年，政府通過法規，限制學校採購含有有機認證、歐盟原產地命名保護認證，或地理標示保護認證的食品，不過並未規範數量或方式[22]。人民普遍支持該措施，反映父母對孩子的食物感到憂心。即使有機食品價格較高，許多年輕媽媽還是會購買，並不是為了保護環境，

而是在意子女的健康狀況。二〇〇九年，義大利政府實施「食物與學校」（Scuola and Cibo）計畫，將食物教育引入公立學校，從小學到高中皆有開設課程。維持這項計畫運作的也包含新發起的計畫，比如目的是為了增加學校食堂水果食用量的「校內水果」（Frutta nelle Scuole）計畫，以及幫助學生預防慢性疾病的「變健康」（Guadagnare Salute）計畫。

義大利還有介於有機與慣行農法之間的實驗，「整合農法」（agricoltura integrata）利用自然資源來替代慣行農法採用的科技手段，尤其是化學肥料、殺蟲劑，只在必要時才使用，以在環境、健康跟經濟需求之間許得最佳平衡。全國整合農法品質系統（Sistema di qualità nazionale di produzione integrata）成立於二〇一一年，地方政府那時才立法規範整合農業。

▍消費文化、性別、身體

製造技術、新消費方式、商業化的食品標準、國內與國際間的政治辯論等因素，深深影響義大利消費文化；父權結構式的家庭關係一點一滴地崩解，社會長期轉變成為關鍵原因之一；女性踏入職場，女權主義抬頭也是其一；此外，年輕人越來越難找到工作、成家立業；再者，越來越多人選擇單身生活，食品產業抓住趨勢，推出單人份食品、快煮義大利麵、冷凍湯品等商品以賺錢。

老一輩的男性依然會期待太太購物、煮飯給全家人吃，就算太太有工作也一樣，年輕夫妻則在飲食分工上有不同的安排。過去的父權社會體制，女性負責將飲食經驗與知識傳遞給下一代的女性家庭成員，由於義大利人在過去資源短缺，也沒有現代化的物流系統，人們不太會在料理上創新。食譜、烹煮技巧透過口頭教導與實際示範來傳承。年輕女孩需要幫忙廚房雜務，從最簡單

的開始，最後才接觸最危險的部分，隨著時間一步步執行更複雜的任務。女性從長輩那裡學習要領的同時，也繼承了支撐父權社會的角色分工思維，她們應該在適婚年齡之前，學會如何駕馭廚房事務，廚藝不佳的女子會被社會同情，也不會得到人們的認同。

一九六〇年代時，女性即使已踏入職場，還是得背負為家人做飯的期待，且需要藉由廚藝來獲得家人的尊重與喜愛，造成許多女性希望自己的女兒日後不需要面對天天煮三餐的繁重家務，同樣地，年輕的女性看著母親被迫待在廚房的生活，也不想延續父權社會的期待，轉而將精神放在課業與事業上[23]。我的母親是全職的高中老師，她從來沒有停止準備三餐，但她也要求我與姊妹們學會做飯，當家裡客人很多的時候（我們家常常如此），我們需要參與準備工作，隨著我們年紀越大，負責的任務也會變複雜，但是，從來沒有任何人會期待跟她同年齡的男性在家下廚，就算是我父親也不需要幫忙，他們頂多幫忙採購食材，購物清單還得寫得鉅細靡遺才行。

我的成長經驗有點不尋常，一九七〇至一九八〇年代間，許多年輕人並沒有學會煮飯，尤其是來自都會區家庭的人，傳承連結斷裂，似乎無法挽回了。同時由於方便、廉價的工業化食品容易取得，做飯的方式、偏好也改變了。原本少見的食物，在物流運輸改善後，人們可以買到品質更好、更便宜的種類。比如，住在義大利北部的人，自然環境不靠海，以往只吃淡水魚，如今米蘭的魚市場是鄉村地區的最佳供應商。義大利大多數生鮮運輸以貨車為主，鐵路運輸有限。許多消費者不再感覺到食物的季節性，由於冷藏、冷凍技術、溫室栽培的緣故，加上食品生產不再侷限於地方、全球貿易等因素，一年四季都吃得到季節性食品。二十一世紀時，義大利人通常透過電視節目、報章雜誌、烹飪學校來學習料理技巧、如何烹煮常見或創新的料理。在買菜時聽到

羅卡佛拉諾的羅比歐拉山羊乳酪
（Robiola di Roccaverano），含
原產地命名保護認證，如今全義
大利都可以買到這項地方食品。

人們向市場攤販甚至超市的銷售員詢問基礎烹飪要訣，也所在多
有。

　　文化轉變也影響了食物與身體形象的關係，主要是女性，但
受到影響的男性也逐漸增加。人們渴望擁有更纖細、結實的體態，
飲食方式變多元，人們較喜歡「輕食」，內容是一般文化上認定
較易消化、不容易令人發胖的食物，未必真的零脂肪或不含糖，
常被歸類為輕食的食物，如莫札瑞拉乳酪、熟火腿（prosciutto
cotto），以及軟質乳酪，像是羅比歐拉山羊酪。人們追求健康、食
療，普遍關心膽固醇問題、糖尿病、肥胖症，這些飲食上的討論，
撼動了人們根深柢固的觀念：義式飲食有益健康。人們渴望安全、
純粹的食物，促使農夫市集越來越普遍，有機食物也越來越受歡
迎，義語稱這個現象為「biologico」，關切重心擺在個人與環境的
健康，而非社會體系問題。

卡拉布里亞的橄欖樹，新的歐洲共同農業政策改變了歐盟的農業補貼系統。

新型態的場館

　　健康、安全的食物成為風潮，另外也流行藉由傳統美食表達文化認同，義大利人重新將目光望向鄉村，嚮往休息充分、節奏緩慢、飲食健康等有品質的生活方式。助長這股風潮的還有歐盟發表新的共同農業政策後，義大利政府實行的措施，強調文化價值，保護環境、鄉村風景、高品質產品、多元農村活動在經濟上的優勢。過去二十年來，觀光業發展出新型態的旅遊方式，主打以美食、美酒認識地方文化傳統。農莊觀光是指在偏遠地區提供食宿、販售農場直送產品的企業，有時也會安排娛樂或文化性質的活動。中央與地方政府都大力推廣這種新型旅遊業，希望能藉此讓農民有動力留在鄉村，更投入鄉村風景管理。

＼ 以烹飪為業 ／

　　雖然女性是家庭廚房的核心角色，在烹飪被視為專業、受人尊敬的職場環境中，情況又有些不一樣。在義大利，經營得當的餐廳，通常要不是代代相傳的家族事業，就是大廚的工作（從不久以前開始），他們從零開始學習烹飪，在此之前可能做過其他工作，甚至沒有任何正式餐飲訓練。前者的情況裡，女性通常是核心人物，比如在倫巴底坎內托蘇澳里歐（Canneto sull'Oglio）的漁夫餐廳（Dal Pescatore）工作的娜荻雅‧薩丁尼（Nadia Santini），以及在托斯卡尼南部蒙特梅拉諾（Montemerano）開諾餐廳（Caino）工作的薇拉芮雅‧皮契尼（Valeria Piccini）。不過，我們比較難看到女性主導新開幕的餐廳，廚房的創意總監通常是男人，地位較低的職位會讓女性或年輕男性學徒擔任，這個情況到今天依然如此。從十九世紀起，高檔餐廳、旅館所聘用的大廚，通常是受過職業訓練的男性。另一方面，家庭式經營的酒館、酒樓裡，則通常是廚娘煮食，她們的先生會在前台接待客人。

　　過去，只有餐旅高中（scuola alberghiera）才提供專門的指導訓練，但學校教授的內容現在漸漸式微，被人認為落伍且無趣。這類學校出身的畢業生，對醫院、學校、公司食堂等團膳餐廳而言，常常經驗不足，學歷又過高，人們比較喜歡聘用沒有受過太多訓練，但工資較低的新人。這些畢業生最後常會到旅館、遊輪、其他觀光產業工作，沒有什麼機會出頭。不過如今整個產業正在轉型，私人職業學校崛起，學生可在高中畢業後申請入學，指導老師則常常是知名廚師，不僅提供最新潮、有趣的教育訓練，也提供可貴產業人脈、實習的好機會，可以放在履歷上炫耀。這些學校除了提供學生較好的就業入口之外，也有傳統餐旅學校所沒有的魅力，他們的學生看實境烹飪電視節目、美食雜誌、名流廚師長大，習慣媒體渲染出來的餐飲世界，自然受到新式學校的吸引。

根據法律規範，想要經營農莊觀光類的生意，需以耕作與畜牧為主要經濟活動，觀光則是附帶收入，也就是說，只有真正務農的農民才有資格經營農莊觀光業，只是擁有在鄉下的田地或土地是不夠的：必須要有人實際務農，管理土地。此外，業主只能翻修已存在的建物來作為住宿場地，不允許另新造建物，除了少數由地方政府規範的例外。

業主可以將非生產性的小片土地當作露營地，不過帳篷數量也有限制。這些新型企業立刻在商業上大獲成功，他們提供的住宿與餐飲價格非常親民，也常向遊客銷售產品。觀光農業是吸引城市居民到鄉下來的重要原因，人們會因此去到一般觀光業不會發展的偏遠地區。人們很快就發現農業觀光是門好生意。跟地方生活、傳統毫無關聯的金融集團，開始收購棄置的土地，並接續當地已中斷數十年的農業活動，許多觀光農業企業主利用地方法規的漏洞，經營重心擺在真正有利潤的地方：觀光，而非農業。各處開始出現高檔消費市場導向的觀光設施，以鄉村風格為門面，提供按摩浴缸、游泳池、精緻餐飲體驗。有些場館的自產量不足以支撐廚房用料，還需要向附近的農場購買食材。話雖如此，觀光農業依然有其建樹，鄉村有了新生命，地方飲食地位提升，對大家都是好事。

一九八七年，同一股風潮也催生了「葡萄酒之都」（Città del Vino），最初由三十九位市長共同創立，如今已擴張至超過五百個市鎮、自然公園與社區，許多單位各自有其果園、釀酒的歷史、傳統與文化。「葡萄酒觀光運動」（Movimento Turismo del Vino）組織創立於一九九三年，旗下釀酒廠超過九百家可以在產地上招待遊客。很快地，地方政府、葡萄酒餐飲業者、旅館、農業觀光開始合作，推出迷人的的套裝行程，以獨特的方式結合特定地方的文化、傳統與美食，吸引高檔消費者參加[24]。一九九九年，中

西恩納大橄欖山修道院（Abbey of Monte Oliveto Maggiore）的酒窖。葡萄酒觀光業不斷成長。

央頒布法規管理這類被稱為「葡萄酒之旅」（Strade del Vino）的商業活動，其定義為「向公眾開放的旅遊路線，標示沿途的自然、文化、環境地標，以及葡萄園與釀酒農場」。

這些活動的基礎是饕客與業餘美食家對葡萄酒重燃的熱情，此風潮也促進人們重新發現地方產業。現在許多雜貨店，甚至超市會提供高級葡萄酒。葡萄酒專賣店「enoteca」則服務想要嚐鮮的消費者，想要品酒、進一步了解葡萄酒世界的顧客逐漸增加，在幾年之前，只有少數專家、狂熱粉絲才會對此感到興趣。

葡萄酒專賣店「enoteca」一詞首度出現在一九三四年的《葡萄園》（Enotria）雜誌，如今已經演變為銷售瓶裝葡萄酒的商店，這類店家也銷售其他美食小點，如果醬、醃漬蔬果、蜂蜜與其他包裝點心。在義大利，英語名稱「紅酒吧」（wine bar）指的則是

餐館，販售有葡萄酒佐餐的餐點。許多葡萄酒專賣店會設有附屬紅酒吧，紅酒吧由於在現場提供餐食與酒類，需要申請的營業許可執照不同。另外，有些葡萄酒專賣店與紅酒吧會舉辦品酒會、開設品酒課程，部分來自客戶需求增加，另一部分也可藉此銷售產品。當紅酒吧舉辦活動時，也會提供下酒小點心，讓顧客更了解如何在家搭配餐酒。

　　主力銷售高檔食品的成功商家、偏鄉職人手作食品製造商、販售地方傳統食品、健康食品的企業，也應該注意到其他的飲食消費形式。在麥當勞之後，其他跨國企業旗下的連鎖商店也進軍義大利城市，包含漢堡王與Subway潛艇堡。義大利人也仿效速食餐廳的模式建立連鎖品牌，以較低的價格推出義式料理，比如「必奇可披薩」（Spizzico Pizza）、「佛卡夏先生」（Mr Focaccia）、「十六薄皮麵包」（Sedici Piadina）。

　　各種大眾餐館大受歡迎，尤其受到年輕人的喜愛。披薩館（pizzeria）提供舒適的環境、平價的傳統料理，拿波里、瑪格麗塔等經典口味的披薩持續受到顧客喜愛，不過人們也想嚐嚐獨特的新口味，刺激披薩店嘗試推出新的佐料，從蝦仁到芝麻葉都被拿來實驗。近年來，披薩界出現了一股新浪潮：年輕的廚師使用不同種類的麵粉、酵母，搭配季節性食材，玩出新奇且品質不俗的披薩新口味，他們做出對身體較沒有負擔的披薩，把麵團的發酵時間從四十八小時拉長至七十二小時，成品對人體而言較容易消化。披薩店秤重計價，可以外帶，也可外送。便利成為披薩店的最大賣點。有些雜貨店、超市會販售即食食品與外賣（外送到府依然很罕見），「Tavola calda」（意為熱菜上桌）餐廳提供外帶熱食，顧客也可以在店裡用餐；串燒餐廳「Rosticceria」專賣炸物或備料工作繁雜的燒烤食物。有大量移民社群的大城市，則可以看到民族料理餐廳越來越多，特別是中式餐館與土耳其旋轉烤肉店。

火腿帕尼尼。

　　愛喝啤酒的義大利人增加，相關產業也隨之成長，義大利出現大量的職人精釀啤酒廠，年輕創業家研究釀造技術、原料，並以新穎有趣的方式行銷產品。啤酒是酒吧銷售量最高的酒精飲料，義大利人直接借用英語「pub」一詞，人們也會去啤酒館「birreria」。這類場館的裝潢跟其他形式的餐廳不同，通常使用木製長桌、長椅，不鋪桌巾，且只提供必要的餐桌服務，並販售異國風味的料理，比如德國香腸佐酸菜、熱狗、漢堡配薯條、墨西哥辣豆醬燉菜（chilli con carne），酒吧也賣沙拉、義大利麵，還有不能不提的三明治——帕尼尼（panini），來滿足顧客的味蕾。有些餐館單賣創意夾餡的熱三明治，稱為帕尼尼小館「panineria」，另一種三明治餐館則專賣薄餅麵包「piadina」，這種餅皮麵團以豬油或橄欖油製成，未經發酵，最早是羅馬涅

地區的食物，也有店家的三明治主打圓餅麵包「tigella」（也稱為「crescentina」）來自艾米里亞地區，夾乳酪和冷肉切片食用。以往的街邊炸物小吃，現在也發展成小店：你可以買到羅馬風格炸鱈魚、西西里炸飯糰「arancine」，也可以買到中部阿斯科里（Ascoli）的鑲肉餡橄欖。

▌ 文化、媒體、人民運動

人們將傳統食品轉化成商品，隨著時代重新被發現、受到眾多消費者歡迎，這樣的風潮，與其說是人民對義大利過往的飲食有明確的興趣，不如說是出於好奇、渴望新奇與嚐鮮的心情。事實上，自從一九六〇年代經濟起飛之後，流傳了上百年的農業、田園傳統，幾乎消失殆盡，一九七〇至八〇年代間，消費者在飲食方面最在乎的是便宜、方便，有時看得則是時下潮流。出人意料之外，一九八〇年代晚期，情況突然迅速逆轉，食物不再只是展示消費力的方式，而成為表達文化、政治價值觀的熱議話題[25]。知識分子、倡議人士、專業工作者認為現代化的腳步過快，大量製造與全球化正在危害在地飲食傳統、身分認同，也降低了食物品質和安全，這樣的念頭一開始只是小眾，人數卻不斷累積。慢食運動呼應了這樣的憂慮，將想法化為實際行動。

「慢食」於一九八六年設立於普拉（Bra），位於北部皮埃蒙特的朗格（Langhe）葡萄酒製造區，當時的組織名稱為「ArciGola」，第一個字「ARCI」是「義大利共產黨娛樂協會」的縮寫（Recreation Association of Italian Communists），「gola」在義大利語則同時指食物與嗜吃本性，意思是美食之樂。組織創辦人是當地的工會激進分子，卡洛・帕崔尼（Carlo Petrini）。該組織最開始是透過《紅蝦》奠定小有規模的讀者群，《紅蝦》當時每月出刊，是左翼報紙

《宣言報》(*Manifesto*)附贈刊物,《宣言報》也是一九八六年開始發行。《紅蝦》與「ArciGola」曾為當時的主流左派團體招來惡評,因為他們肯定娛樂的社會與文化價值,比如享受品質優良的食物[26]。

當時,麥當勞在羅馬市中心的西班牙台階(Spanish Steps)附近開設分店,刺激了「ArciGola」,促使他們在一九八九年十一月九日轉型為「慢食」,地點位於巴黎喜歌劇院(Opéra Comique),當時有多國代表赴會,並在組織宣言上簽名。

該文件表示,唯有忠誠捍衛低調的物質享受、長遠悠久的食物之樂,才能調劑繁忙的生活,忙碌迫使人類食用無趣、不健康、破壞社會的食物。慢食的倡議者認為餐桌是第一道防線:消費者應塑造自己的品味,才能更欣賞並捍衛地方食物、職人祕傳與環境[27]。捍衛生活樂趣並不會導致單純的享樂主義,而不再參與公共事務,恰恰相反,這是能將公民推向社會與政治行動的武器[28]。這項運動不久後就開始採用小蝸牛的圖案作為精神徽章。

一九九四年,慢食組織肯定來自國外的支持者,投票決議成

慢食組織創辦人卡洛·帕崔尼。

立國際慢食組織，以在國外推廣運動。同年，慢食舉辦「味覺工作坊」（Laboratori del Gusto）進行特定食品與葡萄酒的推廣教育，他們的群眾熱愛美食，人數不斷增家。一九九六年，該組織首次在杜林舉行「味覺沙龍」（Salone del Gusto），這是美食與葡萄酒盛會，目的是增進群眾對小型食品製造商與傳統食品的認識。品味沙龍的文化行銷手腕比起一般的純商業食品展更有魅力，成果反應之熱烈，讓慢食決定，以後每兩年舉辦一次這樣的活動。

在《紅蝦》、慢食的努力之下，義大利人心中建立起一片文化風景，不再只將食物看作潮流、市場興衰、經濟起伏的一環，而是帶著新的概念框架去面對食物，以追求集體享受、社群共享為主[29]。用這樣的思維看待食物，飲食讓人們聚集在一起，重新與重要傳統建立連結，並在這個越來越忙碌的社會中，讓人能夠慢下腳步[30]。

這波運動也回應了人們對逐漸消失的食品的興趣，慢食在一九九七年發表《味覺方舟宣言》（Manifesto of the Ark of Taste）*，這份文件中建立方法辨認瀕臨消失危機的食品與農作物並提出保護這些食物的手段。一九九九年，他們組織了科學委員會來決定可納入方舟的食品評選原則，其中包括高品質的水準，與特定土地區域連結，以及與當地居民的文化習俗相關，由小型生產者限量製造，有可能消失的風險，或正在消失中。比如，美國方舟食品清單，就包含路易斯安那州的羅馬式太妃糖（Roman Taffy Candy）、華盛頓州的原生奧林匹亞牡蠣（Olympia native oysters）、加州蜜瓜（Crane Melon）。慢食組織在二〇〇〇年開始

---

* 譯注：方舟典故出自舊約聖經。古時上帝認為人類罪孽深重，想要毀滅所有的人類，只揀選了挪亞一家人，吩咐他們打造大方舟以便避難，並要挪亞找齊所有動物，所有物種雄雌成對，一併帶進方舟。方舟造好後，上帝降下大洪水，淹沒了世界，只有方舟上的挪亞一家人與動物們倖存。

頒發捍衛食品多元生態獎，以及主席團特別獎（presidia），後者用於協助與支持小型職人生產者。

二〇〇四年是慢食組織至關重要的一年，聯合國食物與農業組織在當年正式承認慢食為非營利組織。該組織也為多元食品生態設立慢食基金會，藉此支持方舟計畫、主席團特別獎與慢食獎。同年下半年，科學美食大學（University of Gastronomic Studies，也稱義大利慢食大學）於波蘭佐（Pollenzo）成立，距離組織總部普拉鎮不遠。第十五屆的味覺沙龍也是第一屆「大地之母」，活動定位為「與世界美食社群相遇」，讓上千農民與專家、大廚、文化機構聚首，討論推廣怎樣的農業模式才可保有食品多元生態，同時又能保護環境、尊重地方社群的健康與文化。

慢食讓食物回到社會、政治討論，其貢獻有目共睹，但其關切議題雖具迫切性，卻善於操作媒體、打造良好公關活動，許多人批評該組織是菁英主義。慢食組織的成員通常是中產至上流階級，他們舉辦的活動需要一定程度的可支配收入，而主席團計畫所行銷的食品又通常價格高昂[31]。

另一些批評表示，慢食是「餐飲界的盧德主義」*，認為該運動的目標是阻止全球的食物生產工業化，以保護傳統民族飲食與食品，立基純粹是意識形態的迷思，當代根本沒有所謂的破壞，也沒有危機[32]。

保護傳統與職人生產活動的價值觀，也可以被其他組織用來當作武器，讓上萬在義大利成家立業的移民飲食與傳統更加邊緣化，不過慢食從未針對這些議題表達明確的立場。遺憾的是，這

---

* 譯注：盧德運動（luddism）出現於十九世紀初，英國郊區的工人受到工業化的影響，變得更弱勢，他們以宣洩的方式報復資本家，夜間潛入工廠搗毀機器，有些地區甚至演變到對企業主施暴。這些工人被稱為盧德分子，受到當時許多左派知識分子支持。

樣的問題並不是空言恫嚇，而是正在發生，儘管對社會議題傾向進步價值的人們（包含慢食本身）並不樂見。在下一章，我們會試著評估全球化的影響，一方面討論義大利境內持續增加的外來移民，一方面探討流傳到世界各地的義大利料理。

義式料理的全球化

我們以當代人重新珍視傳統、地方身分認同作為起點來探索義大利食物，我們觀察到，這些支撐傳統或身分認同的價值觀與經驗，並不如我們所想的那麼古老、恆久不變。即使義大利人所理解的領地「territorio」觀念，也就是連結食物與產地的觀念，都是源自法文「terroir」的概念。義大利人作為歐盟成員國的公民，對於健康、安全、永續經營方面的想法與實踐，越來越無法自外於國際議題，切割成自家問題單獨討論。我們參考過去，觀察到從史前時期的義大利，食物相關的食材、原料、技術歷經轉移的過程。自始至終，多元的地理環境、自然資源、科技技術都促使人口流動、文化交流、族群貿易。古希臘殖民、羅馬帝國擴張、日耳曼部族遷徙定居、成為伊斯蘭文化圈的一環，這些僅是一小部分例子，讓我們知道義大利的飲食習俗與生產，是在參與更大的文化、經濟、政治網絡的過程中，不斷形塑而成。這些交流是互相影響的，從文藝復興開始，義大利的廚師與食品師傅不斷往外走到世界上不同的地方，也就是說，義式食物本來就是透過複雜的過程才形成今天的樣子，如今我們傾向將這種過程定義為全球化。不過，我們得審慎以對，不可輕易下定論。過去與現在之

間有許多截然不同之處，特別是以速度、變化幅度而言，如今生產食物、運輸與溝通交流的科技，進步速度越來越快。歷史學家皮爾契（Jeffrey Pilcher）指出：「二十世紀出現的『全球性的口味』所代表的並不是驟然揮別過去，而是既有跨文化連結不斷強化的結果。[1]」

以義大利食物為例，跨國移動與交流活動驟增發生於十九世紀下半葉，義大利人大量移民到其他國家，特別是北美與南美洲。義大利移民試著在異鄉創造家鄉，發展出的飲食傳統，一方面保留了濃濃的家鄉味，一方面也受到新環境影響。與此同時，義大利食材、料理流入世界各地的飲食文化中，被不同民族接受並調整。而事實上，全球化同時以各種方向在運作，來自其他地方的移民進入義大利定居，他們參與餐飲業、開餐廳，讓義大利人接觸到不同習慣的風俗、料理與食材。如同過去的歷史，表面上沒有關聯的地區，彼此之間的交流，不論明顯與否，最後形塑了飲食文化認同。

▍ 漂泊

一八八〇年代到第二次世界大戰結束之間，共有九百萬義大利人揮別母國，這個數字是全國四分之一的人口。大部分的人在一八九〇到一九二〇年代之間啟程[2]。一九〇八年時，已有一百二十萬義大利人移居美國，其中六十七％的人來自偏遠地區，但僅有六·六％的人依舊從事農業工作，表示大部分移民想要從事較有現代性的工作。與此相反的是，大約一百萬義大利人移往南美洲國家，其中六十％人口依然從事偏遠地區工作[3]。

一九〇〇年代早期，美國學者艾伯托·佩可里尼（Alberto Pecorini）斷言義大利移民在農業上前景可期。

西西里移民前往委內瑞拉。

紐奧良的馬弗列塔三明治。

我們暫且無法反駁，相較於粗放農業，義大利人極度適應集約農業……他們深愛土地，對於只能動手操作、亟需耐心的勞力工作，做起來特別好，而且他們明白如何灌溉農地，也喜歡跟別人住在一起，不喜歡獨居，並十分渴望能盡快獲得屬於自己的一小塊地[4]。

在路易斯安納的義大利人，多數為西西里人，許多人在甘蔗、棉花田工作，其他人則在城市裡做磚瓦工、鍛鐵工[5]。一些人創業做農業生意，比如紐奧良附近坦吉帕阿堂區（Tangipahoa Parish）的草莓產業，也有些人開設店鋪、餐廳、製造冰淇淋，持續發展自己的飲食風格。紐奧良傳統食物「馬弗列塔」（muffuletta）就是源自這個時期，這種麵包會撒上芝麻，做成圓餅狀三明治，內夾冷肉片、乳酪片、橄欖沙拉[6]。在加勒福尼亞的義大利移民來自熱那亞與皮埃蒙特，他們最早隨著淘金熱而來，後來在當地找到葡萄、水果栽培，以及釀造葡萄酒的工作[7]。也有些義大利移民在加勒福尼亞沿海地區定居，在漁業、罐頭產業工作，他們留下來的料理是「cioppino」，從義大利魚湯、燉菜變化而成的當地菜餚。

通常男性會先移動到外地打拚，在外存一筆錢再返鄉，或是在另一個國家有穩定工作、建立家園之後，再將家人接過去。義大利移工會盡可能將賺到的錢寄回家，許多人在食宿開銷上非常節儉，跟其他的義大利人一起住宿舍，宿舍通常由來自同鄉的當地雇主提供。剛剛到達異地的移工，很可能會受到這些企業主剝削，老闆被稱為「padrone」（主人）。隨著義大利社群成長，多了女性與孩童，對義大利食品的需求也增加了，人們特別需要橄欖油、硬質乳酪、乾燥義大利麵、罐頭番茄[8]。海外市場需求，刺激了義大利國內生產，在一九二〇年代早期，義大利的番茄製造

托斯卡尼最廣為人知的美食風景之一，經典奇揚第紅酒（Chianti Classico）地區的葡萄園。

紐約小義大利的桑樹街，一九〇〇年代早期。

廠，某部分是為了要滿足美洲移工的喜好，將番茄醬罐頭改為去皮番茄，連同番茄汁一併裝罐，稱為「pelati」。工廠發現混種番茄最適合這類製程，一直到現在依然如此，比如最有名的聖馬札諾番茄（San Marzano），現在已受到原產地命名保護，售價不菲[9]。

移工通常會跟家鄉保持密切聯繫，許多人會往返美洲、歐洲之間。第一次世界大戰結束後，為了替義大利老兵募款，出現了一些食譜小冊，如《美式廚房專用之實用義式食譜，所得用於幫助所有義大利軍人家庭》（*Practical Italian Recipes for American Kitchens Sold to Aid All the Families of Italian Soldiers*），透露出移工牽掛母國處境，也憂心戰時、戰後食物缺乏的問題[10]。隨文附上的食譜邀請讀者利用剩肉煮飯。

背景截然不同的移工住在一起，說各自的方言，有不同的飲食風俗，他們所建立出來的社群連結鮮少被記錄。美洲原住民常把義大利移民視為同種族、擁有明確特徵的單一群體。新來的移

＼ 肉醬舒芙蕾 ／

二十五克奶油　　　　　　　一大匙麵粉
五百七十毫升牛奶　　　　　一杯冷熟肉末，水煮或烤皆可
兩顆雞蛋　　　　　　　　　乳酪絲，提味用
鹽、胡椒

將奶油、麵粉、牛奶做成白醬，作法是在鍋裡融化奶油後，放入麵粉煮至起泡、出現焦色，再加入牛奶煮至滑順，放涼。在醬鍋中以一點油或牛油將肉煎至焦色後熄火，加入白醬、蛋，攪打確實，以乳酪絲、鹽巴、胡椒調味。烤模抹上奶油，撒點麵包屑，倒入醬糊後，蒸或烤一小時至凝固。搭配任何好的肉品或番茄醬食用。

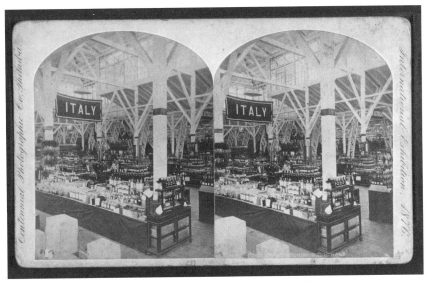

一八七六年費城百年博覽會，農業廳的義大利展。蛋白相片。

民熱愛家鄉的傳統料理，他們為了維持自己的飲食習慣，會購買進口食品，甚至在必要時自製食物。移民常常會在自家地下室養雞或豬[11]。他們也會到野地、公園、空地去採集蘑菇、蔬菜[12]。當他們成功攢錢買下一片地後，會在菜園、花園裡種植他們熟悉的植物：無花果樹、桃樹、櫻桃樹的樹蔭，遮蔽了他們家的戶外空間，一旁還會有食用香草與蔬菜[13]。在美國，社工曾評論義大利移民攝取的肉或乳製品不足，當時文化認為這兩者是對做粗活的勞工最好的營養來源[14]。他們的飲食習慣受到嘲弄，衍生出刻板印象，還有針對義大利人的謾罵之詞[15]。

　　隨著義大利移工可支配所得增加，他們攝取的食物量變多，買進更貴的進口義大利商品，當地的飲食沒有改變他們。以往只有節慶或特殊場合才會吃的料理，尤其是有肉的菜色，現在一般家裡每天都吃得到，連小型義大利餐館的菜單上都出現了這樣的改變。雖然義大利人鍾情家鄉味，他們也會利用移居地的當地食

材。在家鄉很少有機會吃到的肉類,分量變得巨大,很快成為主人打拚有成,豐衣足食的象徵。移居巴西、阿根廷的義大利人,會將自己在吃南美洲烤肉「churrasco」、「asado」的照片寄給家鄉的親戚,甚至會在信中抱怨吃了太多肉[16]。義大利工人在美國大啖牛排的故事或經歷流傳太廣,甚至讓義大利南部的地主擔心這些傳言會讓更多工人決定離開[17]。移工難免需要以新大陸的食物來取代部分的飲食,新舊大陸的食材、風格交流激盪,催生了精彩獨特的料理[18]。有些飲食習慣由於環境允許,維持原樣,比如烹飪時喜歡以香草增香(還有大蒜)、喝咖啡等[19]。

食物變成對義大利移民而言最重要文化身分認同元素[20]。週日晚餐成為族群身分的標誌:家人朋友聚首,一齊享用豐盛、氣氛悠閒的大餐,在母國只有富人才能負擔這樣的生活方式。在美國的移工家庭有能力建造自己的房子時,通常會設置兩間廚房,樓下廚房用於日常烹飪,樓上另有一間,只有招待賓客的特殊場合才會使用。兩間廚房明確標示了私人家庭空間與公共區域,前者偏向移工家鄉的傳統飲食,後者則融入了當地文化[21]。

不只有家庭私人空間出現了新的飲食文化,部分移工到了新的國家後,選擇經營餐飲為業。一開始他們在食物物流系統中找到自己的位置,在街上叫賣蔬果,大部分是在自己的社區,累積了一些資金後,他們會經營雜貨鋪、專賣店,以及小型餐廳,一開始主要服務義大利人,後來這些地方成為大批義大利移民聚會的場所,而且能吸引當地顧客,在慵懶的氛圍中享受廉價的異國料理。

義大利移民潮在法西斯政策限制之下,短暫停滯了一陣子,第二次世界大戰結束後,人數再度上升,移工常在其他歐洲國家之間移動,比如德國、瑞士、法國、比利時,這些國家遭到戰爭破壞後,需要廉價勞工將生產系統推回正軌。這些國家跟

一九〇六年麥尼遜街的景象。當時這一區住著大量的西西里移民。

大約一九〇〇年時的紐約桑樹街上的義大利市集。

義大利政府簽訂協議，政府以勞工來交換煤炭，以及重建國家需要的原物料[22]。一九五六年，比利時馬辛涅（Marcinelle），發生了礦坑意外，造成一百三十六名義大利工人死亡，事故之後，移民潮趨緩但人數依然可觀，直到一九七〇年代中期，北歐工業由於一九七三年的石油危機萎縮，移民潮才停滯。一九五〇到六〇年代間，義大利食鋪鑲入德國城市景觀，繼義式冰淇淋店（gelaterie）之後，義式餐廳、披薩鋪如雨後春筍冒出[23]。在英國，義式咖啡廳風靡一時，直到一九六〇年代才退潮，而一九九〇年代中期又重新流行起來[24]。

世界各地的義大利食品

我們在第一章討論過，義大利料理在世界各地都很流行，義大利食品出口至全球各地，年輕義大利廚師也到國外工作，其他國家的實習廚師會特地到義大利學習地方料理手法，再回國開義式餐廳，即使像日本、韓國這麼遠的地方也是。舉例而言，在日本，義大利料理正在取代法式料理，成為消費者心中的第一名，披薩店中的製作師傅（pizzaioli）包含日、義兩籍[26]。二〇〇五至二〇〇八年連載的漫畫《料理新人王》（Bambino!）就以日本廚師愛上義式料理為主題，描述年輕男子在東京一家虛構的義式餐廳了解義大利料理的過程。日本發展出屬於有自己風格的和風義大利麵，出現在餐廳與日常家庭料理中。從我們附上的食譜中可以看到，日本人以日式醬汁來調味義大利麵，也會搭配日式食材，比如味噌、麻油、海帶、各種泡菜[27]。

義式食物的風潮也成為義大利食品產業的商機。部分大型義式食品公司已經成為國外市場的知名品牌，比如百味來、費列羅、堡康利。

＼ 和風柚子胡椒醬義大利麵 ／
（Wafu Pasta with Yuzukosho Sauce）

四人份
二百二十五克義大利長麵（日式包裝的分量比其他國家少）
二百二十五克茄子
一百一〇克鴻禧菇（東亞品種蘑菇，味道鮮美）
一瓣大蒜（切碎）
二大匙橄欖油
一茶匙柚子胡椒醬（發酵柚子皮、辣椒、鹽製成的醬料）
四大匙清酒
四大匙醬油
三十克奶油
五、六片紫蘇葉（學名：Perilla frutescens）

　　茄子切成半吋長的片狀，泡在鹽水裡五分鐘去除苦味，再把每片茄子裡的鹽水輕輕擠出來。

　　在鍋中倒入兩大匙橄欖油，加入大蒜，開小火煎至大蒜微微出現焦色，加入茄子片，繼續用小火煎到茄子轉焦色、變軟，再加入鴻禧菇煮一分鐘，然後倒四大匙清酒入鍋，煎到酒精蒸發。

　　同時，加熱一大鍋鹽水煮義大利麵。

　　清洗紫蘇葉，以廚房紙巾擦乾。將紫蘇捲起來，切成細絲，最後提味用。

　　當義大利麵煮到將近彈牙時，在有茄子、鴻禧菇的鍋中加入兩大匙煮麵水、兩大匙醬油、一小匙柚子胡椒醬，熄火。瀝乾義大利麵，加入醬料與配料中，加入奶油，攪拌均勻。撒上紫蘇即完成[25]。

約一九〇〇年的紐約，桑樹街上的義大利麵包小販。

　　中小型的食品製造商、酒廠卯足全力外銷產品，不過結果成果見仁見智。食品產業的行銷手法強調的不只是品質、道地，還會將自家產品化作某種生活風格的象徵[28]。

　　義大利本土食品企業在外銷上最大的競爭者，是海外移民推出的當地版本，跟進口義大利食品相比價格偏低，產品涵蓋義大利麵、罐裝番茄、乳酪等。海外的義式食品製造業大約在二十世紀前半葉興起，美國有不少有趣的案例，不過同樣的情況可以在任何有大量義大利移民的地方發生，從加拿大到澳洲皆然。一九二〇年代晚期，美國克利夫蘭（Cleveland）一家義式餐廳的老闆皮亞翠薩（Ettore Boiardi di Piacenza）以「波亞迪大廚」（Chef Boyardee）為品牌名稱，販售包裝義大利麵、番茄醬、乳酪絲，並推出罐裝義大利麵[29]。那個年代創立的海外義式食品公司，有

和風義大利麵，摘自《美食旅行家八八》（*Gourmet Traveler 88*），二〇一〇年。

些至今依然活躍，比如農人牌（La Contadina）番茄醬、羅佐尼（Ronzoni）義大利麵。

　　海外在地生產的義式食品價格較便宜，不只是因為少了關稅成本，也因為他們大多引進現代化製造技術，且因消費者市場較大，以規模經濟獲利。

　　一九三五年，國際聯盟對義大利實施出口禁令，再加上第二次世界大戰中，義大利國內生產體系全面崩潰，使海外義式食品製造商迅速崛起。披薩是最好的例子，我們所知文獻記載中，首度提到美國披薩鋪的是隆巴迪披薩鋪（Lombardi's），一九〇五年在紐約市開幕。芝加哥的「披薩一號鋪」（Pizzeria Uno）在一九四三年發明了厚底披薩，這間連鎖披薩店如今依然生意興隆[30]。美國在一九五〇年代開始大量製造冷凍披薩，並在一九六

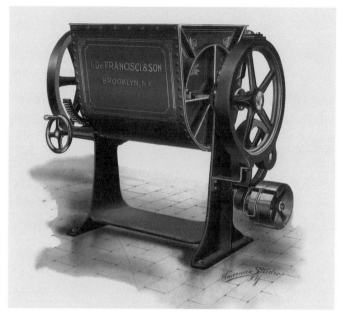

工業用義大利麵團攪拌機，紐約布魯克林，一九一四年。

○年代間將其推廣到世界其他地區。

　　至於什麼可以被認可為「義大利」食品，是個敏感的話題。外國食品利用「義大利」的標籤來行銷，或是以外國原料製成的義大利食品，都一樣有爭議。義大利政府支持推廣「義大利製造」的食品，但要市場導入適當的標籤系統，則是一番混戰。首先，世界各地有不同的商標權、版權法規，再者，小型的義大利公司往往缺乏有效的行銷策略、不了解國際物流運作體系，讓海外各地的競爭者得以輕鬆進攻高價位的進口義大利商品市場。舉例而言，義大利食品雖然在中國廣受歡迎，義大利企業卻受限於資源，難以突破其複雜的市場[31]。

　　世界各地也廣泛出現以義大利為主題的餐廳，利用義大利文化特質來打造與眾不同的品牌，成立休閒餐飲集團。義式食品相關的國際連鎖企業，在行銷上為了突破大眾對大量製造商品的既

定印象，試圖以義大利文化刻板印象為主軸，創造出新的正面形象，行銷強調家庭價值、傳統、共餐、溫馨且富有生命力[32]。餐飲集團文化曾努力讓大眾覺得吃什麼都沒太大差別，現在又反過來宣傳義式主題餐廳的獨特性，編織懷舊情感，力推新鮮、道地、職人技術，有時候也利用人們懷念往昔甜美舊日時光的心情。

到世界各地工作的義大利廚師，企圖推翻這些餐飲財團所打造出來的文化氛圍。二○一○年，義大利廚師虛擬團（Virtual Group of Italian Chefs）將每年一月十七日定為國際義式料理節（International Day of Italian Cuisines，強調複數，暗示義式食物包羅萬象），目的是維護義式料理的文化認同並向義式餐飲專業工作者致敬。

該團體提倡「以席捲全球、難以抗拒的波隆那義大利麵，支持道地、有品質的義式料理，對抗世界各地的山寨義大利料理、食品」[33]。該組織也在同一年舉辦「第一屆義式料理高峰會」，與會廚師來自世界各地。

義大利食品與特產，在世界各地越來越受歡迎，熱銷讓商業價值水漲船高，義大利的製造商也必須開始面對山寨與模仿商品，挺身捍衛自家產品。不是所有的國家都像歐盟一樣採用原產地標示保護模式，或者特別立法規範產業運作，大型市場如美國、加拿大、南非、澳洲等，就放任私有商標註冊，視為商業自由，且認為可以保障投資與創新。

在美國，集團商標（Collective Marks）、證明標章（Certification Marks）的所有人可以是外國官方單位，這兩者也是義大利製造商在其他不主動承認歐盟地理標示認證的地區做生意時，最常使用的法律工具。舉例來說，經典奇揚第紅酒廠共同註冊的集團商標是「經典奇揚第紅酒協會」（Chianti Classico Consorzio Vino Chianti Classico），並帶有義大利歷史悠久的傳

經典奇揚第釀酒協會的黑公雞標誌。

統視覺象徵「黑公雞」設計圖像，但由於美國加州的加洛紅酒廠（Gallo Winery）提起訴訟，該協會不能使用「黑公雞」（Gallo Nero）一詞。帕瑪火腿、帕瑪森乾酪的製造商協會則為其產品註冊團體商標。

▌食品糾察隊

維護地方傳統食品的政策或能限制全球化帶來的衝擊，並確保食物多元性，但也能用來煽動排外主義。食物可以讓人與文化聚在一起，也可能成為隔閡。不同的時期，義大利種族主義會藉由食物在地方政治上發揮影響力。一九八九年，北方聯盟黨（Lega Nord）成立，提倡財政體系聯邦化以及地區自治，使義大利的南北矛盾白熱化。該政黨最初是北義地方政黨組織在中部、

南部競選時出現的友軍勢力，他們在崛起過程中接收了大量的選民[34]。該黨指控中央政府效率低落、貪腐盛行，且濫用北方人的創業精神、敬業精神與財力，他們貶稱首都為「賊頭羅馬」（Roma Ladrona），全國民眾不滿現狀的情緒有了出口，認為國家腐敗又短視近利。該黨主張帕達尼亞（Padania）與義大利其他地區的文化本來就不同，前者位於波河平原周邊以北，古時為塞爾特人的勢力範圍，後者在歷史上則受羅馬統治影響。研究塞爾特文化的專家諾拉‧卡德維奇（Nora Chadwick）注意到：

二十世紀依然受到人造的塞爾特神話影響……政治家、跨國企業濫用「塞爾特」，該詞淪為歐洲統一性的修辭。上述都不是出於絕望的呼喊，歷史存在於觀看者的眼中，「塞爾特」一詞在不同時代有了不同的詮釋方式，讓現實處境變得更加豐富，而我們究竟有多靠近所謂的現實，值得商榷[35]。

此外，人類學家麥可‧迪特勒（Michael Dietler）認為，塞爾特文化遺產在歐洲許多地區重新受到重視，成為塑造意識形態的要素，人們提到塞爾特身分認同時，多半帶有澎湃的情感，用以推廣「泛歐洲合一性。歐洲人作為一個群體的概念逐漸成形，成員國內醞釀出國族主義，區域對國家霸權的抵抗，形成泛歐洲的整合框架」[36]。

北方聯盟也挑明大量移民所帶來的危險，特別針對未合法註冊的移民。由於食物在義大利文化佔有重要地位，我們不難理解，上述政治問題放到人們的討論中，常被限縮在食物相關的有形議題下。二〇〇四年，北方聯盟黨員在柯摩（Como）舉行示威，現場發放的玉米糊（polenta，以玉米粉煮成的粥，詞源為古羅馬的小麥雜糧粥）重達三十六公斤，拌入當地乳酪與奶油，分送給路

＼ 全球市場食品大戰 ／

　　美國及其他重要工業國家採用的商標法模式，保護農產品、食品
的商標主要有三種。第一種是商標，產品「發明人」可藉此申請得到
私人所有權並聲張其權利，商標可視為商業資產，被售出或購得。商
標通常用來保護產品名稱，比如「可口可樂」，但是基本食物或食品
名稱不可用於申請商標權，因為申請人不得以食品通用名稱來聲張商
品所有權。

　　團體商標適用於以特定地理名稱認證產品原生產地。在美國，需
向美國專利商標局（United States Patent and Trade Office）申請註
冊團體商標，申請人須為協會、委員會或任何可監管商標品質之團體
單位。跟商標不同的地方在於，公司行號不得獨自申請團體商標所有
權。

　　最後是證明標章，其所有權屬於特定認證單位，而非生產製造
商。使用證明標章者，須達到認證機構所設立之標準。凡達標之商品，
皆可使用該證明標章，非特定公司行號、協會專用。證明標章的使用

芳提娜乳酪（Fontina），最常見的義式乳酪認證標章之一。

範例如「佛州柑橙」（Florida Citrus），此證明標章屬於佛羅里達州柑橙局（State of Florida's Department of Citrus）所有；而「維達利亞洋蔥」（Vidalia Onions）證明標章則屬於喬治亞州農業局（State of Georgia's Department of Agriculture）所有。

　　所有的原產地標示都受到世界貿易組織所定「貿易相關智慧財產權協定」（Agreement on Trade-Related Aspects of Intellectual Property Rights）中第二十二條保護，不過該協定的第二十三條，針對葡萄酒與烈酒提供更高等級的保護，舉例而言，產品地理位置標示不可加上「種類」、「款式」、「風格」、「模仿」等詞彙，或類似措辭。也就是說，一款紅酒的產品名稱不可以加上「經典奇揚第風格」，但一款乳酪若自稱「芳提娜式乳酪」則沒關係（芳提娜為義大利北方一地）。不過，歐洲已經立法禁止這種做法了：英國、德國製造的乳酪不可冠用義大利原文「parmigiano」（帕瑪森的）名稱，也不允許使用「帕瑪森」、「帕瑪森式」等名稱，因為這個詞彙長久以來被認定是指稱出自艾米里亞羅馬涅的食品。

人，以提醒民眾他們的文化根源，強調傳統料理在文化與情感上的價值。這道料理過往是窮人賴以維生的主食[37]。而地方餐廳若有一丁點使用非當地食材的嫌疑，就會招來媒體爆料[38]。某程度而言，玉米粥象徵著對抗外來文化滲透的傳統飲食風俗。

　　食物除了象徵意義，也在義大利政策中被廣泛討論。二〇〇九年春天，托斯卡尼的路卡市（Lucca）議會通過法案禁止位於市中心舊城區的任何商店販售土耳其旋轉烤肉、速食、其他非義大利或非傳統食物，彭博社的記者法拉里亞·克勞斯傑克森（Flavia Krause-Jackson）筆下的觀察報導直言不諱：「打著捍衛飲食傳統、保存正統社會之結構、建築、文化、歷史的大旗，任何帶有其他種族淵源的商業活動營運，不被允許。[39]」當地政策希望能確保觀光客到這裡的時候，所見、所聞、所食，皆是預期中的百年古

城。傳統餐飲應該帶來的，是一種經過控管、沒有威脅性的「義大利風情」體驗，而非在世界上任何其他地方都可以看到的全球化、後現代式的食物拼盤。

無獨有偶，二〇〇九年倫巴底地區政府決議，半夜一點後，除了正式餐廳，不可提供食物，排除的不只是土耳其旋轉烤肉，也包含披薩、冰淇淋，以遏止夜間有人在店家外閒晃，並維持公眾安寧。反對黨自然會將這類法規禁令看成是北方聯盟黨的陰謀再度得逞，承受破壞的餐飲業多半不是義大利人經營的店家[40]。

貝魯斯柯尼執政時，出身北聯黨的盧卡‧札亞（Luca Zaia）先後擔任農業部長、維內托地區行政首長，食物相關的政策拉鋸戰上，常常可以看到他的身影。他提議與麥當勞合作，在義大利市場推出「麥大利三明治」（McItaly），食材選用義大利麵包、肉品、艾斯阿格半硬質乾酪（Asiago）、洋薊抹醬。此言一出，立刻引起軒然大波。新款三明治的理念是針對喜歡速食的年輕人行銷義式口味，同時確保麥當勞使用義大利產品。《衛報》「口口相傳」（Word of Mouth）專欄作家馬修‧福特（Matthew Fort）對此嚴詞批評，指控札亞先生投機取巧，並不尊重他口口聲聲說要維繫的傳統[41]。隔天，札亞部長以公開信回擊，表示自己與支持他的群眾矢志成為「現代耶穌會士」，要來向左派那些從來沒有實作苦幹的「無神論者」「傳福音」。

「我們這種人認為，品質不是菁英消費者的奢侈品，而是人人都該擁有的權益，我們為此而奮鬥，而他們，就是那種上一秒重砲攻擊我們，下一秒就拿著大把鈔票去超市『有機食品區』採購，也不會覺得良心有愧的人。[42]」

這番言論，就連慢食創辦者卡洛‧帕崔尼也覺得有些過火，在此之前他與札亞部長在檯面上維持友好陣營的關係，合作保護義大利食品受到全球化影響，一同推動基改體食品標準化。幾天

後，帕崔尼在《共和報》（La Repubblica）上發表反對文章，指出部長論述中最弱的幾點質疑，且說明就算超市賣的商品有義大利原產地認證標章，也不能確保製造商有合理的收益。此外，帕崔尼認為，企圖在文化認同上將義大利口味「全球化」，長遠看來，實際上反而讓它有消失的風險。帕崔尼把北聯成員非常熟悉的論點拿來反擊北聯：

> 味覺品味，就像「身分」，只有在差異存在時，才有其價值，因為它的價值就是辨別異處。事實上，我們大可以說，義大利人在味覺品味上的身分認同並不存在──說到這裡，那些發明麥大利的人可以放心了──因為義大利有成千上萬種的身分認同[43]。

在麥大利爭議事件過後，麥當勞依然不放棄利用義式飲食傳統，二〇一一年十月，該公司與大廚瓜提耶洛·馬切西（Gualtiero Marchesi）合作，新推出兩款以音樂術語命名的三明治，「慢板」、「朝氣板」。慢板三明治的食材包含茄子慕斯、番茄片、酸甜茄子、牛肉漢堡排、鹽味瑞可達乳酪；朝氣板三明治則有培根、炒菠菜、漬洋蔥、牛肉漢堡排與芥末籽蛋黃醬。馬切西名氣響亮，被視為當代義大利高檔餐飲之父，他在新品發表會上表示：

> 就像人生，料理的進步是一陣行、一陣停，當你將目光放遠，把以前與以後拿來比較，你會明白，改變總是突如其來，你早就落在後頭了。就像我把新浪潮料理引進義大利時，我的做法是觀察年輕人的生活，不帶成見，他們在哪吃飯、吃什麼東西？這些是我決定跟麥當勞合作之前，思考的幾個簡單問題[44]。

北聯與慢食都點出，地方身分認同、傳統的演變與保護問

題，是重要的政治議題，食品製造也包含在內。不過，慢食將這些主題當作推動多元文化主義、全球多樣性的核心理念，而北方聯盟則將這些議題的核心放在地方優先、排除外來者、地區自治。札亞先生在政府機關任職後，出版《改造大地──免於饑荒》（*Adottare la terra per non morire di fame*，二○一○年），書中觀點和緩許多。他強調，我們需要「在『保加利亞與羅馬尼亞農民』的競爭之下，保護『古老且精緻』的義大利農業，不受『盲目且意識形態至上的全球化主義』侵害」[45]。不過，他強調自己的論點並非種族歧視，南歐農業確實是由「上百年的辛勞、汗水、研究、投資、不斷調整的常規」所累積而來[46]。以他看來，北方聯盟提倡的聯邦制是種「在差異中邁向友誼的文化體質」[47]。他呼籲：「農業體制扎根於身分認同，不能從自己的歷史中被剝除」，重視時節、在地優先的農業體系，所以他在二○○八年贊同「抵制鳳梨」的風潮，呼籲人民不要在聖誕假期購買鳳梨或智利櫻桃。這位前部長的言行，透露食物議題在義大利政治圈舉足輕重，也能釀成撕裂社會的危機。

▍引人深思的拿坡里披薩

義式傳統料理陣容堅強，令人眼花撩亂，近年來的話題主角是披薩，或許是因為它擁有的地位經典不凡。披薩緣起於義大利，傳到世界上許多地方後不斷被神化，以至於我們現在可以說，披薩是世界食物，有許多地方版本[48]。披薩上的佐料、麵團、餅皮厚度、烘烤方式在世界上有各種作法，速食披薩連鎖餐廳大受歡迎，也是其中的因素之一。

這些發展自然也讓那不勒斯*的披薩師傅受到不小的挑戰，他們團結進行遊說，希望能在國際上有能見度，並鞏固義大利在披薩產業的優越性。

二〇一〇年二月，正宗拿坡里披薩協會（Associazione Verace Pizza Napoletana）、拿坡里披薩師傅協會（Associazione Pizzaiuoli Napoletani）以「拿坡里披薩」（pizza napoletana）獲歐盟傳統特產保護制度（Traditional Specialty Guaranteed，簡稱TSG認證）認可其地位。根據規範，只有三種披薩可以稱為正宗拿坡里披薩：水手披薩（marinara，食材為番茄、奧勒岡香草、大蒜、橄欖油）、瑪格麗塔披薩（margherita，食材為番茄、莫札瑞拉乳酪、羅勒、橄欖油）、瑪格麗塔加料披薩（margherita extra，食材多加上小番茄），該認證對拿坡里披薩的規範不只包含食材與烹飪手法，連感官元素都有明文規定。

受到認證的拿坡里披薩跟其他披薩的差異在於，邊緣餅皮必須比中間高，且帶有來自烤箱的金黃色澤，披薩摸起來、吃起來質地柔軟，中間的裝飾佐料看起來主要呈現番茄紅，且油脂混合均勻完美，佐料其餘顏色視食材而定，可能是奧勒岡的綠、大蒜的白；或莫札瑞拉乳酪片的白，乳酪之間的間距可能要稍寬或稍緊，搭配羅勒葉的綠，視烘烤時間顏色或淺或深……。烤完的披薩散發的香氣極具特色，讓人食指大動，番茄在烘烤之後，去除多餘的水分，形狀依然完整、質地緊實；餅皮上鋪的是「受原產地命名保護制度認證之莫札瑞拉水牛乳酪」（Mozzarella di Bufala Campana DOP）或「受傳統特產保護制度認證之莫札瑞拉乳酪」（Mozzarella STG），經烘烤後融化在披薩上；大蒜、奧勒岡散發出濃郁香氣，不得呈現焦色[49]。

---

* 譯注：那不勒斯、拿坡里是同一個地名，前者是譯自英語，後者是譯自義語。

理論上，世界上所有的披薩師傅只有在遵循傳統特產保護規範時，才能合法稱自家產品為「拿坡里披薩」，但實務上，不論是那不勒斯這兩個披薩協會，還是義大利政府或歐盟，都不太可能投下大筆資金來進行追蹤，研究確保世界上沒有任何違法情形。爭取認證一部分是為了推廣義大利食品：人們製作披薩時，理應使用這些受到保護認證的產品。不過，由於規範並沒有指名多數食材的產地，主要也強調製作過程與最後成品，這個認證的訴求也在於忠於國族情感，反對全球化的口味，強調學成出師的拿坡里披薩師傅其文化地位與傳統技術之價值。

有了歐盟傳統特產保護制度的認證地位，披薩得以成為義式食品之代表，不可或缺，還可大方宣傳。不過，以這樣的角度看披薩，抹除了全球化在披薩製造上的多個面向，或至少可說是視而不見。在義大利的許多披薩店，製作披薩的人是移民，反映餐飲業雇用大量外籍勞工的現狀。

二〇〇八年，紐約《時代》雜誌報導指出，義大利部分最高檔、生意最好的餐廳所雇用的廚師來自外國，如印度、突尼西亞、約旦，而大多數的顧客覺得，只要他們願意按照方法煮出義式料理，這並沒什麼問題[50]。攝影師馬可・戴洛古（Marco Delogu）、麥可・迪安瑞斯（Michele de Andreis）舉辦了一場攝影展，主題是在義大利工作的外籍廚師，顯示出移民在義大利的專業廚房裡，並不只是負責洗碗、擦桌子，他們也掌廚。該攝影展明顯有引戰的意味，展出的專業工作者人像照特意選擇出身阿爾巴尼亞、摩洛哥、孟加拉等國家的男男女女，來呈現義式餐飲的新面貌[51]。戴洛古常藉由作品討論公眾議題，他也曾拍攝移工牧羊人的肖像，他們住在馬雷瑪、羅馬南方彭提諾沼澤一帶，該地區是莫札瑞拉水牛乳酪的重要產地，這些作品在二〇〇七年時集結展出，並於二〇〇九年出版成冊[52]。義大利饕客也留意到這個趨勢，他們有

時也歡迎外籍廚師在餐飲作品中展現家鄉的傳統飲食。權威義式料理美食雜誌《紅蝦》曾專文介紹羅馬的皮涅托社區,這一區是首都東市郊最貧困的區域,直到近幾年才好轉,在迅速中產階級化後,搖身一變成為民族風餐廳與夜生活的匯集地[53]。

並非所有的披薩食材都屬於義大利。研究指出,由於氣候變遷,義大利將無法維持現今的小麥產量,更別說現在的產量已是供不應求[54]。由於義大利人大量消耗麵包與義大利麵,義大利的小麥進口量佔歐盟進口總量的八十%[55]。世上最大的義大利麵製造商,百味來,其小麥原料來自美國、加拿大、東歐等地[56]。

若我們沿著披薩生產線一路追蹤,會發現照顧生產莫札瑞拉乳酪水牛的牧羊人是移工,採番茄的工人,也是非洲移工,而且通常沒有合法登記身分,他們採的番茄包含知名品種聖馬札羅番

瑪格麗塔披薩。

為義大利農業工作的移工通常受到剝削，被迫生活在困苦的環境中。

茄，多用於製造披薩醬料。多年來，義大利農場在收穫季節雇用
的移工，有的合法登記，但也有不具登記證明的移工。根據義大
利全國農民協會（Coldiretti）的資料，二〇一〇年義大利農場上，
來自歐盟以外國家、合法登記的移工共有九萬名，其中一萬五千
人持有長期合約[57]。義大利人多年來持續忽略移工對食物生產鏈
的貢獻。

　　不過，二〇一〇年一月，此議題終於在卡拉布里亞引爆出社
會事件。未依法登記農場移工長期困在不人道的居住環境，薪
資低落又受到當地犯罪組織「光榮會」（ndrangheta，卡拉布里亞
黑手黨）的「保護費」勒索，受到排外主義的突襲檢查刺激後，
引發一場暴動[58]。這場反抗行動變成紀錄片《綠血》（Il sangue
verde）的主題，在當年威尼斯影展放映。

義大利的民族風味餐廳

比起在食物生產系統裡賣命的移工，在物流、餐廳產業工作的移工存在感更強一點。民族風味餐廳是相對新鮮的現象，一開始只有大都會中心才存在，但也漸漸延伸到較小的市鎮中。一九七〇年代以前，除了鄰近的北非、中東人，很少移民會選擇來義大利開創新生活。這些移工多數是穆斯林，很少有管道在義大利買到符合伊斯蘭教義規範的清真（hala）肉品，不過他們可以在符合猶太教規的猶太商家買到需要的食物。如今伊斯蘭族群增加，也在義大利建立起穩定生活，清真肉鋪隨之增加，大城市尤其如此 [59]。

一九八〇年代，大批華人移民湧入義大利，從此義大利開始出現來自世界各地的移民：南亞、菲律賓、南美洲、非洲多國（尤其是與義大利殖民史有關的國家，如衣索比亞、厄立垂亞、索馬利亞）。柏林圍牆倒塌後，東歐國家的人民也慢慢在義大利累積成數量可觀的社群。一九九〇年代中期，大量的阿爾巴尼亞人擠上一艘艘的小船，橫渡亞得里亞海來到義大利，沉船事故時有所聞，義大利人也發現國家的人口組成正在變化。雖然與其他歐洲國家相比，義大利的外籍居民比例算是非常低，但義大利卻出現越來越強烈的排外主義，普遍害怕失去身分認同。然而，移民社群已成為生活中的現實。年輕學子會在學校認識有不同飲食習慣的同學，義大利寶寶的奶媽來自遙遠的異國，還有照護員（badanti），義大利的高齡人口不斷成長，這些人通常與老年人同住、替他們煮飯。我們沒辦法精算這些日常交流、同居生活將會帶來的文化影響，但文化之間的互動，很可能會在往後的義式餐飲風俗中留下痕跡。

除了像米蘭、杜林、羅馬這樣的大城市，移民社群通常規模

不足以支撐單賣民族風格食物的小鋪，不過，販售異國食品的攤販、商家，比起以前較為常見。中式雜貨店最常見，原因有很多：華人移民社群非常大（比如，托斯卡尼地區普拉多市〔Prato〕的華人移民經營當地的皮革、布料產業），而且他們非常在意自己的傳統，包含飲食習慣（至少第一代移民如此）。中式餐館變成市容的一部分，出現在古城區和大城市的市郊，中式食品、食材需求增加。中式餐廳價格絕對便宜，氣氛閒散，又可以嚐鮮，成為酒吧或披薩鋪之外，義大利人負擔得起又會想去的地方，對年輕一代人尤其如此。不過，一般認為中式餐館的地位不如其他的民族料理，比如日式或中東料理。[60]

　　中式餐廳絕對是義大利最多也最容易看到的民俗風餐廳，他們也提供新來的華人移工就業機會。由於餐廳由華人所有、華人經營，新來的勞工不需要會講義大利語，再者，餐廳提供食宿，對薪資微薄的員工而言十分必要。餐廳廚師背景複雜，並未受過專業訓練，中式餐館的食物平均水準較低。但這似乎無礙華人移民到義大利的廚房來試試手氣，他們知道，沒幾個義大利人知道中式料理在母國吃起來究竟應該如何。中式料理豐富、精妙之處，以及地區差異性，在義大利的中式餐館裡幾乎被簡化成單一的大雜燴，不論去到哪家，菜單都差不多，只要廚房煮起來簡單、客人感覺有異國風情就好。華人廚師調整作法，摸索出成本不高又合義大利人的口味的菜色，上門的義大利顧客會期待上菜速度又快又穩，也不介意廚房使用預先煮好或冷凍的食材，比如餃類、春捲、海鮮等。中式雜貨店、超市也會賣這些包裝食品，還有大包裝的米、麵、香腸、乾燥蔬菜，不過對一般義大利人而言，這些店家商品陳設的方式往往讓人摸不清頭緒。

　　義大利的中式餐館為了適應義大利人的口味和用餐習慣，改變了傳統的餐點結構。菜單上的開胃菜有各種廣式小點心、春捲、

越南式冷春捲、餃類（水餃、蒸餃、煎餃）；菜單上的「primi」概念來自義式料理第一道餐「primo」，可以選擇的包含湯品、麵食、飯類；再來的「secondi」類則以蛋白質類為主：雞肉、牛肉、豬肉、魚類、其他海鮮（通常為蝦）。義大利人不介意菜裡出現完整的魚（也就是含有骨頭、魚頭、魚尾。）*，所以中式餐館不必改變他們料理魚的方式。佐餐小菜「contorni」包含以蛋、豆腐為主的小菜，當然也有蔬菜，通常蒸或煎熟。在義大利的中式餐館中，「secondi」、「contorni」列出的菜色是一人份，而不是跟中國一樣夠一整桌的人吃。飯後點心在中式料理中幾乎不存在，菜單上改放一些新奇料理，比如炸水果、炸冰淇淋，還有異國水果，比如荔枝（通常是罐頭水果，不論當時市場上能不能買得到新鮮荔枝）。飯後，客人可以喝點甜酒，義大利人傳統會喝阿馬羅酒（一種餐後苦味草本利口酒）、格拉帕酒（grappa，又譯義大利白蘭地、渣釀白蘭地，利用釀酒時壓榨後的葡萄渣製作）。義大利中式菜單上沒有美國中餐館特有的幸運籤餅，至少現在還沒出現。餐桌上有時會擺設碗筷，不過通常會收起來，客人有需求再向侍者要求。

　　中餐館在義大利經過了幾年的調整、文化磨合，大致上似乎讓義大利人接受了他們鬆散的服務、俗豔的裝潢、低廉的價格，願意走進中餐館的人變多，餐館也為義大利人打造出一套熟悉的菜色。不過，二〇〇三年，由於SARS疫情，義大利人曾短暫地避開中式餐館，許多餐館差點被迫歇業，餐館老闆為了招攬生意，紛紛搬出各種花招：有些店家安裝計次付費的衛星電視，讓客人可以看球賽；有些店家增加販售披薩、其他義大利食品，提供價格一致的廉價食物。隨著疫情結束，多數餐館回歸正常營業狀態，不過不少餐館繼續沿用疫情時提供的新服務。

---

* 譯注：許多西餐會去除這些部分，只有魚肉能用來上菜。

哥里加（Gorizia）
的中式餐館。

　　新一代的人氣餐廳打破了現狀，這些餐廳多由義大利人經營，
他們提供混搭風格的料理，搭配現代感十足的氛圍，以裝潢設計、
音樂、酒精飲料吸引顧客，他們的顧客群自然完全不同：中式餐
館對於不想花大錢吃飯的人來說，當然是首選，不過這些潮流餐
服務的客群手頭寬裕，也比較講究生活品味。義大利大廚們探索
特殊食材的運用方式與烹飪手法，年輕的餐飲工作者不只品嚐周
邊的民俗餐廳，還會大量旅行，了解外國餐飲習俗，他們也會去
認識世界各地的廚師，交換食譜、技巧，甚至在正式會議上交流。

　　面對餐廳新潮流，媒體、愛好美食的民眾顯得興致勃勃，促

使餐飲界發展出兼容並蓄的樣貌，這在幾年之前還不是常態，如今烹飪學校開設壽司課程、墨西哥料理工作坊，出版商行銷民俗風食譜書，不過，大多數義大利人在更加了解外國料理的同時，依舊熱愛、自傲於義式傳統。全球化的影響在每個人身上都不一樣，依據文化資本、財務狀況、個人經歷與興趣、社會環境與資源，以複雜的形式展現變化。檢視個人偏好與習慣的同時，也應該一併觀察更大的經濟框架、政治局勢之變化。

幾十年之前，義大利人還不認識奇異果，現在這個國家是世界最大的奇異果產地之一。二十世紀初，包括特定地區在內，僅有少數義大利人熟悉披薩，如今披薩已席捲全世界。生肉薄片（carpaccio）、義式燉飯（risotto）不再是只有美食家才了解的術語。一如歷史上一再發生的過程，義大利的食物受到世界上其他地方的影響，參與貿易商業、專業工作者的交流網絡，也因其改變。我們很難預知未來，不過，我們敢大膽地說，企圖把義式料理自外於世界的任何保護手段，成功機會渺茫。是什麼讓食物更有義大利風味呢？是老祖母的義式蔬菜濃湯麵（minestrone），還是新科大廚的味噌湯實驗料理？在維繫傳統習俗、料理、食材的渴望，與歷史上無法抗衡的現實與變革之間，義大利人將如何取捨，只有時間才能告訴我們。

由城鎮和地區組成的國家：
義大利人的歸屬感

　　怎麼還在講披薩？也太跟不上時代了吧……現在流行指名拿坡里披薩、羅馬風披薩、阿普里亞披薩。義大利麵？太單調了吧！何不試試手工貓耳麵（orecchiette）或短捲麵（strozzapreti，直譯為「掐死牧師麵」）？由於消費者對於美食越來越講究，追求新鮮之外，他們也希望能吸收餐飲知識、表現自己的文化水準，所以餐廳如果單純主打「義式」，會讓人覺得老掉牙，或不太「道地」。老練的食客會自行進修，也很可能親自去過義大利，他們深知義大利各地的傳統飲食大異其趣。這本書已經藉由義大利的歷史，點出這些差異性一點都不稀奇，且隨著時間在義大利半島上以不同的方式影響著各地的飲食風俗。早在十五世紀中葉，文藝復興大廚馬丁諾大師寫下《烹飪的藝術》時，各地就已發展出不同的傳統飲食，其中當然有些地方的料理與特產較為出名，書中也記錄了明確的產地資訊。這位名廚擅長辨別不同地區的傳統義大利麵，我們附上的食譜中可以略知一二。

　　是否真有足以代表義大利的全國性義式料理，常常引人質疑。舉例而言，早在一九七〇年末，美國許多義式餐廳就開始主打「北

義料理」，做出市場區隔，表明自家料理不同於移民經營的老派單調「義式」料理，後者一般認為是南方的義大利菜。一九八○年代時，在媒體、旅行社、行銷公司的助長之下，人們迷戀上關於托斯卡尼的一切。近年來，由於城市、小鎮、鄉村地區再度引起人們的興趣，人們將注意力轉移到以前較少人了解的地區特色料理，比如阿普里亞、薩丁尼亞、瓦萊達奧斯塔（Val D'Aosta）。這波趨勢，一部分也是義大利人自己對地方傳統飲食的探究，自一九八○年代起，這波現象深深影響了義大利的飲食偏好與烹飪手法。

＼ 羅馬風通心粉 ／

取一些細白麵粉，加水混合後，揉開榨成薄片，厚度略比千層麵厚一點，將麵榨捲在榨麵棍上，取出榨麵棍後，將麵榨捲切長條，寬度約小指厚，展開之後會呈帶狀或條狀。以水或富含油脂的肉湯煮麵，加入新鮮奶油與一點鹽。麵煮好之後，跟優質乳酪、奶油、甜香料一起倒上盤子，即可享用[1]。

＼ 西西里通心粉 ／

取一些細白麵粉，加入蛋白，或者玫瑰水或清水，揉成麵團。如果要做兩盤麵，蛋白的量不要超過一或二顆，且要將麵團揉到有彈性的狀態。將麵團搓到像手掌的長度、稻草的細度，取手掌長的鐵絲，更長也可以，放在麵條上，以雙手在桌面上滾動鐵絲，再將鐵絲從麵條捲中取出，這時麵條捲中心會有個空洞，也就是通心粉的模樣。通心粉需要日曬乾燥，可以儲存至少兩至三年，八月進行製麵尤佳。在水或肉湯中煮通心粉，與品質優良的乳酪絲、新鮮奶油、甜香料一起倒在盤中。煮這種通心粉至少需要兩小時[2]。

特殊葡萄酒款（稱為「vitigni autoctoni」）通常有特定的產地，如今令人們趨之若鶩。二十年前，只有葡萄酒專家、釀酒師才清楚的葡萄品種，如今成為潮流，比如內谷阿馬羅（negroamaro，也稱黑曼羅）、勒格瑞（lagrein）、卡諾娜（cannonau），新品種也受到媒體、消費者的矚目，如佩柯里諾（pecorino）、薩格拉提諾（sagrantino）等。曾經風靡一時的樸實小酒館，又再度流行起來，酒館被當作地方料理、餐飲習俗的堡壘，抵抗全球化的大量製造流行食品侵襲。

越來越多顧客嚮往酒館這類的傳統公共空間，以及照理說酒館會有的社區氛圍，讓一些年輕人紛紛投入經營酒館的賺錢行列。地理標示是展示食品產地與智慧財產權的一種，被視為品質較好的保證，不論是商業組織或公共機構都會努力爭取歐盟認證：「原

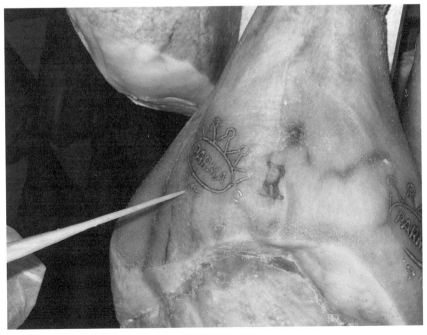

帕瑪火腿是最受歡迎的 PDO 食品之一。

八、由城鎮和地區組成的國家：義大利人的歸屬感

歐盟食品認證標章，右為「原產地命名保護制度」，簡稱PDO；左為「地理標示保護制度」，簡稱IGP。

產地命名保護制度」（Protected Designations of Origin），簡稱為PDO、「地理標示保護制度」（Protected Geographical Indication），簡稱PGI、「傳統特產保護制度」，簡稱TSG。

▌ 歐洲政治與飲食

上自政治人物、機構單位，下至商人、媒體，都會利用食物相關的潮流來宣傳自己的理念或策略，企圖將影響力深入民眾的生活中。當代社會問題帶動食品議題討論，地方、全國、國際間皆然，改變了傳統、常用食材的標示方式，保護手段也成為推動經濟發展的助力。

歐盟一些國家，如義大利、法國、西班牙，成為設立「地理標示」（Geographical Indications）國際規範的先鋒。一九九四年世界貿易組織簽署的「貿易相關智慧財產權協定」中，認定「地理

源自阿普里亞的手工貓耳義大利麵。

雖然拿坡里披薩獲得傳統特產保護認證，世界各地依然有各式各樣充滿創意的披薩。

標示」為指稱會員國中特定地點之名稱或標示。雖然地理標示只認證產品的產地,在消費者眼中,卻通常是高品質、好名聲的保險指標。食品製造商明白地理標示可以提高產品的價值,在有同樣名稱的相似產品中更具競爭力,並提高競爭門檻,讓資源不足以按照複雜法規製造商品的製造商,難以打入市場。對消費者與政府單位而言,這是一層保護,可降低不實食品的問題。

貿易相關智慧財產權協定承襲自歐盟一九九二年頒布的「2082/92規章」。根據該法規,特產、食品可分兩類註冊:原產地命名保護制度、地理標示保護制度。「原產地命名保護制度」,簡稱PDO,指產出該產品的特定地區、地方或國家,且產地的地理環境對該產品特色而言屬必要或不可或缺。也就是說,該產品的製造、加工地必須在PDO所規範的地理位置區域內。義大利的知名PDO食品包含帕瑪火腿、艾斯阿格的乳酪、托斯卡尼北部的盧尼加那(Lunigiana)所產的蜂蜜。值得一提的是,雖然部分食品已有上百年歷史,長久以來廣受美食家與一般消費者肯定,其他的食品,則是來自人類學研究、商業促銷、政策宣導,為了要復興消逝中的傳統,哪怕只有一點相關歷史也好。

舉例而言,托斯卡尼西恩納地區的乳酪製造商,已為當地的綿羊生乳酪註冊了原產地命名標示,「托斯卡尼佩柯里諾原產」(Pecorino Toscano PDO),近年來決定復興當地另一種古老的傳統乳酪,以野刺菜薊(cardoon,類似洋薊的地中海植物)取代小牛凝乳酶來製作乳酪,打造另一條商品線,並吸引素食消費者。根據托斯卡尼佩柯里諾製造商協會的說法,使用野刺菜薊、無花果汁液等素食凝乳原料來製作乳酪的方法,早在古羅馬時期就已普及[3]。這在當時的地方政府機關留下的文獻中確實時常出現,支持乳酪商的說法,連結了史實與產地。

從另一方面來看,地理標示保護制度,簡稱PGI,定義則較

為鬆散，傳統上的產品知名度也涵蓋其中。舉例而言，維亞諾內那諾（Vialone Nano）燉飯米、索倫托（Sorrento）產的檸檬、波隆那的摩塔德拉肉腸，都具有地理標示保護認定，因為上述食品在傳統上的重要性、知名度被視為區隔該食品的關鍵要素。此外，PGI並不要求食品所有的製造、加工都要在標示的特定地理位置內完成。一連串的法案在一九九七、九八年通過立法程序，接著，二〇〇六年，歐盟理事會立法定義、規範「傳統特產保護制度」，簡稱TSG，此後有了第三種較不嚴格的食品保護分類。一九九二年的文件指出，該標示不涉任何特地產區：

　　受認證之農產品或食料，須以生的傳統原料製作，若不然，則其特色須為傳統的原料組合或製造方法，且該製造過程反應傳統之加工或製成方式。若該農產品或食料之特色，來自其生產源頭或地理產地，不應核發此認證標章[4]。

　　不論是PDO、PGI或TSG認證，都只能由食品製造協商組成的協會才有申請註冊的資格。目前在義大利，只有製作莫札瑞拉乳酪、披薩的師傅取得了傳統特產保護制度標示，前者註冊時間為一九九八年，後者為二〇一〇年。其他由行會遞交申請的食品包含「古法職人巧克力」（Antico Cioccolato Artigianale）、「走地雞」（Gallo Ruspante），從趨勢看來，其他行會也將在未來跟進。義大利與歐盟南部的成員國發揮歐盟三種認證制度的優勢，推廣本國農產品與傳統加工食品、地方餐飲風俗的價值，推動公共討論、國家政策。同樣的制度也出現在葡萄酒產業，基本上原則相同，不過由於相關制度在歐盟推出統一規範前就已實施，各國法規不同。

▌鐘樓之心：什麼食物算是義大利的呢？

近來才興起這波潮流，培養、強化了「鐘樓主義」
（campanilismo），渲染力十足的義大利文化元素，這個詞帶有滿
滿的義大利特色，表示對特定地區懷有的驕傲、愛與依戀，在象
徵意義上，這群人的住處不離該地教堂鐘樓的影子可以遮蔽的範
圍。飲食上的鐘樓主義也很明顯，市鎮、城市，就連鄉間小村、
山間聚落都自豪於該地獨有的傳統，或者只有鄰近地區才有的風
俗，一般指的是當地明顯正在改變的工匠技術、鄉村文化，有些
人則認為有逐漸消失之虞。

複雜多變的義大利飲食文化，最早可追溯自半島的文明起源。

我的祖父母居住地方的鐘
樓（campanile），位於阿
布魯佐地區的托希西亞小
村（Tossicia）。這是鐘樓
主義一詞的起源，指以地
方為豪的情懷。

地中海氣候環境對義式食品、料理的影響，還要看各地區離海岸線的距離與海拔高度。各地的年降雨量差異非常大，半乾燥氣候的平原地與南方低矮丘陵地的降雨量低，一年甚至可長達五至七個月沒有降雨，而義大利北部、中部的山地與平原，氣候則較為潮濕。亞平寧山脈、阿爾卑斯山腳地區的濕度、降雨量較高[5]。地方風俗也會受到土壤、水資源、氣候、社會結構、居住族群的文化特徵所影響。農民、牧民、漁民會根據環境發展出不同的生活習俗，也會採用來自相似地理環境的異地風俗與技術。我們不能忘記，如今的環境狀況與其問題，是四千年來人類與環境互動的後果所致，其中長、短期皆有，人類在不同時期，以農業利用、伐林、水資源管理，而造成、加劇或消減了土壤退化。雖然義大利半島上多數地區的氣候大致上溫和，農業產量在歷史上卻時常不足，特別是人口增長的時期，也因此，人口通常會遷往農作收成至少到達必需產量的地區，羅馬時期就是如此，另一條出路是提高農業生產量，歷史上的做法包含採用新科技、升級工匠製造技術、貿易交流，以及後來的工業化。種種嘗試，催生出義大利琳琅滿目的農產品，至今依舊，且成為地方身分認同的重要元素。如今許多我熱愛的義式食物，我記得很清楚，在我的成長過程中根本不知道有這些美妙的食物，比如曼圖瓦（Mantova或Mantua）的南瓜餛飩、上阿迪傑（Alto Adige）的煙燻豬脂，或是阿普里亞迷人的布拉塔乳酪（burrata）。而我在羅馬長大的朋友，則完全不知道有燒烤羊肉串（arrosticini）、辣味臘腸（ventricina）的存在，這些是我童年在阿布魯佐度假時，再熟悉不過的食物，該地離羅馬只有一六〇公里。

由於地區差異過於懸殊，許多人不知道要如何把義大利料理歸為一體，甚至懷疑能否為此下定義。歷史學家吉洛默・亞納迪（Girolamo Arnaldi）在探討外國勢力侵略的書中，引用詩人馬力

＼ 葡萄酒類別 ／

　　追本溯源，歐盟的地理標示系統源自一八五五年法國波爾多地區的葡萄酒商建立的分類系統。隨著時間演變，「法定產區制」（Appellation d'Origine Contrôlée，簡稱AOC）終於在一九三○年代正式成為受法律保障的產品標籤。有了法國作為前例，義大利政府在一九六三年制定法律規範「法定產區命名制」（Denominazione d'Origine Controllata，簡稱DOC）與「保證法定產區命名制」（Denominazione d'Origine Controllata e Garantita，簡稱DOCG），用於保護與推廣最上等的葡萄酒，當時由於機械化帶動葡萄酒大量生產，導致市場充斥品質良莠不齊的葡萄酒，規範包含何者才有權設立新的法定產區，以及設立的途徑。規範也包含生產過程（稱為「生產原則」〔disciplinare〕），劃定可以作為法定產區的地區，及其產出酒款（可有多於一種的酒款，產品名稱可包含不同版本）、顏色、葡萄品種、最低酒精濃度、每公頃最高葡萄收穫量與釀造公升數、基本風味特徵、發酵過程（以木桶或其他材質陳釀，過程是否封裝）、所需最低熟成時間，以及特定次產區標籤，比如「經典」（classico）或「高等」（superiore）。DOCG的資格認證比DOC更嚴格，最大的差異之一是，DOCG所限制每公頃收穫量較低，產出量受限的規範或許是提高產品品質的最大功臣，規範另要求所有的DOCG葡萄酒都得要經過詳細的化學分析檢驗。

　　最早擁有DOC認證的葡萄酒，到一九六六年才出現，托斯卡尼地區所產的「聖吉米納諾之維那夏」（Vernaccia di San Gimignano），再來是一九八○年，一樣出自托斯卡尼的「蒙塔奇諾之布魯內諾」（Brunello di Montalcino）。到了一九九二年，政府依照歐盟規範，設立了第三種葡萄酒等級認證：「特定產區地理標示」（Indicazione Geografica Tipica，常譯為「地區餐酒」，簡稱IGT），其規範要求酒廠使用指定葡萄品種，多數時候規定僅能使用單一指定品種，或至少含有八十五％的特定品種。IGT葡萄酒有特定的產區，該產區範圍通常比DOC、DOCG所劃定的區域還要廣，有些規範產

區涵蓋整個地區，比如托斯卡尼的托斯卡納（Toscano）、西西里的西西里亞（Sicilia），其他產區則以山谷、丘陵地為界。對消費者而言，IGT 認證的葡萄酒五花八門，大致上代表品質尚可、價格誘人，地方葡萄酒若獲得此等級認證，可以得到高於日常餐酒（vino da tavola）的級別，後者是指來自義大利任何一地的葡萄酒，但允許在其他地方裝瓶，甚至可以散裝販售（sfuso）。其實，義大利依然是世界散裝葡萄酒的重要生產國之一。

有些葡萄酒廠具有創新精神，樂於實驗不同的葡萄品種與釀製技術，從法規確立的一開始就認為這些規矩綁手綁腳。早在一九六八年的托斯卡尼南方馬雷瑪，印奇薩德拉羅切塔侯爵（Marchese Incisa della Rocchetta）在酒學家賈克莫·塔奇斯（Giacomo Tachis）的幫助之下，創造了名款「西施佳雅」（Sassicaia），至今依然是公認數一數二的義大利葡萄酒款。一九七一年，也是在托斯卡尼的安東尼世家酒莊（Antinori）推出了新酒款「天娜」（Tignanello，也是由塔奇斯所釀）。這些酒雖然法定地位是日常餐酒，在英語世界裡卻被認為是「托斯卡尼超級葡萄酒」（Supertuscans），享譽全世界。後來再加上「歐尼娜亞」（Ornellaia，又譯奧那亞，由同名酒莊推出）、「古道探索」（Guado al Tasso，由安東尼世家推出）等酒款，這些超越義大利分級制度的葡萄酒，在國際市場上的競爭力不輸法國波爾多葡萄酒。

雖然新潮的義大利葡萄酒廣受歡迎，一九八六年義大利葡萄酒產業卻受到重大醜聞打擊，餘波延續多年。皮埃蒙特產出的少數幾款葡萄酒，為了提高酒精濃度，加入有毒的化學元素甲醇，導致多人中毒、死亡，另有部分消費者失明，地點涵蓋倫巴底、利古里亞、皮埃蒙特。雖然政府緊急祭出許多相關法規，大眾對葡萄酒的觀感已大受影響，消費量跌至歷史新低，許多義大利人改喝啤酒，至少持續了一段時間，國際市場對義大利葡萄酒的質疑聲浪也不斷升高。食安醜聞導致的經濟損失難以估計，不過酒廠也因此被迫改進製程，回應消費者的安全疑慮、名譽、認證程序，讓義大利葡萄酒得以享譽世界。

阿普里亞地區的布拉塔乳酪。

歐・盧齊（Mario Luzi）的話：「義大利是個幻象，確實，是一座綠洲，願望的產物」，其國家認同「脆弱得可怕」[6]。有什麼食材組合、料理、文化觀念與習俗，可以被稱為是義大利的呢？真的有一套連貫清晰、彙整而成的義式餐飲清單嗎？還是說，這些菜色只不過是集合了地方傳統，彼此互有關聯卻各自獨立？

　　二〇一一年，義大利慶祝建國一百五十週年，上述議題也成為公共討論、媒體關注的焦點，許多人仍然認為國家統一尚未完成，且尋求統一是不切實際。在國家認同的政治討論之下，許多深層的議題隨之展開，許多重要組織、政黨藉此爭取更高程度的地方自治權，甚至獨立。建國紀念活動大多以國旗、憲法、國歌等元素為主，不過料理也得到不少關注，人們特別為商人佩雷格利諾・奧圖西舉辦活動，紀念他在義式料理中的地位，以及他在

一八九一年出版的烹飪書《廚房裡的科學與吃得好的藝術》。我們在第四章曾討論過這本食譜集，它首開先例，在沒有透露任何政治傾向的情況下，輕輕點出義大利有可能在文化上成為一體。奧圖西知道各地文化元素截然不同，他將五花八門的義式食物視為一整體，並以連貫、一致的語言和手法描述。更有甚者，他的書在導論之後，並沒有馬上開始介紹食譜，而是先插入名詞檢索表，以「解釋不是所有人都懂得托斯卡尼方言」[7]。他成書的當下，我們今日的常用詞仍須附上解釋，如豬脂、擀麵棍（matterello）、砧板（tagliere）。該書問世數十年後，法西斯宣傳機器將塑造、強化義式料理視為國族認同的重要元素，是國家驕傲。義式料理的變化、區域性特徵，則讓義式料理變得更豐富。

當然，隨著歷史推進，義大利人對於什麼料理食材才可稱為國人智慧的心血結晶也不斷改變。知名美食品酒雜誌《紅蝦》在

佩雷格利諾・奧圖西的胸像，位於聖米亞托大殿（San Miniato al Monte）墓園，近佛羅倫斯。

建國一百五十週年紀念活動中，邀請讀者分享他們心目中最重要的義大利食物。線上問卷調查結果顯示，帕瑪森乾酪呼聲最高（五三・五％），特級初榨橄欖油次之（四三・八％），再來是拿坡里披薩（四三・二％）、莫札瑞拉水牛乳酪（四〇％），出人意外的是，數據顯示大家認為米飯（三七・四％）比麵包（三六・七％）、義大利麵長麵（三四・一％）更有義式風味，義大利長麵（spaghetti）的比數跟聖誕節水果麵包（panettone）一樣，後者是米蘭在地甜點，遲至第一次世界大戰後才有工業化量產，而成為全國知名的食物。

　　《紅蝦》票選前十五大食物還有佛羅倫斯風牛排、熱那亞風青醬、千層麵、阿馬翠絲義大利麵（pasta amatriciana，經典羅馬菜，食材含番茄、醃豬頰肉「guanciale」、佩柯里諾綿羊乳酪）、摩塔德拉肉腸、巴羅洛紅酒（Barolo）[8]。這份清單出自雜誌讀者票選，沒有經科學驗證，且只有會上網的人才能投票，實際上我們也可以看到，清單口味略偏北方。不過，我們可以從中看出義式料理明顯的地區特色，而就算明顯是地方特產的食物，也可被視為全國性的料理。

　　有些食材直到近代才成為舉國知名的食材，比如青醬、莫札瑞拉水牛乳酪，這證明了義大利料理並沒有固定不變的經典食物，正好相反，一些食物被視為特別有義大利風格的原因，來自它們高度與地方連結，不離地方文化身分認同、工匠技術、傳統，就算這些元素其實是潮流觀點與行銷宣傳影響的產物。回頭看奧圖西的書，裡面根本沒提到莫札瑞拉水牛乳酪或阿馬翠絲義大利麵，而書中唯一的熱那亞風格醬汁，食材包含酸豆和雞蛋，用來搭配水煮魚，而書中的拿坡里披薩則是種甜點，上面有扁桃仁、蛋、瑞可達乳酪。

義大利人與他們的傳統飲食

　　儘管政府投入資源定義、規範食品的樣貌，大力推廣歐盟產地標示法規，義式食物的作法、概念卻不斷改變，從一八〇〇年代晚期起就是如此，也將繼續變化，隨著演化的還有人們對傳統的概念、接受調整、變化的程度。因此，比起討論什麼食品、料理是義式傳統，不如探究義大利人認定的傳統飲食為何，為何他們會認定某些元素是義式傳統。其中，最關鍵的問題是，既然二十世紀中後期，義大利人在高舉雙手歡迎經濟起飛的時候，幾乎是完全拋棄傳統飲食，那麼為何又要在跨入千禧年之後，對傳統飲食如此在意？為什麼當代文化討論飲食的時候，如此在乎「特色」、「古法」、「道地」等價值？為什麼地方跟當地傳統之間的關聯，如今受到矚目？又，人們關注的範圍從地方、地區、到全國，之間是否互相影響？

　　我認為，義大利人就像任一國中擁護國族主義的人一樣，他們在面對當今世代的焦慮、大小問題時，傾向探究過往，也包含往日的物質生活。關注傳統飲食、地方食材、古法特產的復古風潮，不只在義大利達到新高峰，也席捲了西歐、日本，近年來更吹到了美國與澳洲，緊跟在後的其他國家如巴西、墨西哥、哥斯大黎加，這些地方的上層階級還在成長，並逐漸意識到傳統飲食在文化上的重要性[9]。

　　幾年前，許多發展中國家的人民會覺得當地食材、料理端不上檯面，既不得體，又太靠近鄉村現實，以及常被國家現代化計畫忽略的族群，這點正是義大利的情況。一九五〇年後期，義大利經歷快速、大規模轉換，生活環境從鄉村變成都市，從貧窮變成相對富裕，從落後到現代化，從粗俗到都會式作風（不過，我們將會發現，這一點跟實際上的多元文化主義並不同步）。要等到

聖誕水果麵包，米蘭的地方聖誕節甜點。

阿馬翠絲義大利麵，經典羅馬料理，食材含醃豬頰肉、佩柯里諾綿羊乳酪與番茄。

一九八〇年代後期，當尷尬的過去褪去顏色，成為往日時光，義大利人終於能隔著一段距離來懷舊，一度亟欲拋開的傳統，現在才重新以正面態度看待，才發現過往種種恐怕即將消失。

過去二十年間，許多後工業國家都對地方飲食風俗越來越有興趣，包含手工技術、食品製程的行業知識。法文「terrior」一般中文慣用的粗譯為「風土」，該詞原本指的是食品或葡萄酒的風味與氣候、地理環境之間的關聯，現在不只法式傳統飲食可以套用這個概念。近年來，國際金融市場的投機性投資，導致原物料市場失控，價格上漲，世界各地的食品供應商紛紛發現，轉換跑道經營獨特、附加價值高的農產品，才可賺取較高利潤，即使是對開發中國家而言也是如此。來自特定產區、產量有限的咖啡豆，若帶有明確的特定風味，且製造過程精確，就可以在國際市場上以較高價格售出——只要同時讓跨國消費者知道市場上有此選項、也明白商品的特色。專家、甜點烘焙師、了解商品資訊的消費者，都會高度肯定出自特定產區的知名可可。義大利的帕基諾（Pachino）、聖馬札諾番茄很有名，市場了解這些番茄品種的風味、外觀，人們也知道這些番茄適合多種料理方式，所以願意支付比其他品種還高的價錢。市場上的特產農食品越來越重要，數量也不斷增加，我們可以在超市、餐廳、家庭料理中看到這個趨勢，媒體、行銷人員、政客也助長並利用了這樣的發展，其威力最終影響了觀光業的潮流。這類的產品在市場上大獲成功，它們獲得所屬地區以外的消費者青睞，不只是本國其他地區，也包含外國消費者。不過，雖然這些變化對鄉村社區帶來正面的影響，我們也可以看到，人流、金流、貨品、資訊交流到了全球性的規模時，常會帶來矛盾與破壞。

當代的義大利人多數住在市區，他們的生活跟食品製造過程幾乎沒有關聯，傾向認為義式傳統飲食在鄉下生活有悠久的歷

史、世代傳承的工匠技術。事實上，他們多半是害怕工業化、全球化、大型企業組織管理等因素，會破壞傳統、使其消失，因此才肯定這些產品。我們在第六章曾討論過，越來越多人喜歡有機食品、農夫市集、以社養農（CSA）產品，再加上慢食運動引發的風潮，在在透露出的是，消費者想要知道餐桌上的食物從何而來、如何生產。話說回來，對於不少義大利都市居民而言，鄉村只是美麗如畫的背景世界，適合週末小出遊、度假長居，「農莊觀光」點綴著這片宜人風光，他們擁有購買力，可以到那裡享受時光，舒舒服服地待在受到控制的環境中，他們認為鄉村就等同放鬆、平靜、身體健康的生活。人們提到食物生產時，總是強調休閒、娛樂，鮮少提及耕耘土地的艱辛，或是農業在經濟、結構上遇到的挑戰。不論是過去或現在，人們都從都市的角度來看待鄉村。從中世紀開始，最為昂貴、搶手的部分特產，產品名稱並不是鄉間的產地，而是地方市鎮，因為這些主要市集才是外地消費者、商人認識產品的管道。舉例而言，人們熟知的卡斯特路奇歐（Castelluccio）扁豆、瓦拉萊諾（Vallerano）栗子、拉古薩諾乳酪（Ragusano，來自小鎮拉古薩〔Ragusa〕）、來自蒙德納與瑞吉奧艾米里亞（Reggio Emilia）的傳統巴沙米可香醋（balsamic vinegar）等，都不是在名字中的小鎮生產的。城鄉關係決定了從十三世紀延續至今日的產品命名方式，義大利市鎮佔主導地位，通常得以利用周邊的鄉村地區。

當代的復古飲食風潮以容易識別、保護的單位為主，比如特定城市或鄉村地區，這種方式也是歐盟地理標示規範與其他類似保護機制的做法。但當代義大利的地方認同，不論在形式上或是實際運作上，所涵蓋的面向更廣：一個人在力挺、自豪於家鄉小鎮特殊料理的同時，也會對小鎮所屬地區的地域性食物有同樣的情感，甚至可以囊括所在地更大範圍的地區，比如「南方」、「北

方」。這也是今日義大利政治、文化討論中很重要的議題。

區域性的食物

雖然早在幾百年前，人們就會特別喜歡特定地區、城市、甚至小至某村落的食物，但人們直到最近才開始以地區劃分來討論飲食傳統、食材與料理[10]。這一點對外國消費費者來說可能讓人意外，因為近二十年來，外國消費者已經習慣以地區劃分義大利食物。特定的地區已經有好幾百年被認定是義大利文化、擁有特定的文化特徵，如托斯卡尼、西西里等地。一九四八年的義大利共和國憲法，列出組成共和國的五大元素為市、省、特大城市、大區、國家，該憲法在一九四八年通過公投，讓義大利王國邁入歷史，開啟共和國時代，憲法中有不小的篇幅是針對地方自治、地區與中央政府關係的條文，第一一四至一三三條。義大利共和的建國者們將地方自治的條文放在新共和國的基本原則之前，以示其重要性。憲法第五條條文如下：

> 共和國乃單一而不可分之政治實體，承認並促進地方自治；在國家實務方面，實行最廣泛的行政上之地方分權；並使國家之立法原則及立法方法，適應地方自治與地方分權之需要。*

經歷了長達二十年的法西斯政府，戰後的義大利人發現要把權力從中央下放到地方，沒那麼容易。法西斯統治時，以執政官（Podestà）取代民選市長。一九四八年憲法頒布時，條文中列出了二十個大區，但是當時的行政規劃僅有四區自治：西西里、

---

* 譯注：譯文來自台灣司法院電子出版品《義大利共和法院參訪心得》〈附錄一：義大利共和國憲法〉，二〇一五年。

薩丁尼亞、特倫蒂諾上阿迪傑、瓦萊達奧斯塔，第五個自治區到一九六三年才成立：弗里烏力－威內西亞－朱里亞。這些地區由於各自獨特的歷史，享有特別的自治權，各區也有複雜的地方議題，大部分跟區域疆界爭議、少數民族有關。其餘由憲法劃定為「常設」的十五區，直到一九七〇年之後才成立行政上的政治實體，此後也增加了各政區的立法權與管轄權。政區管轄的事務比如觀光、農業、漁業、林業、食品安全，並與中央的農業食料森林部（Ministero delle Politiche Agricole, Alimentari, e Forestali）協調管理。該中央單位曾於一九九三年廢止，後因義大利需派員代表參與歐盟協商會議，再度於一九九九年重新設立，協商內容包含食品地理標示等事宜。

雖然義大利政區成立時間不長，但政區立法管轄範圍能影響國民日常生活，人民可感受到其存在與重要性。隨著時間發展，政區的影響力也深入文化、社會中，包含烹飪、餐飲傳統。不論義大利國內或海外，「區域料理」成為常用詞，儘管有時候定義模糊不清。什麼是區域習俗？究竟是跟地方風俗有分別，還是涵蓋所有較小地方的風俗習慣？而我們是否可以說，由某種食品特產、食材、料理方式組合成的某料理，或是烹煮方式，是區域傳統？

如今主打區域料理的食譜書大受歡迎，而收錄義式料理的食譜書也常按照地區分類食譜。這樣的劃分原則明確，容易區別，也能幫助人們在五花八門的地方文化與多變的物質材料之中，摸索出脈絡，不致暈頭轉向。對義大利人而言，這種分類在辨別料理上，極為實用，可藉此了解不那麼有名、或者是來自其他地區的傳統產品。維托利奧·阿聶提（Vittorio Agnetti）於一九〇九年出版的《新地區特色料理》（*La nuova cucina delle specialità regionali*）是第一本採用此結構的食譜集。不過，他的分類並未涵蓋現有二十大區，有些區域只收錄了主要城市作為代表[11]。書

當今的義大利劃分為二十個大區。

中有皮埃蒙特、倫巴底、艾米里亞羅馬涅、托斯卡尼等區域，但
沒有維內托，只有威尼斯*，而羅馬則代表了整個拉丁畝區，至於
那不勒斯則代表整個南部，作者在那不勒斯下另列了子項目，劃
出西西里、薩丁尼亞。

---

* 譯注：威尼斯為維內托地區首府

　　整體而言，該書的目的是展現義式料理就跟居民一樣豐富多
變，「弗里烏力的居民有點像德國人」，而「西西里人有點阿拉伯
味」，所以義式料理「在變化、美味程度上，都遠遠勝過有名的
法國菜」[12]。阿聶提成書的年代，義大利王國甫統一，企圖在國
際政治上雄霸一方，他出書的動力是受到愛國心的驅策，並不是
想要踏遍全國各處。在法西斯統治時期，對區域性料理懷抱這種
心態也是普遍的現象，在這種氛圍之下，義大利旅遊俱樂部於
一九三一年出版《義大利美食指南》[13]。我們曾在第五章提到過，
該出版品的目不在食譜，而是提供旅人、遊客地方資訊，並推廣
義大利產品，可說是「良好的愛國活動」[14]。

　　指南裡的區域劃分跟一九四八年共和國憲法劃定的區域十分
相似，書中列出了區域之下各省的特產、料理、葡萄酒，常常提
及來自特定城市的產品。直到今天，這本書依舊是珍貴的工具，
可以藉此評估義大利的料理、食物生產，在尚未經歷一九五〇年
代後期起巨大社會經濟轉變以前，實際狀況為何。

　　這兩本二十世紀初的書，以及當代所出版的食譜總匯，都沒
有探究如何界定區域性料理，大範圍的分類法也涵蓋了源自特定
地區的料理與食材。舉例而言，不少書籍、文章、電視節目在討
論托斯卡尼料理時，常會提到以葡萄酒、番茄、香草燉魚與甲殼
類的海鮮湯卡丘寇（cacciucco），這是經典的利弗諾料理（利弗諾
是托斯卡尼大區的主要城市之一）。那麼，歸類為托斯卡尼菜的卡
丘寇，是否可以用來代表其他地方，就算其他的傳統料理特色風
格迥異？就算這些地區只是恰好也位在托斯卡尼，像是盧尼加那、
奇揚第？部分的大區在內部現實狀態分歧的狀況下，仍然逐漸形
成身分認同，自成一格。拉丁畝的阿馬翠絲義大利麵，如今被認
為是區域菜色，外地人尤其這麼認為，人們卻對這道料理的起源
地爭論不休：它是來自羅馬，還是拉丁畝的另一個小鎮阿馬翠絲

（Amatrice）？後者是許多酒館廚子的家鄉。其他的地方特色料理，像是西西里的酸甜蔬菜燉醬（caponata，常稱作西西里燉茄子），還有炸飯糰，現在普遍被當作區域性的料理，不專屬特定城鎮或省分。西西里島在中世紀時曾由穆斯林統治，人們不太仔細探究西西里料理源自島上哪一處。不過也不是所有帶有穆斯林色彩的西西里料理都如此，舉例而言，人們認為庫斯庫斯是西西里西部的特色飲食，特別是特拉帕尼省的食物。

南北差異

　　義大利文化除了以政區為分野，還有更大範圍的地理劃分方式，從食物到政治皆如此。最重要的分類法是普遍深植人心的南北差異，這樣的分歧來自義大利統一時，兩地在社會、經濟上極為懸殊的狀態，劇烈的差異在王國與共和國時期，都是嚴峻的問題，一九五〇年代末期，南義大利人為了脫貧、擺脫落後的生活，大量遷移到北方城市，尤其以「工業金三角」為主，米蘭、杜林、熱那亞提供穩定工作與現代化的生活。轉眼之間，北方出現了文化背景迥異的工人，他們的飲食方式充滿異國風俗，烹飪方式、食材、料理都跟原本的北方文化大異其趣。這批北漂移民多數來自偏遠鄉村，常被形容成粗魯不文、沒有受過教育、吵鬧又沒衛生。人們也注意到，他們個性豪爽大方，愛交朋友。他們的食物在人們眼中看來很豐盛，味道強烈，與他們緊密的家庭生活息息相關，同時又覺得有點特異，且帶有威脅性。這些既定印象非常籠統，卻因為模糊不清而有強大的渲染力，不論是談論任何問題、任何方面，人們都可以套用這些負面評價。

　　今天，距離南方人大規模北漂，已過了數十年，大多數的移民已融入了新家園的文化，但人們心中的南北分野依舊存在，

甚至變得更明顯、普遍，已是稀鬆平常的事。尤其在流行文化與媒體中，常會以刻板印象把人分門別類。盧卡・密特里（Luca Miniero）執導的賣座電影《歡迎來到南方》（*Benvenuti al sud*，二〇一〇年）將賣座的法國喜劇片《歡迎來到北方》（*Bienvenue chez les Ch'tis*，二〇〇八年）改編成義大利版，描述米蘭的郵局經理被調派到那不勒斯南方海岸小村的故事。雖然風景優美，這位經理卻難以適應當地生活方式，誤會不斷發生，帶給觀眾絕佳的笑點。想當然，食物在南北差異的議題上佔有重要地位。北方人的形象較為現代化，社會結構以工作、核心家庭為基礎，北方人愛吃傳統食物，比如谷岡左拉藍黴乳酪，但這不影響他們去嘗試大都會的各種飲食選項，其中之一是壽司，這在電影中被當作檢驗冒險嚐鮮精神的關卡。在南方，有小孩的年輕夫妻依然會跟父母同住，女性主導家庭生活，永遠有豐盛無比的傳統美食（包含豬血巧克力醬〔sanguinaccio〕），幾乎全部是手工製作，做成適合跟整個社區一起慢慢分食的方式。隨著故事發展，這位北方的公務員逐漸明白這些特別的風俗背後的價值，也真正融入了小村生活。我們當然可以說，電影的結局邀請觀眾以新的視角來看待刻板印象，不過電影中大多數的喜劇效果其實是利用了這些刻板印象，甚至從一開始就將刻板印象描述成常態。由於電影票房創下佳績，同一位導演拍攝了續集《歡迎來到北方》（*Benvenuti al nord*，二〇一二年），這次改派南方的郵局員工到北方去生活，再度利用了同樣的刻板印象來製造喜劇效果，這些元素從一九五〇年代起就不斷出現在義大利喜劇中。這些案例不代表所有的義大利電影都保持同樣的觀點。舉例而言，導演法蘭西斯科・羅西（Francesco Rosi）精彩的作品《基督停留在埃博利》（*Cristo si è fermato a Eboli*，一九七九年）描述一位北方的知識分子，在法西斯統治時期流亡到南方的小村落，針對當時文化差異、社會變遷提供細膩

谷岡左拉藍黴乳酪，在義大利非常聞名。

而寫實的描述。近年來，南方年輕的電影工作者在面對自己的家鄉時，雖然帶有批判，卻不失愛戀之心，通常以諷刺、超寫實的風格來塑造古裡古怪、如夢似幻的效果。這些電影透過故事，幾乎暗示觀眾，唯有擁抱矛盾、誇張的困境、看似瘋狂的當代南方社會，觀眾才能真正了解南方，不受任何刻板印象箝制。

　　洛可‧帕帕里歐（Rocco Papaleo）的作品《巴西里卡塔豔陽下》（Basilicata Coast to Coast，二〇一〇年）就是個有趣的例子，電影描述四位年輕男子旅行經過巴西里卡塔，這一帶依然是義大利開發程度較低的區域。主角們徒步旅行，看見自己的土地上農地連綿，見識了傳統料理，比如弗利塔塔蛋餅「frittata」配麵包與乾椒，以及內雜料理「gnummareddi」，由羊腸搭配內臟塊製作而成。二〇一一年，厄度亞多‧德安結利士（Eduardo de Angelis）拍攝的紀錄片《莫札瑞拉乳酪的故事》（Mozzarella Stories）則是以那

不勒斯南部的莫札瑞拉水牛乳酪產業為主題，探討影響當地社會的政治、經濟議題，關注範圍涵蓋犯罪組織、貪腐情形、中國競爭者的影響。這些電影拒絕單以鄉愁為訴求來看待南方，它們所描述的在地傳統與製造工法，不是只有一種面貌，而是不斷地隨時代轉變，在全球化的浪潮下，受到威脅，價值卻也提高了。

從歷史、經濟、文化各層面看來，區域性料理本來就是多方混合的產物。美食專家維切索·波納西西（Vincenzo Buonassisi）在一九八三年義大利餐廳協會（Gruppo Ristoratori Italiani）*所舉辦的會議中也曾表達如此觀點，他在會議上表示：

現在的義大利已經沒有真正不受影響的區域性料理了，這是美國人一廂情願的浪漫想法，不是現實中的現代生活。在現實生活中的現代義大利，食物不會侷限在一個區域，會流傳到其他區域[15]。

簡言之，義大利人的飲食認同究竟是地方性強烈、互不相干、涇渭分明，還是仍然有些元素能夠代表全國，可簡稱為義大利式？歷史學者蒙特納里在其著作《廚房裡的義大利身分認同》（L'identità italiana in cucina）中提出一解，他認為自從中古世紀末期出現城市之後，人們對食物風味、風格、習俗的品味有了共通架構，本來源自鄉村、下層階級，後來離開了發源地出現在都市中的上層階級，不斷流傳。

幾世紀以來，義大利半島、周邊島嶼上的人民，雖然在政治上、國境劃分上，分屬許多不同的國家，但上層階級社會、貴族、

---

* 譯注：美國非營利機構，專門推廣正統義式料理。

中產階級人民的生活中，卻有超越這些分野，屬於「義式」的層面。也就是說，對某部分的人民而言，義大利早已存在。義式風格存在於他們的生活方式、日常習俗、精神特質[16]。

蒙特納里認為，嚴苛地要求一種能廣納百川、消弭異同的一元性模板，就歷史而言不太可靠：義式料理的核心特質正是多元、多地區的組合[17]。

▌食物與族群

即使越來越多人喜愛傳統飲食、餐飲風俗，全球化帶來的改變依然在許多層次上影響著當代物質文化，並非所有的影響都是負面的。消費需求提高、價格上漲、國際能見度上升等因素，可以復甦，甚至拯救逐漸消失的食材、菜餚，不過業者也需要面對不穩定、不斷起伏的全球市場。二分法過度簡化了許多事情，將光譜的兩端變成對立面：全球與地方；一元與多元；普世性與特殊性。單就飲食層面而言，我們可以說，在許多例子裡，歷史上更大的商業聯絡網絡形塑了地方認同，人們出現了這樣的想法是為了與異地、他鄉做出區隔。義大利飲食史學家艾伯托·卡帕提、馬西莫·蒙特納里在書中表示：

以傳統飲食的脈絡而言，人們可能會假定，身分認同也就是屬於特定地方，包含特定地點的食材、菜餚，並認為其中關係不證自明。這樣的想法會讓人忘記身分可能也來自差異，來自被認為跟他人不同，或許才是主要因素。從美食學的角度，我們可以很明顯地看出：「在地」認同是由交換的機制所創造出來的，當一道食材或食物傳到不同的系統、文化中的那一刻，才產生了這個

概念[18]。

延續這個觀點，這兩位史學家認為，我們有必要將身分認同的根基，從生產而出，轉為交換而來，必須強調交流過程中，如何滲透、混入地方、階級、文化之中。如果我們以這個觀點看事情，我們就不能繼續將地方認同視為永恆不變的元素，而須以文化、社會建構視之，是不同民族之間的關係、權力消長、不斷角力的後果，也受到他們所居住的地區、社會權力結構的影響。

由於地方與世界都不會停止成長的腳步，揚棄天真的觀念或有助評估事實，面對全球化的浪潮時，不會再為了對抗單一化、一元化的世界，而把在地與「天然」、首創劃上等號，或綁上生態多元、異質性的標籤[19]。

義大利對在地認同、傳統文化的爭議，點出一道潛在的難題，凡是想要定義或保護食物有關的產品或習俗的人都會遇到。這樣的觀念常常被拿來反對經濟標準化、高度剝削環境、改變當地文化。就算人們習慣的飲食方式、典型食材、手工食品其實歷史尚淺、根本是近代才出現，或者根本跟過去毫無關聯，這些事物依然被當代人拿來代表悠遠、綿延至今的歷史，與此同時，人們又說這些事物有消失的危機，需要人們學習欣賞、保護它們。

捍衛、推廣在地與傳統食物、飲食風俗，催生、強化了社群認同，但也很容易被政治人物利用。人們投注的情感，地方社會運動，或區域、國家、國際的政治勢力都能輕易地利用這樣的情感集結人群，越來越多的人在保守派或進步派間選邊站，義大利的隔閡越來越大。當代才出現的概念「terroir」，把食物的風味、品質跟特定區域及其居民視為一體，這個概念可以強調多元、整合，有潛力成為跨文化溝通的好幫手，但也可能被有心人利用，成為煽動仇外情緒、保守黨派的武器，藉此保護區域、反對移民。

一般認為義大利餛飩是艾米里亞羅馬涅的區域料理。

地區的社群通常對自己的傳統飲食懷抱強烈的情感，來自不同利益背景的個人、社群或團體會借用這種傾向，塑造出不斷演進的地方認同。飲食跟身體、生存密切相關，因而成為文化演進的核心，也能在社會、政治活動中成為影響至深的元素[20]。人們對食物的描述，從令人滿足、愉快，到暗藏危險，甚至叫人噁心、消化不良，種種形容都可以挪用到政治場域的對話、表態之中，不論立場，拒絕多元文化主義，或是接納外來者，都可挪用。相較於知性的對話，食物讓人們可以直接由物質體驗現實生活中的整合或排他，威力強大。

　　本書已就歷史變遷來探討義大利千百年來的飲食演變，從最初的農業生產，到最近的餐飲潮流。從我們的討論中，可明顯看出不同的族群、相異的生活方式、各種食料材與菜餚，都影響了地方認同形塑的過程，人們把吃下肚的食物連結上特定的地方，但這不能去除經濟結構、權力關係變化而單獨論之。對許多人而

言，傳統、道地的生活方式，是生命經歷中極為重要的一環[21]，因此，這些不可能是人工捏造的，更不是可有可無的，而是能在社會、政治活動中被組織動員、蘊含強大力量的元素。

　　飲食不只是餐桌上的樂趣、食材的風味與烹飪的技術，飲食能幫助我們了解個體、群體、文化與社會。我希望，下次你到義大利旅行的時候，會以不同的眼光來看這片風景、生活在此的人們，以及旅途中將品嚐到的一切美食。

參考書目

All translations are my own unless otherwise mentioned.

Introduction: The Food of Italy: Beyond Myths and Stereotypes

1 David Kamp, *The United States of Arugula: How We Became a Gourmet Nation* (New York, 2006).

2 Frances Mayes, *Under the Tuscan Sun* (New York, 1997), p. 192.

3 Ibid., pp. 120–21.

4 François de Salignac de la Mothe-Fénelon, *Telemachus, Son of Ulysses*, trans. Patrick Riley [1699] (Cambridge, 1994), p. 131.

5 Mayes, *Under the Tuscan Sun*, p. 189.

6 Vito Teti, *Il colore del cibo* (Rome, 1999), pp. 33–45.

7 Barbara Haber, 'The Mediterranean Diet: A View from History', *American Journal of Clinical Nutrition*, 10 (1997), pp. 1053s–7s.

8 Marion Nestle, 'Mediterranean Diets: Historical and Research Overview', *American Journal of Clinical Nutrition*, 61 (1995), pp. 1313s–20s.

9 Patricia Crotty, 'The Mediterranean Diet as a Food Guide: The Problem of Culture and History', *Nutrition Today*, xxxiii/6 (1998), pp. 227–32.

10 Intergovernmental Committee for the Safeguarding of the Intangible Cultural Heritage, Fifth session Nairobi, Kenya November 2010, Nomination File No. 00394 for inscription on the Representative List of the Intangible Cultural Heritage in 2010, p. 7.

11 Massimo Mazzotti, 'Enlightened Mills: Mechanizing Olive Oil Production in Mediterranean Europe', *Technology and Culture*, xlv/2 (2004), pp. 277–304; Anne Meneley, 'Like an Extra Virgin', *American Anthropologist*, cix/4 (2007), pp. 678–87; Tom Mueller, *Extra Virginity: The Sublime and Scandalous World of Olive Oil* (New York, 2012).

12 *New Yorker* (11 and 18 July 2011), p. cv3.

13 Barbara Kirshenblatt-Gimblett, 'Theorizing Heritage', *Ethnomusicology*, xxxix/3 (1995), p. 369.

14 Eric Hobsbawm and Terence Ranger, eds, *The Invention of Tradition* (Cambridge, 1983), p. 1.

15 Information on the *presidia* can be found at www.slowfoodfoundation.com.

16 Alison Leitch, 'The Social Life of Lardo: Slow Food in Fast Times', *Asian Pacific Journal of Anthropology*, i/1 (2000), pp. 103–28; Fabio Parasecoli,

'Postrevolutionary Chowhounds: Food, Globalization, and the Italian Left',
Gastronomica, III/3 (2003), pp. 29–39.

17 Alberto Capatti and Massimo Montanari, *Italian Cuisine: A Cultural History*
(New York, 2003), p. xiv.

18 Peter Garnsey, *Food and Society in Classical Antiquity* (Cambridge, 1999), p. 5.

ONE: A Land in the Mediterranean

1 Marcel Mazoyer and Laurence Roudart, *A History of World Agriculture: From
the Neolithic Age to the Current Crisis* (New York, 2006), pp. 71–100; Ian
Morris, *Why the West Rules – for Now: The Patterns of History and What They
Reveal about the Future* (New York, 2011), pp. 89–105.

2 Jared Diamond, *Guns, Germs, and Steel* (New York, 1997), p. 124.

3 Ron Pinhasi, Joaquim Fort and Albert Ammerman, 'Tracing the Origin and
Spread of Agriculture in Europe', PLOS *Biology*, III/12 (2005), p. e410.

4 C. Hunt, C. Malone, J. Sevink and S. Stoddart, 'Environment, Soils and Early
Agriculture in Apennine Central Italy,' *World Archaeology*, XXII/1 (1990),
pp. 34–44; T. Douglas Price, ed., *Europe's First Farmers* (Cambridge, 2000).

5 Emilio Sereni, *History of the Italian Agricultural Landscape* (Princeton, NJ,
1997), p. 17.

6 John Robb and Doortje Van Hove, 'Gardening, Foraging and Herding:
Neolithic Land Use and Social Territories in Southern Italy', *Antiquity*, 77
(2003), pp. 241–54.

7 Umberto Albarella, Antonio Tagliacozzo, Keith Dobney and Peter Rowley-
Conwy, 'Pig Hunting and Husbandry in Prehistoric Italy: A Contribution to
the Domestication Debate', *Proceedings of the Prehistoric Society*, 72 (2006),
pp. 193–227.

8 Fernand Braudel, *Memory and the Mediterranean* (New York, 2001), pp. 111,
139–41.

9 Maria Bernabò Brea, Andrea Cardarelli and Mauro Cremaschi, eds, *Le terre-
mare, la più antica civiltà padana* (Milan, 1997).

10 Mauro Cremaschi, Chiara Pizzi and Veruska Valsecchi, 'Water Management
and Land Use in the Terramare and a Possible Climatic Co-factor in their
Abandonment: The Case Study of the Terramara of Poviglio Santa Rosa
(Northern Italy)', *Quaternary International*, CLI/1 (2006), pp. 87–98.

11 Sabatino Moscati, *Così nacque l'Italia: profili di popoli riscoperti* (Turin, 1998).

12 Robert Leighton, *Sicily before History: An Archaeological Survey from the Paleolithic
to the Iron Age* (Ithaca, 1999), pp. 203–6.

13 Robert Leighton, 'Later Prehistoric Settlement Patterns in Sicily: Old Paradigms
and New Surveys', *European Journal of Archaeology*, VIII/3 (2005), pp. 261–87.

14 Anna Grazia Russu, 'Power and Social Structure in Nuragic Sardinia', *Eliten in
der Bronzezeit-Ergebnisse Zweier Kolloquien in Mainz und Athen-Teil*, 1 (1999),
pp. 197–221, plates 17–22; Gary Webster, *Duos Nuraghes: A Bronze Age
Settlement in Sardinia*: vol. 1: *The Interpretive Archaeology, Bar International Series
949* (Oxford, 2001), pp. 43, 48.

15 J. M. Roberts, *The Penguin History of the World* (London, 1995): pp. 85–90.

16 Morris, *Why the West Rules*, pp. 215–20.

17 Braudel, *Memory*, p. 179.

18 Massimo Pallottino, *The Etruscans* (Bloomington, 1975), p. 75.

19 Robert Beekes, 'The Prehistory of the Lydians, the Origin of the Etruscans, Troy and Aeneas', *Biblioteca Orientalis*, LIX/3–4 (2002), pp. 205–41.

20 Alessandro Achilli et al., 'Mitochondrial DNA Variation of Modern Tuscans Supports the Near Eastern Origin of Etruscans', *American Journal of Human Genetics*, LXXX/4 (2007), pp. 759–68; Cristiano Vernesi et al., 'The Etruscans: A Population-Genetic Study', *American Journal of Human Genetics*, LXXIV/4 (2004), pp. 694–704.

21 Marco Pellecchia et al., '"The Mystery of Etruscan Origins: Novel Clues from Bos Taurus Mitochondrial DNA', *Proceedings of the Royal Society B*, CCLXXIV/1614 (2007), pp. 1175–9.

22 Braudel, *Memory*, p. 201; Massimo Pallottino, *A History of Earliest Italy* (Ann Arbor, MI, 1991), p. 53.

23 Jodi Magness, 'A Near Eastern Ethnic Element among the Etruscan Elite?', *Etruscan Studies*, VIII/4 (2001), pp. 80–82.

24 Mauro Cristofani, 'Economia e societa', in *Rasenna: storia e civiltà degli Etruschi*, ed. Massimo Pallottino et al. (Milan 1986), pp. 79–156.

25 Daphne Nash Briggs, 'Metals, Salt, and Slaves: Economic Links between Gaul and Italy from the Eighth to the Late Sixth Centuries BC', *Oxford Journal of Archaeology*, XXII/3 (2003), pp. 243–59.

26 Diodorus Siculus, *Bibliotheca Historica* 5.40.3–5.

27 Catullus, *Poems* 39.11; Virgil, *Georgics* 2.194.

28 Anthony Tuck, 'The Etruscan Seated Banquet: Villanovan Ritual and Etruscan Iconography', *American Journal of Archaeology*, XCVIII/4 (1994), pp. 617–28.

29 Lisa Pieraccini, 'Families, Feasting, and Funerals: Funerary Ritual at Ancient Caere', *Etruscan Studies*, 7 (2000), Article 3.

30 Jocelyn Penny Small, 'Eat, Drink, and Be Merry: Etruscan Banquets', in *Murlo and the Etruscans: Art and Society in Ancient Etruria*, ed. Richard Daniel De Puma and Jocelyn Penny Small (Madison, WI, 1994), pp. 85–94.

31 Daphne Nash Briggs, 'Servants at a Rich Man's Feast: Early Etruscan Household Slaves and Their Procurement', *Etruscan Studies*, 9 (2002), Article 14; Giovanni Camporeale, 'Vita private', in *Rasenna: storia e civiltà degli Etruschi*, ed. Massimo Pallottino et al. (Milan, 1986), pp. 239–308.

32 Gregory Warden, 'Ritual and Representation on a Campana Dinos in Boston', *Etruscan Studies*, 11 (2008), Article 8.

33 Adrian Paul Harrison and E. M. Bartels, 'A Modern Appraisal of Ancient Etruscan Herbal Practices', *American Journal of Pharmacology and Toxicology*, I/1 (2006), pp. 21–4; Gianni Race, *La cucina del mondo classico* (Napoli, 1999), pp. 143–6.

34 Jean and Eve Gran-Aymerich, 'Les Etrusques en Gaule et en Iberie: Du Mythe a la Realite des Dernieres Decouvertes', *Etruscan Studies*, 9 (2002), Article 17.

35 Braudel, *Memory*, p. 181.

36 Leighton, *Sicily*, p. 230.

37 Braudel, *Memory*, p. 192.

38 Valerio Manfredi, *I greci d'Occidente* (Milan, 1996), p. 72.

39 Pliny, *Naturalis Historia* 18.5; Varro, *De Re Rustica* 1.1.10.

40 Columella, *De Re Rustica* 1.1.13; Braudel, *Memory*, p. 196; Columella, *De Re Rustica* 12.39.1–2.

41 Pliny the Elder, *Historia Naturalis* 18.51.188

42 Braudel, *Memory*, p. 191; Susan and Andrew Sherratt, 'The Growth of the Mediterranean Economy in the Early First Millennium BC', *World Archaeology*, XXIV/3 (1993), pp. 361–78.

43 Richard J. Clifford, 'Phoenician Religion', *Bulletin of the American Schools of Oriental Research*, 279 (1990), p. 58.

44 Antonella Spanò Giammellaro, 'The Phoenicians and the Carthaginians: The Early Mediterranean Diet', in *Food: A Culinary History from Antiquity to the Present*, ed. Jean-Louis Flandrin and Massimo Montanari (New York, 1999), pp. 55–64.

45 Sherratt and Sherratt, 'The Growth of the Mediterranean Economy'; Sally Grainger, 'A New Approach to Roman Fish Sauce', *Petits Propos Culinaires*, 83 (2007), pp. 92–111.

46 David S. Reese, 'Whale Bones and Shell Purple-dye at Motya (Western Sicily, Italy)', *Oxford Journal of Archaeology*, XXIV/2 (2005), pp. 107–14.

47 Robert Roesti, 'The Declining Economic Role of the Mediterranean Tuna Fishery', *American Journal of Economics and Sociology*, XXV/1 (1966), pp. 77–90; Rob Van Ginkel, 'Killing Giants of the Sea: Contentious Heritage and the Politics of Culture', *Journal of Mediterranean Studies*, XV/1 (2005), pp. 71–98.

48 Hesiod, *Works and Days* 306–13, 458–64, 586–96, 609–14.

49 Peter Garnsey, *Food and Society in Classical Antiquity* (Cambridge, 1999), p. 2.

50 Marie-Claire Amouretti, 'Urban and Rural Diets in Greece', in *Food: A Culinary History from Antiquity to the Present*, ed. Jean-Louis Flandrin and Massimo Montanari (New York, 1999), pp. 79–89; Garnsey, *Food*, pp. 6, 65.

51 Massimo Montanari, 'Food Systems and Models of Civilization', in *Food: A Culinary History from Antiquity to the Present*, ed. Jean-Louis Flandrin and Massimo Montanari (New York, 1999), pp. 55–64.

52 Andrew Dalby, *Siren Feasts: A History of Food and Gastronomy in Greece* (London, 1996), p. 6.

53 Pauline Schmitt-Pantel, 'Greek Meals: A Civic Ritual', in *Food: A Culinary History from Antiquity to the Present*, ed. Jean-Louis Flandrin and Massimo Montanari (New York, 1999), pp. 90–95.

54 Robert I. Curtis, 'Professional Cooking, Kitchens, and Service Work', in *A Cultural History of Food in Antiquity*, ed. Fabio Parasecoli and Peter Scholliers (London, 2012), pp. 113–32.

55 Massimo Vetta, 'The Culture of the Symposium', in *Food: A Culinary History from Antiquity to the Present*, ed. Jean-Louis Flandrin and Massimo Montanari, (New York, 1999), pp. 96–105.

56 Domenico Musti, *L'economia in Grecia* (Bari, 1999), pp. 88–94.

57 Manfredi, *I greci*, pp. 18–19, 99.

58 Ibid., pp. 214, 221, 229.

59 Leighton, *Sicily*, pp. 234–42.

60 Sereni, *History*, p. 22.

61 Franco De Angelis, 'Trade and Agriculture at Megara Hyblaia', *Oxford Journal of*

Archaeology, XXI/3 (2002), pp. 299–310; Franco De Angelis, 'Going against the Grain in Sicilian Greek Economics', *Greece and Rome*, LIII/1 (2006), pp. 29–47; Robin Osborne, 'Pots, Trade, and the Archaic Greek Economy', *Antiquity*, 70 (1996), pp. 31–44.

62 Plato, *Gorgias* 518b; Athenaeus, *The Deipnosophists* 325f.

63 Dalby, *Siren Feasts*, p. 110.

64 Race, *La cucina*, p. 51.

65 Chadwick, *The Celts*, p. 30.

66 Ibid., p. 41.

67 Venceslas Kruta and Valerio M. Manfredi, *I Celti in Italia* (Milan, 1999), p. 51.

68 Ibid., p. 11.

69 Chadwick, *The Celts*, pp. 46, 141.

70 Peter J. Reynolds, 'Rural Life and Farming', in *The Celtic World*, ed. Miranda Green (New York, 1995), pp. 176–209.

71 Kruta and Manfredi, *I Celti*, p. 10.

72 Paolo Galloni, *Storia e cultura della caccia: dalla preistoria a oggi* (Bari, 2000), pp. 86–8.

73 Mark Kurlansky, *Salt: A World History* (New York, 2002), p. 65.

74 Ibid., p. 93.

75 Kruta and Manfredi, *I Celti*, p. 59.

76 Antonietta Dosi and François Schnell, *Le abitudini alimentari dei Romani* (Rome, 1992), p. 13.

77 Kimberly B. Flint-Hamilton, 'Legumes in Ancient Greece and Rome: Food, Medicine, or Poison?', *Hesperia: The Journal of the American School of Classical Studies at Athens*, LXVIII/3 (1999), pp. 371–85.

78 Paul Halstead, 'Food Production', in *A Cultural History of Food in Antiquity*, ed. Fabio Parasecoli and Peter Scholliers (London, 2012), pp. 21–39.

79 Dosi and Schnell, *Le abitudini*, p. 17.

80 Florence Dupont, 'The Grammar of Roman Food', in *Food: A Culinary History from Antiquity to the Present*, ed. Jean-Louis Flandrin and Massimo Montanari (New York, 1999), pp. 113–27.

81 Valerie Huet, 'Le sacrifice disparu: les reliefs de boucherie', *Food and History*, V/1 (2007), pp. 197–223; Nicholas Tran, 'Le statut de travail des bouchers dans l'Occident romain de la fin de la Republique et du Haut-Empire', *Food and History*, V/1 (2007), pp. 151–67.

82 Galloni, *Storia*, pp. 71–4.

83 Brian Fagan, *Fish on Friday: Feasting, Fasting, and the Discovery of the New World* (New York, 2006), p. 7.

84 Race, *La cucina*, pp. 221–30.

85 Claire De Ruyt, 'Les produits vendus au macellum', *Food and History*, V/1 (2007), pp. 135–50.

86 Nicole Belayche, 'Religion et consommation de la viande dans le monde romain: des réalités voilées', *Food and History*, V/1 (2007), pp. 29–43; John Scheid, 'Le statut de la viande à Rome', *Food and History*, V/1 (2007), pp. 19–28.

87 Steven J. R. Ellis, 'Eating and Drinking Out', in *A Cultural History of Food in Antiquity*, ed. Fabio Parasecoli and Peter Scholliers (London, 2012), pp. 111–12.

88 Robin Nadeau, 'Stratégies de survie et rituels festifs dans le monde gréco-romain',

in *Profusion et pénurie: les hommes face à leurs besoins alimentaires*, ed. Martin Bruegel (Rennes, 2009), pp. 55–69.

89 Antonietta Dosi and François Schnell, *I Romani in cucina* (Rome, 1992), pp. 93–121.

90 Dosi Antonietta and François Schnell, *Pasti e vasellame da tavola* (Rome, 1992), p. 12.

91 Dosi and Schnell, *I Romani*, pp. 108–15.

92 J.H.C. Williams, *Beyond the Rubicon: Romans and Gauls in Republican Italy* (Oxford, 2001).

93 Emilio Sereni, 'Agricoltura e mondo rurale', in *Storia d'Italia: I caratteri originali*, vol. 1, eds Ruggiero Romano and Corrado Vivanti (Turin, 1989), pp. 143–5.

94 Ellen Churchill Semple, 'Geographic Factors in the Ancient Mediterranean Grain Trade', *Annals of the Association of American Geographers*, 11 (1921), p. 73.

95 Paul Erdkamp, *The Grain Market in the Roman Empire: A Social, Political and Economic Study* (Cambridge, 2005).

96 Dosi and Schnell, *Le abitudini*, pp. 43–7.

97 Paul Erdkamp, *Hunger and the Sword: Warfare and Food Supply in Roman Republican Wars (264–30 BC)* (Amsterdam, 1998).

98 Dalby, *Siren Feasts*, p. 198.

99 James Innes Miller, *The Spice Trade of the Roman Empire, 29 BC to AD 641* [1969] (Oxford, 1998).

100 Garnsey, *Food*, p. 23.

101 Horace, *Satires* 2.6.77–115.

102 Stéphane Solier, 'Manières de tyran à la table de la satire latine: l'institutionnalisation de l'excès dans la convivialité romaine', *Food and History*, IV/2 (2006), pp. 91–111.

103 Christophe Badel, 'Ivresse et ivrognerie à Rome (IIe s av. J.-C. - IIIe s ap. J.-C.)', *Food and History*, IV/2 (2006), p. 75–89.

104 Dosi and Schnell, *Le abitudini*, pp. 113–18.

105 Elizabeth Ann Pollard, 'Pliny's Natural History and the Flavian Templum Pacis: Botanical Imperialism in First-Century CE Rome', *Journal of World History*, XX/3 (2009), pp. 311.

106 Deborah Ruscillo, 'When Gluttony Ruled!', *Archaeology*, LIV/6 (2001), pp. 20–24; John H. D'Arms, 'The Culinary Reality of Roman Upper-class Convivia: Integrating Texts and Images', *Comparative Studies in Society and History*, XLVI/3 (2004), pp. 428–50.

107 Konrad I. Vössing, 'Family and Domesticity', in *A Cultural History of Food in Antiquity*, ed. Fabio Parasecoli and Peter Scholliers (London, 2012), pp. 133–43.

108 Dosi and Schnell, *Pasti*, pp. 24–6.

109 Roy Strong, *Feast: A History of Grand Eating* (Orlando, 2002), p. 29.

110 Petronius, *Satyricon* 31–70.

111 Christopher Grocock, Sally Grainger and Dan Shadrake, *Apicius: A Critical Edition with an Introduction and English Translation* (Totnes, 2006).

112 Curtis, 'Professional Cooking', pp. 113–32.

113 Apicius, *Cooking and Dining in Imperial Rome*, trans. Joseph Dommers Vehling (Chicago, 1936), available at www.gutenberg.org.

114 Robin Nadeau, 'Body and Soul', in *A Cultural History of Food in Antiquity*, ed. Parasecoli and Scholliers, pp. 145–62.

115 Garnsey, *Food*, p. 110.

116 Gillian Feeley-Harnik, *The Lord's Table: The Meaning of Food in Early Judaism and Christianity* (Washington and London, 1994), pp. 153–64.

117 Wim Broekaert and Arjan Zuiderhoek, 'Food Systems in Classic Antiquity', in *A Cultural History of Food in Antiquity*, ed. Parasecoli and Scholliers, pp. 75–93.

118 Paul Erdkamp, 'Food Security, Safety, and Crises', in *A Cultural History of Food in Antiquity*, ed. Parasecoli and Scholliers, pp. 57–74.

119 Wim Broekaert and Arjan Zuiderhoek, 'Food and Politics in Classic Antiquity', in *A Cultural History of Food in Antiquity*, ed. Parasecoli and Scholliers, pp. 41–55; Garnsey, *Food*, pp. 30–33.

120 Broekaert and Zuiderhoek, 'Food Systems', p. 48.

121 Steven J. R. Ellis, 'The Pompeian Bar: Archaeology and the Role of Food and Drink Outlets in an Ancient Community', *Food and History*, II/1 (2004), pp. 41–58.

122 Dosi and Schnell, *Pasti*, pp. 36–58.

two: Invaders

1 Jairus Banaji, *Agrarian Change in Late Antiquity: Gold, Labour, and Aristocratic Dominance* (Oxford, 2007).

2 Lin Foxhall, 'The Dependent Tenant: Land Leasing and Labour in Italy and Greece,' *Journal of Roman Studies*, 80 (1990), pp. 97–114.

3 Emilio Sereni, 'Agricoltura e mondo rurale', in *Storia d'Italia: I caratteri originali*, vol. I, ed. Ruggiero Romano and Corrado Vivanti (Turin, 1989), pp. 146–8.

4 Paolo Galloni, *Storia e cultura della caccia: dalla preistoria a oggi* (Bari, 2000), pp. 74–84.

5 Girolamo Arnaldi, *Italy and Its Invaders* (Cambridge, MA, 2005), p. 15.

6 Massimo Montanari, *Convivio* (Bari, 1989), p. 208.

7 Emilio Sereni, *History of the Italian Agricultural Landscape* (Princeton, NJ, 1997), pp. 58–61.

8 Alfio Cortonesi, 'Food Production', in *A Cultural History of Food: In the Medieval Age*, ed. Fabio Parasecoli and Peter Scholliers (Oxford, 2012), p. 22.

9 Galloni, *Storia*, pp. 93–109.

10 Lars Brownworth, *Lost to the West* (New York, 2009), pp. 67–113.

11 Arnaldi, *Italy*, p. 28.

12 Peter Charanis, 'Ethnic Changes in the Byzantine Empire in the Seventh Century', *Dumbarton Oaks Papers*, 13 (1959), pp. 23–44.

13 Lynn White, 'The Byzantinization of Sicily', *American Historical Review*, XLII/1 (1936), pp. 1–21.

14 Ann Wharton Epstein, 'The Problem of Provincialism: Byzantine Monasteries in Cappadocia and Monks in South Italy', *Journal of the Warburg and Courtauld Institutes*, 42 (1979), pp. 28–46.

15 Giovanni Haussmann, 'Il suolo d'Italia nella storia', in *Storia d'Italia: I caratteri original*, vol. I, ed. Ruggiero Romano and Corrado Vivanti (Turin, 1989), p. 79.

16 St Benedict, *Rule* 35.

17 St Benedict, *Rule* 39.

18 St Benedict, *Rule* 40.

19 Brian Fagan, *Fish on Friday: Feasting, Fasting, and the Discovery of the New World* (New York, 2006), p. 23.

20 Andrew Dalby, *Siren Feasts: A History of Food and Gastronomy in Greece* (London, 1996), p. 197.

21 Neil Christie, 'Byzantine Liguria: An Imperial Province against the Longobards, AD 568–643', *Papers of the British School at Rome*, 58 (1990), pp. 229–71.

22 Peter Sarris, 'Aristocrats, Peasants and the Transformation of Rural Society, *c.* 400–800', *Journal of Agrarian Change*, IX/1 (2009), p. 15.

23 Thomas Brown and Neil Christie, 'Was There a Byzantine Model of Settlement in Italy?', *Melanges de l'École francaise de Rome. Moyen-Age, Temps modernes*, CI/2 (1989), pp. 377–99.

24 Pere Benito, 'Food Systems', in *A Cultural History of Food: In the Medieval Age*, ed. Fabio Parasecoli and Peter Scholliers (Oxford, 2012), p. 52.

25 Daron Acemoglu and James A. Robinson, *Why Nations Fail: The Origin of Power, Prosperity, and Poverty* (New York, 2012), pp. 151–2.

26 Armand O. Citarella, 'Patterns in Medieval Trade: The Commerce of Amalfi before the Crusades', *Journal of Economic History*, XXVIII/4 (1968), pp. 531–55; Barbara M. Kreutz, 'Ghost Ships and Phantom Cargoes: Reconstructing Early Amalfitan Trade', *Journal of Medieval History*, 20 (1994), pp. 347–57; Patricia Skinner, *Family Power in Southern Italy: The Duchy of Gaeta and Its Neighbors, 850–1139* (Cambridge, MA, 1995).

27 Marios Costambeys, 'Settlement, Taxation and the Condition of the Peasantry in Post-Roman Central Italy', *Journal of Agrarian Change*, IX/1 (2009), pp. 92–119.

28 Lynn White Jr, 'Indic Elements in the Iconography of Petrarch's Trionfo Della Morte', *Speculum*, 49 (1974), pp. 204–5; ANASB, 'Le origini del bufalo', www.anasb.it.

29 André Guillou, 'Production and Profits in the Byzantine Province of Italy (Tenth to Eleventh Centuries): An Expanding Society', *Dumbarton Oaks Papers*, 28 (1974), p. 92.

30 John L. Teall, 'The Grain Supply of the Byzantine Empire, 330–1025', *Dumbarton Oaks Papers*, 13 (1959), pp. 137–8.

31 Dalby, *Siren Feasts*, pp. 189–99.

32 Anthony Bryer, 'Byzantine Agricultural Implements: The Evidence of Medieval Illustrations of Hesiod's "Works and Days"', *Annual of the British School at Athens*, 81 (1986), pp. 45–80.

33 Sereni, *History*, p. 49.

34 Arnaldi, *Italy*, p. 59.

35 Einhard, *Vita Karoli Magni*, (Hannover and Lipsia, 1905), p. 24, available at http://archive.org/stream.

36 Galloni, *Storia*, pp. 109–24.

37 Yann Grappe, *Sulle Tracce del Gusto: Storia e cultura del vino nel Medievo* (Bari, 2006), pp. 6–10.

38 Sereni, *History*, p. 69.

39 Massimo Montanari, 'Production Structures and Food Systems in the Early

Middle Ages', in *Food: A Culinary History from Antiquity to the Present*, ed.
Jean-Louis Flandrin and Massimo Montanari (New York, 1999), pp. 168–77.

40 Montanari, *Convivio*, p. 255.

41 Giuliano Pinto, 'Food Safety', in *A Cultural History of Food: In the Medieval
Age*, ed. Parasecoli and Scholliers, pp. 57–64.

42 Fagan, *Fish*, pp. 10–11.

43 Anthimus, *De observatione ciborum epistula ad Theudericum, regem Francorum.
Bibliotheca scriptorum Graecorum et Romanorum Teubneriana*, ed. Valentin Rose
(Lipsia, 1877).

44 *The Holy Rule of St Benedict*, trans. Rev. Boniface Verheyen, OSB (Atchison, KS,
1949).

45 Andrew Watson, *Agricultural Innovation in the Early Islamic World* (Cambridge,
1983); Michael Decker, 'Plants and Progress: Rethinking the Islamic
Agricultural Revolution', *Journal of World History*, XX/2 (2009), pp. 197–206.

46 Clifford A. Wright, *A Mediterranean Feast* (New York, 1999).

47 Charles Perry, 'Sicilian Cheese in Medieval Arab Recipes', *Gastronomica*, I/1
(2001), pp. 76–7.

48 Manuela Marìn, 'Beyond Taste', in *A Taste of Thyme: Culinary Cultures of
the Middle East*, ed. Sami Zubaida and Richard Tapper (London, 2000),
pp. 205–14.

49 Lilia Zaouali, *Medieval Cuisine of the Islamic World* (Berkeley, CA, 2007).

50 Janet L. Abu-Lughod, *Before European Hegemony: The World System, AD 1250–
1350* (New York and Oxford, 1989); George F. Hourani, *Arab Seafaring in the
Indian Ocean and In Ancient and Early Medieval Times* (Princeton, NJ, 1995).

51 Arnaldi, *Italy*, p. 71.

52 Francesco Gabrieli, 'Greeks and Arabs in the Central Mediterranean Area',
Dumbarton Oaks Papers, 18 (1964), pp. 57–65.

53 Mohamed Ouerfelli, 'Production et commerce du sucre en Sicile au XVe siècle',
Food and History, I/1 (2003), p. 105.

54 David Abulafia, 'Pisan Commercial Colonies and Consulates in Twelfth-
century Sicily', *English Historical Review*, XCIII/366 (1978), pp. 68–81.

55 David Abulafia, 'The Crown and the Economy under Roger II and his
Successors', *Dumbarton Oaks Papers*, 37 (1983), pp. 1–14.

THREE: Rebirth

1 Giovanni Ceccarelli, Alberto Grandi and Stefano Magagnoli, 'The "Taste" of
Typicality', *Food and History*, VIII/2 (2010), pp. 45–76.

2 Giovanni Boccaccio, *The Decameron*, Eighth Day, Novella 3; Pina Palma,
'Hermits, Husband and Lovers: Moderation and Excesses at the Table in the
Decameron', *Food and History*, IV/2 (2006), pp. 151–62.

3 Emilio Sereni, *History of the Italian Agricultural Landscape* (Princeton, NJ, 1997),
p. 114.

4 Ibid., pp. 81–6.

5 Ibid., p. 99, 110.

6 Pere Benito, 'Food Systems', in *A Cultural History of Food: In the Medieval Age*,
ed. Fabio Parasecoli and Peter Scholliers (Oxford, 2012), p. 42.

7 Eric E. Dursteler, 'Food and Politics', in *A Cultural History of Food: In the Renaissance*, ed. Fabio Parasecoli and Peter Scholliers (London, 2012), pp. 84–5.

8 Silvano Serventi and Françoise Sabban, *Pasta: The Story of a Universal Food* (New York, 2002), pp. 9–62.

9 Evelyn Welch, *Shopping in the Renaissance: Consumer Cultures in Italy 1400–1600* (New Haven and London, 2005), pp. 70–103.

10 Federica Badiali, *Cucina medioevale italiana* (Bologna, 1999); Allen J. Grieco, 'Body and Soul', in *A Cultural History of Food: In the Medieval Age*, ed. Parasecoli and Scholliers, pp. 143–9.

11 Yann Grappe, *Sulle Tracce del Gusto: Storia e cultura del vino nel Medievo* (Bari, 2006), pp. 71–7.

12 Mohamed Ouerfelli, 'Production et commerce du sucre en Sicile au xve siècle', *Food and History*, I/I (2003), pp. 105–6.

13 Giuseppe Sperduti, *Riccardo di San Germano: La Cronaca* (Cassino, 1995), pp. 138–45.

14 Joshua Starr, 'The Mass Conversion of Jews in Southern Italy (1290–1293)', *Speculum*, XXI/2 (1946), pp. 203–11; Nadia Zeldes, 'Legal Status of Jewish Converts to Christianity in Southern Italy and Provence', *California Italian Studies Journal*, I/I (2010), available at http://escholarship.org.

15 Sereni, *History*, p. 126.

16 Daron Acemoglu and James A. Robinson, *Why Nations Fail: The Origin of Power, Prosperity, and Poverty* (New York, 2012), pp. 155–6; E. Ashtor, 'Profits from Trade with the Levant in the Fifteenth Century', *Bulletin of the School of Oriental and African Studies*, XXXVIII/2 (1975), pp. 250–75.

17 Sereni, *History*, p. 97.

18 Ibid., pp. 133–9.

19 Welch, *Shopping*, pp. 2–11.

20 Ibid., pp. 32–55.

21 Lino Turrini, *La cucina ai tempi dei Gonzaga* (Milan, 2002).

22 Jeremy Parzen, 'Please Play with Your Food: An Incomplete Survey of Culinary Wonders in Italian Renaissance Cookery', *Gastronomica*, IV/4 (2004), pp. 25–33.

23 Muriel Badet, 'Piero di Cosimo: d'une iconographie à l'autre. Rapt, repas de noce et pique-nique pour l'Enlèvement d'Hippodamie', *Food and History*, IV/I (2006), pp. 147–67; John Varriano, 'At Supper with Leonardo', *Gastronomica*, VIII/3 (2008), pp. 75–9; John Varriano, *Tastes and Temptations: Food and Art in Renaissance Italy* (Berkeley, CA, 2011); Gillian Riley, 'Food in Painting', in *A Cultural History of Food: In the Renaissance*, ed. Fabio Parasecoli and Peter Scholliers (London, 2012), pp. 171–82.

24 Antonella Campanini, 'La table sous contrôle: Les banquets et l'excès alimentaire dans le cadre des lois somptuaires en Italie entre le Moyen Âge et la Renaissance', *Food and History*, IV/2 (2006), pp. 131–50.

25 Ken Albala, *Food in Early Modern Europe* (Westport, CT, 2003), pp. 107–12.

26 Massimo Montanari, *Convivio* (Bari, 1989), pp. 363–8.

27 Darra Goldstein, 'Implements of Eating', in *Feeding Desire: Design and the Tools of the Table, 1500–2005*, ed. Sarah D. Coffin, Ellen Lupton, Darra Goldstein and Barbara Bloemink (New York, 2006), p. 118.

28 Daniele Alexandre-Bidon, 'La cigale et la fourmi: Céramique et conservation

des aliments et des médicaments (Moyen Age–XVI siècle)', in *Profusion et Pénurie: les hommes face à leurs besoins alimentaires*, ed. Martin Bruegel (Rennes, 2009), pp. 71–84.

29 Wendy Watson, *Italian Renaissance Ceramics* (Philadelphia, 2006).

30 Catherine Hess, George Saliba and Linda Komaroff, *The Arts of Fire: Islamic Influences on Glass and Ceramics of the Italian Renaissance* (Los Angeles, 2004).

31 Aldo Bova, *L'avventura del vetro dal Rinascimento al Novecento tra Venezia e mondi lontani* (Geneva, 2010).

32 Jutta-Annette Page, *Beyond Venice: Glass in Venetian Style, 1500–1750* (Manchester, VT, 2004).

33 Margaret Gallucci and Paolo Rossi, *Benvenuto Cellini: Sculptor, Goldsmith, Writer* (Cambridge, 2004).

34 Albala, *Food*, pp. 115–21.

35 Ariel Toaff, *Mangiare alla giudia* (Bologna, 2000), p. 67.

36 Jean François Revel, *Culture and Cuisine: A Journey through the History of Food* (New York, 1982), pp. 117–20.

37 Giovanna Giusti Galardi, *Dolci a corte: dipinti ed altro* (Livorno, 2001).

38 Grappe, *Sulle Tracce*, pp. 13–14; Luisa Cogliati Arano, *The Medieval Health Handbook: Tacuinum Sanitatis* (New York, 1976).

39 Montanari, *Convivio*, pp. 267–8.

40 Luciano Mauro and Paola Valitutti, *Il Giardino della Minerva* (Salerno, 2011).

41 Kenneth D. Keele, 'Leonardo da Vinci's Studies of the Alimentary Tract', *Journal of the History of Medicine*, XXVII/2 (1972), pp. 133–44.

42 Ken Albala, *Eating Right in the Renaissance* (Berkeley and Los Angeles, 2002), pp. 14–47.

43 Alberto Capatti and Massimo Montanari, *Italian Cuisine: A Cultural History* (New York, 2003), p. 9; Nancy Harmon Jenkins, 'Two Ways of Looking at Maestro Martino', *Gastronomica*, VII/2 (2007), pp. 97–103; Maestro Martino, *The Art of Cooking: The First Modern Cookery Book* (Berkeley and Los Angeles, 2005).

44 Laura Giannetti, 'Italian Renaissance Food-Fashioning or The Triumph of Greens', *California Italian Studies*, I/2 (2010), available at http://escholarship.org; Giovanna Bosi, Anna Maria Mercuri, Chiara Guarnieri and Marta Bandini Mazzanti, 'Luxury Food and Ornamental Plants at the 15th Century AD Renaissance Court of the Este Family (Ferrara, Northern Italy)', *Vegetation History and Archaeobotany*, XVIII/5 (2009), pp. 389–402.

45 David Gentilcore, *Pomodoro: A History of the Tomato in Italy* (New York, 2010), p. 32.

46 John Varriano, 'Fruits and Vegetables as Sexual Metaphor in Late Renaissance Rome', *Gastronomica*, V/4 (2005), pp. 8–14.

47 Montanari, *Convivio*, p. 504.

48 Maestro Martino, *The Art of Cooking*, p. 17; Jenkins, 'Two Ways', p. 97.

49 Cristoforo di Messisbugo, *Banchetti, compositioni di vivande et apparecchio generale* (Ferrara, 1549), p. 20. Available at http://books.google.com.

50 *The Opera of Bartolomeo Scappi (1570)*, trans. Terence Scully (Toronto, 2008); June di Schino and Furio Luccichenti, *Il cuoco segreto dei papi – Bartolomeo Scappi e la Confraternita dei cuochi e dei pasticceri* (Rome, 2008).

51 Bartolomeo Scappi, *Opera* (Venezia, 1570), p. 2. Available at http://archive.org.

52 Capatti and Montanari, *Italian Cuisine*, p. 13.

53 Albala, *Food*, pp. 122–33.

54 Ibid., pp. 89–99.

55 Alison A. Smith, 'Family and Domesticity', in *A Cultural History of Food: In the Renaissance*, ed. Parasecoli and Scholliers, p. 138.

56 Serventi and Sabban, *Pasta*, pp. 63–90.

57 Claudia Roden, *The Book of Jewish Food* (New York, 1998), p. 479.

58 Toaff, *Mangiare*, p. 17.

59 Henry Kamen, 'The Mediterranean and the Expulsion of Spanish Jews in 1492', *Past and Present*, CXIX/1 (1988), pp. 30–55.

60 Joyce Goldstein, *Cucina Ebraica* (San Francisco, 1998); Edda Servi Machlin, *Classic Italian Jewish Cooking: Traditional Recipes and Menus* (New York, 2005).

61 Lucia Frattarelli Fischer and Stefano Villani, '"People of Every Mixture": Immigration, Tolerance and Religious Conflicts in Early Modern Livorno', in *Immigration and Emigration in Historical Perspective*, ed. Ann Katherine Isaacs (Pisa, 2007), pp. 93–107; Matthias B. Lehmann, 'A Livornese "Port Jew" and the Sephardim of the Ottoman Empire', *Jewish Social Studies*, XI/2 (2005), pp. 51–76.

62 Howard Adelman, 'Rabbis and Reality: Public Activities of Jewish Women in Italy during the Renaissance and Catholic Restoration', *Jewish History*, V/1 (1991), pp. 27–40.

63 Toaff, *Mangiare*, pp. 26–7.

64 Maurizio Sentieri and Zazzu Guido, *I semi dell'Eldorado* (Bari, 1992); Alfred Crosby, *The Columbian Exchange: Biological and Cultural Consequences of 1492* (Westport, CT, 1972).

65 Valérie Boudier, 'Appropriation et représentation des animaux du Nouveau Monde chez deux artistes nord italiens de la fin du XVIe siècle. Le cas du dindon', *Food History*, VII/1 (2009), pp. 79–102.

66 Salvatore Marchese, *Benedetta patata: Una storia del '700, un trattato e 50 ricette* (Padova, 1999).

67 Gentilcore, *Pomodoro*, p. 4.

68 Dursteler, 'Food and Politics', p. 93.

69 Massimo Montanari, *Nuovo Convivio* (Bari, 1991), p. 183.

FOUR: Fragmentation and Unification

1 Brian Fagan, *The Little Ice Age: How Climate Made History, 1300–1850* (New York, 2001).

2 Emilio Sereni, *History of the Italian Agricultural Landscape* (Princeton, NJ, 1997), p. 187.

3 Ibid, pp. 189–98.

4 Ariel Toaff, *Mangiare alla giudia* (Bologna, 2000), p. 82.

5 Ibid., pp. 74–5.

6 Bartolomeo Stefani, *L'arte del ben cucinare ed instruire i meno periti in questa lodevole professione: dove anche s'insegna a far pasticci, sapori, salse, gelatine, torte, ed altro* (Mantova, 1662), p. 137. Available at www.academiabarilla.it.

7 Ken Albala, *Food in Early Modern Europe* (Westport, CT, 2003), pp. 133–6.

8 John Dickie, *Delizia: The Epic History of the Italians and Their Food* (New York, 2008), pp. 139–43.

9 Alberto Capatti and Massimo Montanari, *Italian Cuisine: A Cultural History* (New York, 2003), p. 21.

10 Antonio Latini, *Lo scalco alla moderna. Overo l'arte di ben disporre li conviti* (Napoli, 1693), intro., p. 2, available at www.academiabarilla.it.

11 David Gentilcore, *Pomodoro: A History of the Tomato in Italy* (New York, 2010), p. 48.

12 Albala, *Food*, pp. 13–8.

13 Giacomo Castelvetro, *The Fruit, Herbs, and Vegetables of Italy*, trans. Gillian Riley (London, 1989), p. 49.

14 Castelvetro, *The Fruit*, p. 65.

15 Massimo Montanari, *Nuovo Convivio* (Bari, 1991), pp. 355–6.

16 Ibid., p. 358.

17 Piero Camporesi, 'La cucina borghese dell'Ottocento fra tradizione e rinnovamento', in *La terra e la luna* (Garzanti, 1995), p. 233.

18 Sereni, *History*, p. 221.

19 Silvano Serventi and Françoise Sabban, *Pasta: The Story of a Universal Food* (New York, 2002), pp. 91–115.

20 Toaff, *Mangiare*, p. 111.

21 Mark Pendergrast, *Uncommon Grounds: The History of Coffee and How It Transformed Our World* (New York, 1999); Bennett A. Weinberg and Bonnie K. Bealer, *The World of Caffeine: The Science and Culture of the World's Most Popular Drug* (New York and London, 2002).

22 Sophie D. Coe, *America's First Cuisines* (Austin, 1994), p. 55.

23 Montanari, *Nuovo Convivio*, pp. 315–16.

24 Piero Camporesi, *Exotic Brew: The Art of Living in the Age of Enlightenment* (Malden, MA, 1998), p. 40.

25 Ibid., p. 48.

26 Montanari, *Nuovo Convivio*, p. 335.

27 Gentilcore, *Pomodoro*, p. 53.

28 Albala, *Food*, pp. 139–40.

29 Alberto Capatti, 'Il Buon Paese', in *Introduzione alla Guida Gastronomica Italiana 1931* (Milan, 2003), p. 6.

30 Vincenzo Corrado, *Il Credenziere di Buon Gusto* (Napoli, 1778), p. ix.

31 Maria Attilia Fabbri Dall'Oglio and Alessandro Fortis, *Il gastrononomo errante Giacomo Casanova* (Rome, 1998).

32 Louis Chevalier de Jaucourt, 'Cuisine', in *Encyclopédie ou Dictionnaire raisonné des sciences, des arts et des métiers*, vol. IV (Paris, 1754), p. 538.

33 Renato Mariani-Costantini and Aldo Mariani-Costantini, 'An Outline of the History of Pellagra in Italy', *Journal of Anthropological Sciences*, 85 (2007), pp. 163–71.

34 Athos Bellettini, 'Aspetti e problemi della ripresa demografica nell'Italia del Settecento', *Società e Storia*, 6 (1979), pp. 817–38.

35 Vera Zamagni, *Economic History of Italy, 1860–1990: Recovery after Decline* (Oxford, 1993), pp. 118–19.

36 Alberto Capatti, Alberto De Bernardi and Angelo Varni, 'Introduzione', in *Storia d'Italia, Annali 13: L'alimentazione*, p. xxxv.

37 'La falange noi siam de' mietitori, / E falciamo le messi a lor signori. / Ben venga il Sol cocente, il Sol di giugno / Che ci arde il sangue, ci annerisce il grugno / E ci arroventa la falce nel pugno, Quando falciam le messi a lor signori. . . / I nostri figlioletti non han pane, / E chi sa? Forse moriran domane, / I nvidiando il pranzo al vostro cane . . . / E noi falciamo le messi a lor signori. / Ebbre di sole ognun di noi barcolla; / Acqua ed aceto, un tozzo e una cipolla / Ci disseta, ci allena, ci satolla. / Falciam, falciam le messi a quei signori.' Mario Rapisardi, *Versi: scelti e riveduti da esso* (Milan, 1888), p. 167.

38 Francesco Taddei, 'Il cibo nell'Italia mezzadrile fra Ottocento and Novecento', in *Storia d'Italia, Annali 13: L'alimentazione*, ed. Alberto De Bernardi, Alberto Varni and Angelo Capatti (Turin, 1998), p. 32.

39 Giovanni Verga, *Cavalleria Rusticana and Other Stories*, trans. G. H. McWilliam (Harmondsworth, 1999), p. 169.

40 Alberto Caracciolo, *L'Inchiesta Agraria Jacini* (Turin, 1973).

41 Maria Luisa Betri, 'L'alimentazione popolare nell'Italia dell'Ottocento', in *Storia d'Italia, Annali 13: L'alimentazione*, ed. De Bernardi, Varni and Capatti, p. 7.

42 Giuliano Malizia, *La cucina romana e ebraico-romanesca* (Rome, 2001).

43 Carol Helstosky, *Garlic and Oil: Food and Politics in Italy* (Oxford, 2004), p. 22; Alfredo Niceforo, *Italiani del Nord, italiani del Sud* (Turin, 1901); Vito Teti, *La razza maledetta: origini del pregiudizio antimeridionale* (Rome, 2011).

44 Betri, 'L'alimentazione', p. 19.

45 Paolo Sorcinelli, *Gli Italiani e il cibo: dalla polenta ai cracker* (Milan, 1999), p. 47.

46 Giorgio Pedrocco, 'La conservazione del cibo: dal sale all'industria agro-alimentare', in *Storia d'Italia, Annali 13: L'alimentazione*, ed. De Bernardi, Varni and Capatti, pp. 401–19.

47 Ibid., pp. 423–6.

48 Serventi and Sabban, *Pasta*, pp. 162–9.

49 Stefano Somogyi, 'L'alimentazione nell'Italia unita', in *Storia d'Italia*, vol. v/1: *I documenti*, ed. Lellia Cracco Ruggini and Giorgio Cracco (Turin, 1973), pp. 841–87.

50 Francesco Chiapparino, 'L'industria alimentare dall'Unità al period fra le due guerre', in *Storia d'Italia, Annali 13: L'alimentazione*, ed. De Bernardi, Varni and Capatti, pp. 231–50.

51 Ada Lonni, 'Dall'alterazione all'adulterazione: le sofisticazioni alimentari nella società industriale', in *Storia d'Italia, Annali 13: L'alimentazione*, ed. De Bernardi, Varni and Capatti, pp. 531–84.

52 Giorgio Pedrocco, 'Viticultura e enologia in Italia nel xix secolo', in *La vite e il vino: storia e diritto (secoli xi-xix)*, ed. Maria Da Passano, Antonello Mattone, Franca Mele and Pinuccia F. Simbula (Rome, 2000), pp. 613–27.

53 Hugh Johnson, *Story of Wine* (London, 1989), p. 308.

54 Domenico Quirico, *Naja: storia del servizio di leva in Italia* (Milan, 2008).

55 Assunta Trova, 'L'approvvigionamento alimentare dell'esercito italiano', *Storia d'Italia, Annali 13: L'alimentazione*, ed. De Bernardi, Varni and Capatti, pp. 495–530.

56 Helstosky, *Garlic*, p. 31.

57 Sorcinelli, *Gli italiani*, pp. 59–62.

58 Pellegrino Artusi, *La scienza in cucina e l'arte di mangiar bene* [1891] (Florence, 1998), p. 93.

59 Artusi, *La scienza*, p. 168.

60 Eugenia Tognotti, 'Alcolismo e pensiero medico nell'Italia liberale', in *La vite e il vino: storia e diritto (secoli XI–XIX)*, ed. Maria Da Passano, Antonello Mattone, Franca Mele and Pinuccia F. Simbula (Rome, 2000), pp. 1237–48.

61 Sorcinelli, *Gli italiani*, pp. 50–52.

62 Penelope Francks, 'From Peasant to Entrepreneur in Italy and Japan', *Journal of Peasant Studies*, XXII/4 (1995), pp. 699–709.

63 Elizabeth D. Whitaker, 'Bread and Work: Pellagra and Economic Transformation in Turn-of-the-century Italy', *Anthropological Quarterly*, LXV/2 (1992), pp. 80–90.

FIVE: From War to Miracle

1 Paolo Sorcinelli, *Gli Italiani e il cibo: dalla polenta ai cracker* (Milan, 1999), p. 168.

2 Carol Helstosky, *Garlic and Oil: Food and Politics in Italy* (Oxford, 2004), p. 40.

3 Riccardo Bachi, *L'alimentazione e la politica annonaria* (Bari, 1926).

4 Giovanna Tagliati, 'Olindo Guerrini gastronomo: Le rime romagnole de E' Viazze L'arte di utilizzare gli avanzi della mensa', *Storia e Futuro*, 20 (2009), available at www.storiaefuturo.com.

5 Olindo Guerrini, *L'arte di utilizzare gli avanzi della mensa* [1917] (Padova, 1993), p. 57.

6 Vera Zamagni, 'L'evoluzione dei consumi tra tradizione e innovazione', in *Storia d'Italia, Annali 13: L'alimentazione*, ed. Alberto De Bernardi, Alberto Varni and Angelo Capatti (Turin, 1998), p. 185.

7 The drink's ascent would be temporarily hampered after 1927 when the Fascist government imposed the use of at least 15 per cent of rice in beer brewing to boost local rice consumption in an attempt to limit imports of cereals.

8 Helstosky, *Garlic*, p. 51.

9 Pasquale Lucio Scandizzo, 'L'agricoltura e lo sviluppo economico', in *L'Italia Agricola nel XX secolo: Storia e scenari* (Corigliano Calabro, 2000), p. 16.

10 Amate il pane, cuore della casa, profumo della mensa, gioia del focolare. Rispettate il pane, sudore della fronte, orgoglio del lavoro, poema di sacrificio. Onorate il pane, gloria dei campi, fragranza della terra, festa della vita. Non sciupate il pane, ricchezza della patria, il più soave dono di Dio, il più santo premio alla fatica umana (Benito Mussolini, *Il popolo d'Italia*, 25 March 1928, p. 15).

11 Simonetta Falasca Zamponi, *Lo spettacolo del fascismo* (Rome, 2003), pp. 226–42.

12 Ernesto Laura, *Le stagioni dell'aquila: storia dell'Istituto Luce* (Rome, 2000).

13 The historical archives of the Istituto Luce are now available online at www.archivioluce.com.

14 Helstosky, *Garlic*, pp. 100–02.

15 Sorcinelli, *Gli Italiani*, pp. 200–01.

16 Stephen C. Bruner, 'Leopoldo Franchetti and Italian Settlement in Eritrea: Emigration, Welfare Colonialism and the Southern Question', *European History Quarterly*, XXXIX/1 (2009), pp. 71–94.

17 Kate Ferris, '"Fare di ogni famiglia italiana un fortilizio": The League of Nations' Economic Sanctions and Everyday Life in Venice', *Journal of Modern Italian Studies*, XI/2 (2006), pp. 117–42.

18 'Mai come in quest'ora delicatissima, in cui tutto ciò che è forza morale attiva e fattiva acquista, sulla via del sacrificio, un potere trascendentale, la vostra missione di massaie ha avuto la suprema importanza che si riconnette, nel modo più diverso, cogli attuali urgenti interessi della Nazione. Perché specialmente da voi, massaie, che delle vostre attività e delle vostre possibilità spirituali fate il fulcro della vita familiare, si vuole che parta l'esempio capace di portare irre-sistibilmente anche gli indifferenti, anche gli incoscienti alla rigida osservanza della regola di parsimonia che ci siamo imposte e nella quale persevereremo fino al giorno della vittoria!' (Frida, 'Cucina Antisanzionista', *Cucina Italiana*, December 1935, p. 9.)

19 Perry R. Wilson, 'Cooking the Patriotic Omelette: Women and the Italian Fascist Ruralization Campaign', *European History Quarterly*, XXVII/4 (1993), pp. 351–47; Paul Corner, 'Women in Fascist Italy: Changing Family Roles in the Transition from an Agricultural to an Industrial Society', *European History Quarterly*, XXIII/1 (1997), pp. 51–68.

20 Jeffrey T. Schnapp, 'The Romance of Caffeine and Aluminum', *Critical Inquiry*, XXVIII/1(2001), pp. 244–69; Jonathan Morris, 'Making Italian Espresso, Making Espresso Italian', *Food and History*, VIII/2 (2010), pp. 155–84.

21 'Il caffe non e necessario alla nostra razza dinamica, attiva, svegliatissima, quin-di niente affatto bisognosa di eccitanti o stimolanti in genere . . . Il caffe non rappresenta per noi una necessità ma una ghiottoneria, un'abitudine, un pregiudizio che sia la panacea di molti mali o l'indispensabile aiuto di quel lavoro che non ci sgomenta mai neppure se snervante o continuo o identico a se stesso, quel lavoro che per essere da noi integralmente e sanamente compiuto non ha bisogno delle pause al banco degli espressi' (Eleonora della Pura, 'Vini tipici e frutta invece di caffè', *La cucina italiana*, June 1939, p. 164).

22 Gian Franco Vené, *Mille lire al mese: vita quotidiana della famiglia nell'Italia Fascista* (Milan, 1988).

23 Gianni Isola, *Abbassa la tua radio per favore . . . Storia dell'ascolto radiofonico nell'italia fascista* (Florence, 1990).

24 Adam Ardvisson, 'Between Fascism and the American Dream: Advertising in Interwar Italy', *Social Science History*, XXV/2 (2001), p. 176.

25 Giampaolo Gallo, Renato Covino and Roberto Monicchia, 'Crescita, crisi, riorganizzazione: l'industria alimentare dal dopoguerra a oggi', in *Storia d'italia, Annali 13: L'alimentazione*, ed. De Bernardi, Varni and Capatti, p. 172.

26 Alberto Capatti, 'La nascita delle associazioni vegetariane in Italia', *Food and History*, II/1 (2004), pp. 167–90.

27 Ada Bonfiglio Krassich, *Almanacco della cucina 1937: La cucina economica e sana: consigli preziosi per la massaia* (Milan, 1936), p. 25.

28 Bonfiglio Krassich, *Almanacco*, p. 34.

29 Steve Siporin, 'From Kashrut to Cucina Ebraica: The Recasting of Italian Jewish

Foodways', *Journal of American Folklore*, CVII/424 (1994), pp. 268–81.

30 Agnese Portincasa, 'Il Touring Club Italiano e la Guida Gastronomica d'Italia. Creazione, circolazione del modello e tracce della sua evoluzione (1931–1984)', *Food and History*, VI/1 (2008), pp. 83–116.

31 Touring Club Italiano, *Guida Gastronomica d'Italia* (Milan, 1931); Massimo Montanari, 'Gastronomia e Cultura', in *Introduzione alla Guida Gastronomica Italiana 1931* (Milan, 2003), pp. 4–5.

32 Alberto Capatti, *L'osteria nuova: una storia italiana del XX secolo* (Bra, 2000), p. 65.

33 Alberto Capatti, 'Il Buon Paese', in *Introduzione alla Guida Gastronomica Italiana 1931* (Milan, 2003), p. 16.

34 Federazione Nazionale Fascista Pubblici Esercizi, *Trattorie d'Italia 1939* (Rome, 1939).

35 Capatti, *L'osteria*, pp. 34–5.

36 Ibid., pp. 19–22.

37 Hans Barth, *Osteria: Guida spirituale delle osterie italiane da Verona a Capri* (Florence, 1921).

38 Filippo Tommaso Marinetti and Fillia [Luigi Colombo], *La cucina futurista* (Milan 1932), pp. 28–30

39 Ibid., p. 5.

40 Ibid., pp. 218–19.

41 Enrico Cesaretti, 'Recipes for the Future: Traces of Past Utopias in the Futurist Cookbook', *European Legacy*, XIV/7 (2009), pp. 841–56.

42 Marinetti and Fillia, *La cucina futurista*, p. 146.

43 Maria Paola Moroni Salvatori, 'Ragguaglio bibliografico sui ricettari del primo Novecento', in *Storia d'Italia, Annali 13: L'alimentazione*, ed. De Bernardi, Varni and Capatti, p. 900.

44 Pietro Luminati, *La Borsa Nera* (Rome, 1945).

45 Pierpaolo Luzzato Fegiz, *Alimentazione e Prezzi in tempo di Guerra, 1942–43* (Trieste, 1948).

46 Sorcinelli, *Gli italiani*, p. 137.

47 Rinaldo Chidichimo, 'Un secolo di agricoltura italiana: uno sguardo d'insieme', in *L'Italia Agricola nel XX secolo: Storia e scenari*, ed. Società Italiana degli Agricoltori (Corigliano Calabro, 2000), p. 5.

48 Paul Ginsborg, *A History of Contemporary Italy: Society and Politics 1943–1988* (New York, 2003), pp. 121–40.

49 Scandizzo, 'L'agricoltura', pp. 30–31.

50 Cao Pinna, 'Le classi povere', in *Atti della commissione parlamentare di inchiesta sulla miseria in Italia e sui mezzi per combatterla*, vol. II (Rome, 1954).

51 Sorcinelli, *Gli italiani*, p. 212.

52 Viviana Lapertosa, *Dalla fame all'abbondanza: Gli italiani e il cibo nel cinema dal dopoguerra ad oggi* (Turin, 2002).

53 Fabio Carlini, Donata Dinoia and Maurizio Gusso, *C'è il boom o non c'è. Immagini dell'Italia del miracolo economico attraverso film dell'epoca (1958–1965)* (Milan, 1998).

54 Helstosky, *Garlic*, p. 127.

55 Luisa Tasca, '"The Average Housewife" in Post-World War II Italy', *Journal of Women's History*, XVI/2 (2004), pp. 92–115; Adam Arvidsson, 'The Therapy of

Consumption Motivation Research and the New Italian Housewife, 1958–62', *Journal of Material Culture*, v/3 (2000), pp. 251–74.

56 Scandizzo, 'L'agricoltura', p. 35.

57 Paolo Malanima, 'Urbanisation and the Italian Economy During the Last Millennium', *European Review of Economic History*, 9 (2005), p. 106.

58 Sorcinelli, *Gli italiani*, p. 219.

59 Scandizzo, 'L'agricoltura', p. 22.

60 Gianpaolo Fissore, 'Gli italiani e il cibo sul grande schermo dal secondo dopoguerra a oggi', in *Il cibo dell'altro: movimenti migratori e culture alimentari nella Torino del Novecento*, ed. Marcella Filippa (Rome, 2003), pp. 163–79.

61 Mara Anastasia and Bruno Maida, 'I luoghi dello scambio', in *Il cibo dell'altro: movimenti migratori e culture alimentary nella Torino del Novecento*, ed. Marcella Filippa (Rome, 2003), pp. 3–52.

62 Rachel E. Black, *Porta Palazzo: The Anthropology of an Italian Market* (Philadelphia, 2012).

63 Paolo Sorcinelli, 'Identification Process at Work: Virtues of the Italian Working-class Diet in the First Half of the Twentieth Century', in *Food, Drink and Identity*, ed. Peter Scholliers (Oxford, 2001), p. 81.

64 Istituto Italiano Alimenti Surgelati, *I surgelati: amici di famiglia* (Rome, 2011), p. 30.

65 Gian Paolo Ceserani, *Storia della pubblicità in Italia* (Bari, 1988); Gianni Canova, *Dreams: i sogni degli italiani in 50 anni di pubblicità televisiva* (Milan, 2004); Gian Luigi Falabrino, *Storia della pubblicità in Italia dal 1945 a oggi* (Rome, 2007).

66 Emanuela Scarpellini, 'Shopping American-style: The Arrival of the Supermarket in Postwar Italy', *Enterprise and Society*, v/4 (2004), pp. 625–68.

67 Bernando Caprotti, *Falce e carrello: Le mani sulla spesa degli italiani* (Venezia, 2007).

68 Morris, 'Making Italian Espresso', p. 164.

SIX: Now and the Future

1 Piero Camporesi, *La terra e la luna* (Garzanti, 1995), p. 339.

2 Pasquale Lucio Scandizzo, 'L'agricoltura e lo sviluppo economico', in *L'Italia Agricola nel xx secolo: Storia e scenari* (Corigliano Calabro, 2000), p. 41.

3 Ibid., p. 21.

4 Aida Turrini, Anna Saba, Domenico Perrone, Eugenio Cialfa and Amleto D'Amicis, 'Food Consumption Patterns in Italy: the INN-CA Study 1994–1996', *European Journal of Clinical Nutrition*, lv/7 (2001), pp. 571–88.

5 ISTAT, *Rapporto Annuale 2012: La situazione del Paese* (Rome, 2012).

6 Fondazione Qualivita – Ismea, *Rapporto 2011 sulle produzioni agroalimentari italiane dop igp stg* (Siena, 2012).

7 Monica Giulietti, 'Buyer and Seller Power in Grocery Retailing: Evidence from Italy', *Revista de Economía del Rosario*, x/2 (2007), pp. 109–25.

8 Ulf Johansson and Steve Burt, 'The Buying of Private Brands and Manufacturer Brands in Grocery Retailing: a Comparative Study of Buying Processes in

the UK, Sweden and Italy', *Journal of Marketing Management*, XX/7–8 (2004), pp. 799–824.

9 Lucio Sicca, *Lo straniero nel piatto* (Milan, 2002).

10 Rachel Eden Black, *Porta Palazzo: The Anthropology of an Italian Market* (Philadelphia, 2012), pp. 93–118.

11 Riccardo Vecchio, 'Local Food at Italian Farmers' Markets: Three Case Studies', *International Journal of Sociology of Agriculture and Food*, XVII/2 (2010), pp. 122–39.

12 Anna Carbone, Marco Gaito and Saverio Senni, 'Consumer Attitudes toward Ethical Food: Evidence from Social Farming in Italy', *Journal of Food Products Marketing*, XV/3 (2009), pp. 337–50.

13 Paolo C. Conti, *La leggenda del buon cibo italiano* (Rome, 2006), pp. 102–12.

14 Maria Paola Ferretti and Paolo Magaudda, 'The Slow Pace of Institutional Change in the Italian Food System', *Appetite*, LXVII/2 (2006), pp. 161–9; Bente Halkier, Lotte Holm, Mafalda Domingues, Paolo Magaudda, Annemette Nielsen and Laura Terragni, 'Trusting, Complex, Quality-conscious or Unprotected?' *Journal of Consumer Culture*, VII/3 (2007), pp. 379–402; Roberta Sassatelli and Alan Scott, 'Novel Food, New Markets and Trust Regimes: Responses to the Erosion of Consumers' Confidence in Austria, Italy and the UK', *European Societies*, III/2 (2001), pp. 213–44; Andrew Fearne, Susan Hornibrook and Sandra Dedman, 'The Management of Perceived Risk in the Food Supply Chain: A Comparative Study of Retailer-led Beef Quality Assurance Schemes in Germany and Italy', *International Food and Agribusiness Management Review*, IV/1 (2001), pp. 19–36.

15 See http://gmofree-euroregions.regione.marche.it.

16 Johanna Gibson, 'Markets in Tradition – Traditional Agricultural Communities in Italy and the Impact of GMOs', *Script-ed*, III/3 (2006), pp. 243–52.

17 Ferruccio Trabalzi, 'Crossing Conventions in Localized Food Networks: Insights from Southern Italy', *Environment and Planning A*, XXXIX/2 (2007), pp. 283–300; Andrés Rodríguez-Pose and Maria Cristina Refolo, 'The Link Between Local Production Systems and Public and University Research in Italy', *Environment and Planning A*, XXXV/8 (2003), pp. 1477–92.

18 Felice Adinolfi, Marcello De Rosa, Ferruccio Trabalzi, 'Dedicated and Generic Marketing Strategies: The Disconnection between Geographical Indications and Consumer Behavior in Italy', *British Food Journal*, CXIII/3 (2011), pp. 419–35.

19 Conti, *La leggenda*, pp. 200–02.

20 Directorate-General for Agriculture and Rural Development, *An Analysis of the EU Organic Sector* (Brussels, 2010).

21 Achille Mingozzi and Rosa Maria Bertino, *Rapporto Bio Bank 2012: prosegue la corsa per accorciare la filiera* (Forlí, 2012). See www.biobank.it.

22 Roberta Sonnino, 'Quality Food, Public Procurement, and Sustainable Development: The School Meal Revolution in Rome', *Environment and Planning A*, XLI/2 (2009), pp. 425–40; Stefano Bocchi, Roberto Spigarolo, Natale Marcomini and Valerio Sarti, 'Organic and Conventional Public Food Procurement for Youth in Italy', *Bioforsk Report*, III/42 (2008), pp. 1–45.

23 Carole Counihan, *Around the Tuscan Table: Food, Family, and Gender in Twentieth-century Florence* (New York and London, 2004).

24 Angelo Presenza, Antonio Minguzzi and Clara Petrillo, 'Managing Wine Tourism in Italy', *Journal of Tourism Consumption and Practice*, II/1 (2010), pp. 46–61.

25 Filippo Ceccarelli, *Lo stomaco della Repubblica* (Milan, 2000).

26 Fabio Parasecoli, 'Postrevolutionary Chowhounds: Food, Globalization, and the Italian Left', *Gastronomica*, III/3 (2003), pp. 29–39.

27 Mara Miele and Jonathan Murdoch, 'The Practical Aesthetics of Traditional Cuisines: Slow Food in Tuscany', *Sociologia Ruralis*, XLII/4 (2002), pp. 312–28; Costanza Nosi and Lorenzo Zanni, 'Moving From "Typical Products" to "Food-related services": The Slow Food Case as a New Business Paradigm', *British Food Journal*, CVI/10–11 (2004), pp. 779–92.

28 Corby Kummer, *The Pleasures of Slow Food: Celebrating Authentic Traditions, Flavors, and Recipes* (San Francisco, 2002).

29 Heather Paxson, 'Slow Food in a Fat Society: Satisfying Ethical Appetites', *Gastronomica*, V/2 (2005), pp. 14–18; Narie Sarita Gaytàn, 'Globalizing Resistance: Slow Food and New Local Imaginaries', *Food, Culture and Society*, VII/2 (2004), pp. 97–116.

30 Carlo Petrini, ed., *Slow Food: Collected Thoughts on Taste, Tradition, and the Honest Pleasures of Food* (White River Junction, VT, 2001); Carlo Petrini, *Slow Food: The Case of Taste* (New York, 2003); Carlo Petrini and Gigi Padovani, *Slow Food Revolution* (New York, 2006).

31 Janet Chrzan, 'Slow Food: What, Why, and to Where?', *Food, Culture and Society*, VII/2 (2004), pp. 117–32.

32 Rachel Laudan, 'Slow Food: The French Terroir Strategy, and Culinary Modernism', *Food, Culture and Society*, VII/2 (2004), pp. 133–44.

SEVEN: The Globalization of Italian Food

1 Jeffrey M. Pilcher, *Food in World History* (New York, 2006), p. 87.

2 David Gentilcore, *Pomodoro: A History of the Tomato in Italy* (New York, 2010), p. 100; Ercole Sori, *L'emigrazione italiana dall'unità alla seconda guerra mondiale* (Bologna, 1980).

3 Alberto Pecorini, 'The Italian as an Agricultural Laborer', *Annals of the American Academy of Political and Social Science*, XXXIII/2 (1909), p. 158.

4 Ibid., p. 159.

5 Nancy Tregre Wilson, *Louisiana's Food, Recipes, and Folkways* (Gretna, LA, 2005).

6 Joel Denker, *The World on a Plate: A Tour through the History of America's Ethnic Cuisines* (Boulder, CO, 2003), pp. 14–20.

7 Dick Rosano, *Wine Heritage: The Story of Italian American Vintners* (San Francisco, 2000); Simone Cinotto, *Terra soffice uva nera: Vitivinicoltori piemontesi in California prima e dopo il Proibizionismo* (Turin, 2008).

8 Carol Helstosky, *Garlic and Oil: Food and Politics in Italy* (Oxford, 2004), p. 28.

9 Gentilcore, *Pomodoro*, p. 114.

10 Julia Lovejoy Cuniberti, *Practical Italian Recipes for American Kitchens* (Gazette Printing Company, 1918), p. 27, available at http://books.google.com.

11 Donna Gabaccia, *We Are What We Eat: Ethnic Food and the Making of Americans* (Cambridge, MA, 1998), p. 52.

12 Hasia Diner, *Hungering for America: Italian, Irish, and Jewish Foodways in the Age of Migration* (Cambridge, MA, 2001), p. 64.

13 Naomi Guttman and Roberta L. Krueger, 'Utica Greens: Central New York's Italian–American Specialty', *Gastronomica*, IX/3 (2009), pp. 62–7.

14 Maddalena Tirabassi, *Il Faro di Beacon Street: Social Workers e immigrate negli Stati Uniti, 1910–1939* (Milan, 1990).

15 Jane Ziegelman, *97 Orchard: An Edible History of Five Immigrant Families in One New York Tenement* (New York, 2010), pp. 183–227.

16 Fernando Devoto, Gianfausto Rosoli and Diego Armus, *La inmigración italiana en la Argentina* (Buenos Aires, 2000); Fernando Devoto, *La Historia de los Italianos en la Argentina* (Buenos Aires, 2008); Franco Cenni, *Italianos no Brasil: 'Andiamo in Merica'* (São Paulo, 2002).

17 Paola Corti, 'Emigrazione e consuetudini alimentari', in *Storia d'Italia, Annali 13: L'alimentazione*, ed. Alberto De Bernardi, Alberto Varni and Angelo Capatti (Turin, 1998), pp. 696–702.

18 Diner, *Hungering*, pp. 48–83.

19 Roberta James, 'The Reliable Beauty of Aroma: Staples of Food and Cultural Production among Italian Australians', *Australian Journal of Anthropology*, XV/1 (2004), pp. 23–39; Harvey Levenstein, *Paradox of Plenty: A Social History of Eating in Modern America* (Berkeley and Los Angeles, 2003), p. 29.

20 Simone Cinotto, 'La cucina diasporica: il cibo come segno di identita culturale', in *Storia d'Italia, Annali 24: Migrazioni*, ed. Alberto De Bernardi, Alberto Varni and Angelo Capatti (Turin, 2009), pp. 653–72.

21 Lara Pascali, 'Two Stoves, Two Refrigerators, Due Cucine: The Italian Immigrant Home with Two Kitchens', *Gender, Place and Culture*, XIII/6 (2006), pp. 685–95.

22 Leen Beyers, 'Creating Home: Food, Ethnicity and Gender among Italians in Belgium since 1946', *Food, Culture and Society*, XI/1 (2008), pp. 7–27.

23 Maren Möhring, 'Staging and Consuming the Italian Lifestyle: The Gelateria and the Pizzeria-Ristorante in Post-war Germany', *Food and History*, VII/2 (2009), pp. 181–202.

24 Jonathan Morris, 'Imprenditoria italiana in Gran Bretagna Il consumo del caffè "stile italiano"', *Italia Contemporanea*, 241 (2005), pp. 540–52.

25 Taken from http://japaneats.tv.

26 Rossella Ceccarini, *Pizza and Pizza Chefs in Japan: A Case of Culinary Globalization* (Leiden, 2011); Corky White, 'Italian Food: Japan's Unlikely Culinary Passion', *The Atlantic* (6 October 2010), available at www.theatlantic.com.

27 Robbie Swinnerton, 'Italian Cucina Meets 21st-century Tokyo', *Japan Times* online (18 June 2004), available at www.japantimes.co.jp.

28 Luigi Cembalo, Gianni Cicia, Teresa Del Giudice, Riccardo Scarpa and Carolina Tagliafierro, 'Beyond Agropiracy: The Case of Italian Pasta in the United States Retail Market', *Agribusiness*, XXIV/3 (2008), pp. 403–13.

29 Gabaccia, *We Are What We Eat*, p. 150.

30 John F. Mariani, *How Italian Food Conquered the World* (New York, 2011), pp. 44–5.

31 Hasimu Huliyeti, Sergio Marchesini and Maurizio Canavari, 'Chinese Distribution Practitioners' Attitudes towards Italian Quality Foods', *Journal of*

Chinese Economic and Foreign Trade Studies, I/3 (2008), pp. 214–31.

32 Davide Girardelli, 'Commodified Identities: The Myth of Italian Food in the United States', *Journal of Communication Inquiry*, XXVIII/4 (2004), pp. 307–24.

33 itchefs, GVCI, 'IDIC 2010: An Unforgettable Day in the Name of Tagliatelle al Ragù Bolognese', www.itchefs-gvci.com.

34 Dwayne Woods, 'Pockets of Resistance to Globalization: The Case of the Lega Nord', *Patterns of Prejudice*, XLIII/2(2009), pp. 161–77.

35 Laura Chadwick, *The Celts* (London, 1997), p. 19.

36 Michael Dietler, 'Our Ancestors the Gauls: Archaeology, Ethnic Nationalism, and the Manipulation of Celtic Identity in Modern Europe', *American Anthropologist,* New Series, XCVI/3 (1994), p. 584.

37 E. Ma, 'La polenta uncia contro il "cous cous"', *La Provincia di Como* (7 February 2004).

38 'Straniera la polenta uncia: L'accusa arriva dallo chef', *La Provincia di Como* (1 Feburary 2010), available at www.laprovinciadicomo.it.

39 Flavia Krause-Jackson, 'Tuscan Town Accused of Culinary Racism for Kebab Ban', www.bloomberg.com, 27 January 2009.

40 Maria Sorbi, '"Coprifuoco" notturno per kebab e gelati', www.ilgiornale.it, 22 April 2009.

41 Matthew Fort, 'McDonald's Launch McItaly', *The Guardian* (28 January 2010).

42 Ibid.

43 Carlo Petrini, 'Lettera al panino McItaly', *La Repubblica* (3 February 2010).

44 'Gualtiero Marchesi firma due nuovi panini per Mcdonald's', www.italianfood-net.com, 11 October 2011.

45 Luca Zaia, *Adottare la terra (per non morire di fame)* (Milan, 2010), p. 9.

46 Ibid., p. 20.

47 Ibid., p. 57.

48 Rosario Scarpato, 'Pizza: An Organic Free Range. Tale in Four Slices', *Divine*, 20 (2001), pp. 30–41.

49 European Union Commission, 'Commission Regulation (EU) no 97/2010', *Official Journal of the European Union*, VI/2 (2010), pp. L34/7–16.

50 Ian Fisher, 'Is Cuisine Still Italian Even if the Chef Isn't?', *New York Times* (7 April 2008).

51 Pina Sozio, 'Fornelli d'Italia', *Gambero Rosso*, XIX/221 (2010), pp. 86–91.

52 Marco Delogu, 'Due Migrazioni', *Sguardi online*, 54 (2007), available at www.nital.it; Marco Delogu, *Pastori*, vol. II (Rome, 2009).

53 Lorenzo Cairoli, 'Pigneto: Etnico senza trucchi', *Gambero Rosso*, XIX/220 (2010), pp. 76–83.

54 Jonathan Leake, 'Global Warming Threatens to Rob Italy of Pasta', *Sunday Times* (15 November 2009), p. 9.

55 Rudy Ruitenberg, 'Italian Grain Imports Rise 11% on Soft-Wheat, Barley Purchases, Group Says', www.bloomberg.com, 13 August 2010.

56 Barilla, FAQs (2010), available at www.barillaus.com.

57 Coldiretti, 'Rosarno: Coldiretti, nei campi oltre 90mila extracomunitari regolari', *NewsColdiretti* (24 January 2010), available at www.coldiretti.it.

58 Giuseppe Salvagiulo, 'La rivolta nera di Rosarno', *La Stampa* (8 January 2010).

59 Massimo Ferrara, 'Food, Migration, and Identity: Halal Food and Muslim

Immigrants in Italy', masters thesis, Center for Global and International
Studies, University of Kansas, 2011, pp. 25–6.

60 Pierpaolo Mudu, 'The People's Food: The Ingredients of "Ethnic" Hierarchies
and the Development of Chinese Restaurants in Rome', *GeoJournal*, 68 (2007),
pp. 195–210.

EIGHT: A Nation of Towns and Regions: Italian *Campanilismo*

1 Emilio Faccioli, ed., *Arte della cucina. Libri di ricette, testi sopra lo scalco, i trincianti e i vini. Dal XIV al XIX secolo*, vol. 1 (Milan, 1966), p. 143.
2 Faccioli, *Arte*, p. 146.
3 Pecorino Toscano DOP, *Viaggio nella storia* [Travel history] (2008), available at www.pecorinotoscanodop.it.
4 European Union Council, 'Council Regulation (EC) no 510/2006', *Official Journal* L 93, XXXI/3 (2006), pp. 12–25.
5 Giovanni Haussmann, 'Il suolo d'Italia nella storia', in *Storia d'Italia: I caratteri originali*, vol. 1, ed. Ruggiero Romano and Corrado Vivanti (Turin, 1989), p. 66.
6 Girolamo Arnaldi, *Italy and Its Invaders* (Cambridge, MA, 2005), p. vii.
7 Pellegrino Artusi, *La scienza in cucina e l'arte di mangiare bene* [1891] (Florence, 1998), p. 29.
8 '150 anni di sapori', *Gambero Rosso*, XX/228 (2011), pp. 23–36.
9 Julio Paz Cafferata and Carlos Pomareda, *Indicaciones geográficas y denominaciones de origen en Centroamerica: situacion y perspectivas* (Geneva, 2009); Leonardo Granados and Carols Álvarez, 'Viabilidad de establecer el sistema de denominaciones de origen de los productos agroalimentarios en Costa Rica', *Agronomía Costarricense*, XXVI/1 (2002), p. 63–72.
10 Vito Teti, *Il colore del cibo* (Rome, 1999), pp. 107–114.
11 Vittorio Agnetti, *La nuova cucina delle specialità regionali* (Milan, 1909).
12 Ibid., pp. 5–6.
13 Touring Club Italiano, *Guida Gastronomica d'Italia* (Milan, 1931).
14 Ibid., p. 5.
15 John F. Mariani, *How Italian Food Conquered the World* (New York, 2011), p. 163.
16 Massimo Montanari, *L'identità Italiana in Cucina* (Rome, 2010), p. vii.
17 Ibid., p. 17.
18 Alberto Capatti and Massimo Montanari, *Italian Cuisine: A Cultural History* (New York, 2003), p. xiv.
19 Michael Hardt and Antonio Negri, *Empire* (Cambridge, MA, 2001), pp. 44–5.
20 Davide Panagia, *The Political Life of Sensation* (Durham, NC, and London, 2009).
21 Regina Bendix, *In Search of Authenticity: The Formation of Folklore Studies* (Madison, WI, 1997); Meredith Abarca, 'Authentic or Not, It's Original', *Food and Foodways*, XII/1 (2004), pp. 1–25.

精選延伸閱讀

Abarca, Meredith, 'Authentic or Not, it's Original', *Food and Foodways*, XII/1 (2004), pp. 1–25

Abulafia, David, 'Pisan Commercial Colonies and Consulates in Twelfth-century Sicily', *English Historical Review*, XCIII/366 (1978), pp. 68–81

——, 'The Crown and the Economy under Roger II and his Successors', *Dumbarton Oaks Papers*, 37 (1983), pp. 1–14

Abu-Lughod, Janet, *Before European Hegemony: The World System, AD 1250–1350* (New York and Oxford, 1989)

Acemoglu, Daron, and James A. Robinson, *Why Nations Fail: The Origin of Power, Prosperity, and Poverty* (New York, 2012)

Achilli, Alessandro et al., 'Mitochondrial DNA Variation of Modern Tuscans Supports the Near Eastern Origin of Etruscans', *American Journal of Human Genetics*, LXXX/4 (2007), pp. 759–68

Adelman, Howard, 'Rabbis and Reality: Public Activities of Jewish Women in Italy during the Renaissance and Catholic Restoration', *Jewish History*, V/1 (1991), pp. 27–40

Adinolfi, Felice, Marcello De Rosa and Ferruccio Trabalzi, 'Dedicated and Generic Marketing Strategies: The Disconnection between Geographical Indications and Consumer Behavior in Italy', *British Food Journal*, CXIII/3 (2011), pp. 419–35

Agnetti, Vittorio, *La nuova cucina delle specialità regionali* (Milan, 1909). Available at www.academiabarilla.it

Albala, Ken, *Eating Right in the Renaissance* (Berkeley and Los Angeles, 2002)

——, *Food in Early Modern Europe* (Westport, CT, 2003)

Albarella, Umberto, Antonio Tagliacozzo, Keith Dobney and Peter Rowley-Conwy, 'Pig Hunting and Husbandry in Prehistoric Italy: A Contribution to the Domestication Debate', *Proceedings of the Prehistoric Society*, 72 (2006), pp. 193–227

Alexandre-Bidon, Daniele, 'La cigale et la fourmi: Céramique et conservation des aliments et des médicaments (Moyen Age–XVI siècle)', in *Profusion et Pénurie: Les hommes face à leurs besoins alimentaires*, ed. Martin Bruegel (Rennes, 2009), pp. 71–84

Amouretti, Marie-Claire, 'Urban and Rural Diets in Greece', in *Food: A Culinary History from Antiquity to the Present*, ed. Jean-Louis Flandrin and Massimo Montanari (New York, 1999), pp. 79–89

Anastasia, Mara, and Bruno Maida, 'I luoghi dello scambio', in *Il cibo dell'altro: movimenti migratori e culture alimentary nella Torino del Novecento*, ed. Marcella Filippa (Roma, 2003), pp. 3–52

Ardvisson, Adam, 'Between Fascism and the American Dream: Advertising in Interwar Italy', *Social Science History*, XXV/2 (2001), pp. 151–84

——, 'The Therapy of Consumption Motivation Research and the New Italian Housewife, 1958–62', *Journal of Material Culture*, V/3 (2000), pp. 251–74

Arnaldi, Girolamo, *Italy and Its Invaders* (Cambridge, MA, 2005)

Artusi, Pellegrino, *La scienza in cucina e l'arte di mangiare bene* [1891] (Firenze, 1998)

Ashtor, E., 'Profits from Trade with the Levant in the Fifteenth Century', *Bulletin of the School of Oriental and African Studies*, XXXVIII/2 (1975), pp. 250–75

Bachi, Riccardo, *L'alimentazione e la politica annonaria* (Bari, 1926)

Badel, Christophe, 'Ivresse et ivrognerie a Rome (IIe s av. J.-C.– IIIe s ap. J.-C.)', *Food and History*, IV/2 (2006), pp. 75–89

Badet, Muriel, 'Piero di Cosimo: d'une iconographie a l'autre. Rapt, repas de noce et pique-nique pour l'Enlevement d'Hippodamie', *Food and History*, IV/1 (2006), pp. 147–67

Badiali, Federica, *Cucina mediaevale italiana* (Bologna, 1999)

Banaji, Jairus, *Agrarian Change in Late Antiquity: Gold, Labour, and Aristocratic Dominance* (Oxford, 2007)

Barker, Graeme, *The Agricultural Revolution in Prehistory: Why Did Foragers Become Farmers?* (Oxford, 2006)

Barth, Hans, *Osteria: Guida spirituale delle osterie italiane da Verona a Capri* (Firenze, 1921)

Beekes, Robert, 'The Prehistory of the Lydians, the Origin of the Etruscans, Troy and Aeneas', *Biblioteca Orientalis*, LIX/3–4 (2002), pp. 205–41

Belayche, Nicole, 'Religion et consommation de la viande dans le monde romain: des réalités voilées', *Food and History*, V/1 (2007), pp. 29–43

Bellettini, Athos, 'Aspetti e problemi della ripresa demografica nell'Italia del Settecento', *Società e Storia*, 6 (1979), pp. 817–38

Bendix, Regina, *In Search of Authenticity: The Formation of Folklore Studies* (Madison, WI, 1997)

Benito, Pere, 'Food Systems', in *A Cultural History of Food: In the Medieval Age*, ed. Fabio Parasecoli and Peter Scholliers (Oxford, 2012), pp. 37–56

Bernabò Brea, Maria, Andrea Cardarelli and Mauro Cremaschi, eds, *Le terremare, la più antica civiltà padana* (Milan, 1997)

Betri, Maria Luisa, 'L'alimentazione popolare nell'Italia dell'Ottocento', in *Storia d'Italia, Annali 13: L'alimentazione*, ed. Alberto De Bernardi, Alberto Varni and Angelo Capatti (Torino, 1998), pp. 7–38

Beyers, Leen, 'Creating Home: Food, Ethnicity and Gender among Italians in Belgium since 1946', *Food, Culture and Society*, XI/1 (2008), pp. 7–27

Black, Rachel Eden, *Porta Palazzo: The Anthropology of an Italian Market* (Philadelphia, 2012)

Bocchi, Stefano, Roberto Spigarolo, Natale Marcomini and Valerio Sarti, 'Organic and Conventional Public Food Procurement for Youth in Italy', *Bioforsk Report*, III/42 (2008), pp. 1–45

Bosi, Giovanna, Anna Maria Mercuri, Chiara Guarnieri and Marta Bandini Mazzanti, 'Luxury Food and Ornamental Plants at the 15th-century AD Renaissance Court of the Este Family (Ferrara, Northern Italy)', *Vegetation History and Archaeobotany*, XVIII/5 (2009), pp. 389–402

Boudier, Valérie, 'Appropriation et représentation des animaux du Nouveau Monde chez deux artistes nord italiens de la fin du XVIe siècle: Le cas du dindon', *Food History*, VII/1 (2009), pp. 79–102

Bova, Aldo, *L'avventura del vetro dal Rinascimento al Novecento tra Venezia e mondi lontani* (Geneva, 2010)

Braudel, Fernand, *Memory and the Mediterranean* (New York, 2001)

Briggs, Daphne Nash, 'Metals, Salt, and Slaves: Economic Links between Gaul and Italy from the Eighth to the Late Sixth Centuries BC', *Oxford Journal of Archaeology*, XXII/3 (2003), pp. 243–59

——, 'Servants at a Rich Man's Feast: Early Etruscan Household Slaves and Their Procurement', *Etruscan Studies*, 9, Article 14 (2002). Available at: http://scholarworks.umass.edu

Broekaert, Wim, and Arjan Zuiderhoek, 'Food and Politics in Classic Antiquity', in *A Cultural History of Food in Antiquity*, ed. Fabio Parasecoli and Peter Scholliers (London, 2012), pp. 41–55

——, 'Food Systems in Classic Antiquity', in *A Cultural History of Food in Antiquity*, ed. Fabio Parasecoli and Peter Scholliers (London, 2012), pp. 75–93

Brothwell, Don, and Patricia Brothwell, *Food in Antiquity: A Survey of the Diet of Early Peoples* (Baltimore and London, 1998)

Brown, Thomas and Neil Christie, 'Was There a Byzantine Model of Settlement in Italy?', *Melanges de l'École française de Rome: Moyen-Age, Temps modernes*, CI/2 (1989), pp. 377–99

Brownworth, Lars, *Lost to the West* (New York, 2009)

Bruegel, Martin, 'Pénurie et profusion: de la crise alimentaire à l'alimentation en crise', in *Profusion et penurie: les hommes face à leurs besoins alimentaires*, ed. Martin Bruegel (Rennes, 2009), pp. 9–34

Bruner, Stephen C., 'Leopoldo Franchetti and Italian Settlement in Eritrea: Emigration, Welfare Colonialism and the Southern Question', *European History Quarterly*, XXXIX/1 (2009), pp. 71–94

Bryer, Anthony, 'Byzantine Agricultural Implements: The Evidence of Medieval Illustrations in Hesiod's "Works and Days"', *Annual of the British School at Athens*, 81 (1986), pp. 45–80

Cafferata, Julio Paz and Carlos Pomareda, *Indicaciones geograficas y denominaciones de origen en Centroamerica: situacion y perspectivas* (Geneva, 2009)

Cairoli, Lorenzo, 'Pigneto: Etnico senza trucchi', *Gambero Rosso*, XIX/220 (2010), pp. 76–83

Campanini, Antonella, 'La table sous controle: Les banquets et l'exces alimentaire dans le cadre des lois somptuaires en Italie entre le Moyen Age et la Renaissance', *Food and History*, IV/2 (2006), pp. 131–50

Camporeale, Giovanni, 'Vita privata', in *Rasenna: storia e civiltà degli Etruschi*, ed. Massimo Pallottino et al. (Milan, 1986), pp. 239–308

Camporesi, Piero, *Exotic Brew: The Art of Living in the Age of Enlightenment* (Malden, MA, 1998)

——, 'La cucina borghese dell'Ottocento fra tradizione e rinnovamento', in *La terra e la luna* (Garzanti, 1995), pp. 209–72

Canova, Gianni, *Dreams: i sogni degli italiani in 50 anni di pubblicità televisiva* (Milan, 2004)

Capatti, Alberto, 'Il Buon Paese', in *Introduzione alla Guida Gastronomica Italiana 1931* (Milan, 2003), pp. 6–31

——, 'La nascita delle associazioni vegetariane in Italia', *Food and History*, II/1 (2004), pp. 167–90

——, *L'osteria nuova: una storia italiana del xx secolo* (Bra, 2000)

Capatti, Alberto, Alberto de Bernardi and Angelo Varni, 'Introduzione', in *Storia d'Italia, Annali 13: L'alimentazione* (Torino, 1998), pp. xvii–lxiv

Capatti, Alberto, and Massimo Montanari, *Italian Cuisine: A Cultural History* (New York, 2003)

Caprotti, Bernando, *Falce e carrello: Le mani sulla spesa degli italiani* (Venezia, 2007)

Carbone, Anna, Marco Gaito and Saverio Senni, 'Consumer Attitudes toward Ethical Food: Evidence from Social Farming in Italy', *Journal of Food Products Marketing*, xv/3 (2009), pp. 337–50

Carlini, Fabio, Donata Dinoia and Maurizio Gusso, *C'è il boom o non c'è: Immagini dell'Italia del miracolo economico attraverso film dell'epoca (1958–1965)* (Milan, 1998)

Ceccarelli, Filippo, *Lo stomaco della Repubblica* (Milan, 2000)

Ceccarelli, Giovanni, Alberto Grandi and Stefano Magagnoli, 'The "Taste" of Typicality', *Food and History*, VIII/2 (2010), pp. 45–76

Ceccarini, Rossella, *Pizza and Pizza Chefs in Japan: A Case of Culinary Globalization* (Leiden, 2011)

Cembalo, Luigi, Gianni Cicia, Teresa Del Giudice, Riccardo Scarpa and Carolina Tagliafierro, 'Beyond Agropiracy: The Case of Italian Pasta in the United States Retail Market', *Agribusiness*, xxiv/3 (2008), pp. 403–13

Cenni, Franco, *Italianos no Brasil: 'Andiamo in Merica'* (São Paulo, 2002)

Cesaretti, Enrico, 'Recipes for the Future: Traces of Past Utopias in The Futurist Cookbook', *The European Legacy*, xiv/7 (2009), pp. 841–56

Ceserani, Gian Paolo, *Storia della pubblicità in Italia* (Bari, 1988)

Chadwick, Nora, *The Celts* (London, 1997)

Charanis, Peter, 'Ethnic Changes in the Byzantine Empire in the Seventh Century', *Dumbarton Oaks Papers*, 13 (1959), pp. 23–44

Chiapparino, Francesco, 'L'industria alimentare dall'Unità al period fra le due guerre', in *Storia d'Italia, Annali 13: L'alimentazione*, ed. Alberto De Bernardi, Alberto Varni and Angelo Capatti (Torino, 1998), pp. 206–68

Chidichimo, Rinaldo, 'Un secolo di agricoltura italiana: uno sguardo d'insieme', in *L'Italia Agricola nel xx secolo: Storia e scenari*, ed. Società Italiana degli Agricoltori (Corigliano Calabro, 2000), pp. 3–7

Christie, Neil, 'Byzantine Liguria: An Imperial Province against the Longobards, AD 568–643', *Papers of the British School at Rome*, 83 (1990), pp. 229–71

Chrzan, Janet, 'Slow Food: What, Why, and to Where?', *Food, Culture and Society*, VII/2 (2004), pp. 117–32

精
選
延
伸
閱
讀

Churchill Semple, Ellen, 'Geographic Factors in the Ancient Mediterranean Grain Trade', *Annals of the Association of American Geographers*, 11 (1921), pp. 47–74

Cinotto, Simone, 'La cucina diasporica: il cibo come segno di identità culturale', in *Storia d'Italia, Annali 24: Migrazioni*, ed. Alberto De Bernardi, Alberto Varni and Angelo Capatti (Turin, 2009), pp. 653–72

——, *Terra soffice uva nera: Vitivinicoltori piemontesi in California prima e dopo il Proibizionismo* (Turin, 2008)

Citarella, Armand O., 'Patterns in Medieval Trade: The Commerce of Amalfi before the Crusades', *The Journal of Economic History*, XXVIII/4 (1968), pp. 531–55

Clifford, Richard J., 'Phoenician Religion', *Bulletin of the American Schools of Oriental Research*, 279 (1990), pp. 55–64

Coe, Sophie D., *America's First Cuisines* (Austin, 1994)

Cogliati Arano, Luisa, *The Medieval Health Handbook: Tacuinum Sanitatis* (New York, 1976)

Conti, Paolo C., *La leggenda del buon cibo italiano* (Rome, 2006)

Corner, Paul, 'Women in Fascist Italy: Changing Family Roles in the Transition from an Agricultural to an Industrial Society', *European History Quarterly*, XXIII/1 (1997), pp. 51–68

Corrado, Vincenzo, *Il Credenziere di Buon Gusto* (Naples, 1778)

Corti, Paola, 'Emigrazione e consuetudini alimentary, in *Storia d'Italia, Annali 13: L'alimentazione*, ed. Alberto De Bernardi, Alberto Varni and Angelo Capatti (Turin, 1998), pp. 681–719

Cortonesi, Alfio, 'Food Production', in *A Cultural History of Food: In the Medieval Age*, ed. Fabio Parasecoli and Peter Scholliers (Oxford, 2012), pp. 19–36

Costambeys, Marios, 'Settlement, Taxation and the Condition of the Peasantry in Post-Roman Central Italy', *Journal of Agrarian Change*, IX/1 (2009), pp. 92–119

Counihan, Carole, *Around the Tuscan Table: Food, Family, and Gender in Twentieth-century Florence* (New York and London, 2004)

Cremaschi, Mauro, Chiara Pizzi and Veruska Valsecchi, 'Water Management and Land Use in the Terramare and a Possible Climatic Co-factor in their Abandonment: The Case Study of the Terramara of Poviglio Santa Rosa (Northern Italy)', *Quaternary International*, CLI/1 (2006), pp. 87–98

Cristofani, Mauro, 'Economia e società', in Massimo Pallottino et al., *Rasenna: Storia e civiltà degli Etruschi* (Milan, 1986), pp. 79–156

Crosby, Alfred, *The Columbian Exchange: Biological and Cultural Consequences* of 1492 (Westport, CT, 1972)

Crotty, Patricia, 'The Mediterranean Diet as a Food Guide: The Problem of Culture and History', *Nutrition Today*, XXXIII/6 (1998), pp. 227–32

Curtis, Robert I., 'Professional Cooking, Kitchens, and Service Work', in *A Cultural History of Food in Antiquity*, ed. Fabio Parasecoli and Peter Scholliers (London, 2012), pp. 113–32

Dalby, Andrew, *Siren Feasts: A History of Food and Gastronomy in Greece* (London, 1996)

D'Arms, John H., 'The Culinary Reality of Roman Upper-class Convivia: Integrating Texts and Images', *Comparative Studies in Society and History*, XLVI/3 (2004), pp. 428–50

Davidson, James, *Courtesans and Fishcakes: The Consuming Passions of Classical Athens* (New York, 1997)

De Angelis, Franco, 'Going against the Grain in Sicilian Greek Economics', *Greece and Rome*, LIII/1 (2006), pp. 29–47

——, 'Trade and Agriculture at Megara Hyblaia', *Oxford Journal of Archaeology*, XXI/3 (2002), pp. 299–310

Decker, Michael, 'Plants and Progress: Rethinking the Islamic Agricultural Revolution', *Journal of World History*, XX/2 (2009), pp. 197–206

Delogu, Marco, 'Due Migrazioni', *Sguardi online*, 54 (2007), available at www.nital.it

——, *Pastori*, vol. II (Roma, 2009)

Denker, Joel, *The World on a Plate: A Tour through the History of America's Ethnic Cuisines* (Boulder, CO, 2003)

De Ruyt, Claire, 'Les produits vendus au macellum', *Food and History*, V/1 (2007), pp. 135–50

Devoto, Fernando, *La Historia de los Italianos en la Argentina* (Buenos Aires, 2008)

Devoto, Fernando, Gianfausto Rosoli and Diego Armus, *La inmigración italiana en la Argentina* (Buenos Aires, 2000)

Diamond, Jared, *Guns, Germs, and Steel* (New York, 1997)

Dickie, John, *Delizia: The Epic History of the Italians and Their Food* (New York, 2008)

Dietler, Michael, 'Our Ancestors the Gauls: Archaeology, Ethnic Nationalism, and the Manipulation of Celtic Identity in Modern Europe', *American Anthropologist, New Series*, XCVI/3 (1994), pp. 584–605

Diner, Hasia, *Hungering for America: Italian, Irish, and Jewish Foodways in the Age of Migration* (Cambridge, MA, 2001)

Directorate-General for Agriculture and Rural Development, *An Analysis of the EU Organic Sector* (Brussels, 2010)

di Schino, June, and Furio Luccichenti, *Il cuoco segreto dei papi – Bartolomeo Scappi e la Confraternita dei cuochi e dei pasticceri* (Roma, 2008)

Dosi, Antonietta and François Schnell, *Le abitudini alimentari dei Romani* (Rome, 1992)

——, *Pasti e vasellame da tavola* (Rome, 1992)

——, *I Romani in cucina* (Rome, 1992)

Dupont, Florence, 'The Grammar of Roman Food', in *Food: A Culinary History from Antiquity to the Present*, ed. Jean-Louis Flandrin and Massimo Montanari (New York, 1999), pp. 113–27

Dursteler, Eric E., 'Food and Politics', in *A Cultural History of Food: In the Renaissance*, ed. Fabio Parasecoli and Peter Scholliers (London, 2012), pp. 83–100

Ellis, Steven J. R., 'Eating and Drinking Out', in *A Cultural History of Food in Antiquity*, ed. Fabio Parasecoli and Peter Scholliers (London, 2012), pp. 95–112

——, 'The Pompeian Bar: Archaeology and the Role of Food and Drink Outlets in an Ancient Community', *Food and History*, II/1 (2004), pp. 41–58

Erdkamp, Paul, 'Food Security, Safety, and Crises', in *A Cultural History of Food in Antiquity*, ed. Fabio Parasecoli and Peter Scholliers (London, 2012), pp. 57–74

——, *The Grain Market in the Roman Empire: A Social, Political and Economic Study* (Cambridge, 2005)

——, *Hunger and the Sword: Warfare and Food Supply in Roman Republican Wars (264–30 BC)* (Amsterdam, 1998)

European Commission, 'Commission Regulation (EU) no 97/2010', *Official Journal of the European Union*, V/2 (2010), pp. L34/7–16

Faas, Patrick, *Around the Roman Table: Food and Feasting in Ancient Rome* (New York, 1994)

Fabbri Dall'Oglio, Maria Attilia, and Alessandro Fortis, *Il gastronomo errante Giacomo Casanova* (Rome, 1998)

Fagan, Brian, *Fish on Friday: Feasting, Fasting, and the Discovery of the New World* (New York, 2006)

——, *The Little Ice Age: How Climate Made History, 1300–1850* (New York, 2001)

Falabrino, Gian Luigi, *Storia della pubblicità in Italia dal 1945 a oggi* (Rome, 2007)

Falasca Zamponi, Simonetta, *Lo Spettacolo del Fascismo* (Rome, 2003)

Fearne, Andrew, Susan Hornibrook and Sandra Dedman, 'The Management of Perceived Risk in the Food Supply Chain: A Comparative Study of Retailer-led Beef Quality Assurance Schemes in Germany and Italy', *International Food and Agribusiness Management Review*, IV/1 (2001), pp. 19–36

Federazione Nazionale Fascista Pubblici Esercizi, *Trattorie d'Italia 1939* (Rome, 1939)

Feeley-Harnik, Gillian, *The Lord's Table: The Meaning of Food in Early Judaism and Christianity* (Washington and London, 1994)

Fernàndez-Armesto, Felipe, *Near a Thousand Tables* (New York, 2002)

Ferrara, Massimo, 'Food, Migration, and Identity: Halal Food and Muslim Immigrants in Italy', masters thesis, Center for Global and International Studies, University of Kansas, 2011

Ferretti, Maria Paola, and Paolo Magaudda, 'The Slow Pace of Institutional Change in the Italian Food System', *Appetite*, LXVII/2 (2006), pp. 161–9

Ferris, Kate, '"Fare di ogni famiglia italiana un fortilizio": The League of Nations' Economic Sanctions and Everyday Life in Venice', *Journal of Modern Italian Studies*, XI/2 (2006), pp. 117–42

Fissore, Gianpaolo, 'Gli italiani e il cibo sul grande schermo dal secondo dopoguerra a oggi', in *Il cibo dell'altro: movimenti migratori e culture alimentari nella Torino del Novecento*, ed. Marcella Filippa (Rome, 2003), pp. 163–79

Flint-Hamilton, Kimberly B., 'Legumes in Ancient Greece and Rome: Food, Medicine, or Poison?', *Hesperia: The Journal of the American School of Classical Studies at Athens*, LXVIII/3 (1999), pp. 371–85

Fondazione Qualivita – Ismea, *Rapporto 2011 sulle produzioni agroalimentari italiane dop igp stg* (Siena, 2012)

Foxhall, Lin, 'The Dependent Tenant: Land Leasing and Labour in Italy and Greece', *The Journal of Roman Studies*, 80 (1990), pp. 97–114

Francks, Penelope, 'From Peasant to Entrepreneur in Italy and Japan', *Journal of Peasant Studies*, XXII/4 (1995), pp. 699–709

Frattarelli Fischer, Lucia, and Stefano Villani, '"People of Every Mixture": *Immigration and Emigration in Historical Perspective*, ed. Ann Katherine Isaacs (Pisa, 2007), pp. 93–107

Gabaccia, Donna, *We Are What We Eat: Ethnic Food and the Making of Americans* (Cambridge, MA, 1998)

Gabrieli, Francesco, 'Greeks and Arabs in the Central Mediterranean Area', *Dumbarton Oaks Papers*, 18 (1964), pp. 57–65

Gallo, Giampaolo, Renato Covino and Roberto Monicchia, 'Crescita, crisi, riorganizzazione: l'industria alimentare dal dopoguerra a oggi', in *Storia d'italia, Annali 13: L'alimentazione*, ed. Alberto De Bernardi, Alberto Varni and Angelo Capatti (Turin, 1998), pp. 269–343

Galloni, Paolo, *Storia e cultura della caccia: dalla preistoria a oggi* (Bari, 2000)

Gallucci, Margaret, and Paolo Rossi, *Benvenuto Cellini: Sculptor, Goldsmith, Writer* (Cambridge, 2004)

Garnsey, Peter, *Food and Society in Classical Antiquity* (Cambridge, 1999)

Gaytàn, Narie Sarita, 'Globalizing Resistance: Slow Food and New Local Imaginaries', *Food, Culture and Society*, VII/2 (2004), pp. 97–116

Gentilcore, David, *Pomodoro: A History of the Tomato in Italy* (New York, 2010)

Giannetti, Laura, 'Italian Renaissance Food-fashioning or the Triumph of Greens', *California Italian Studies*, I/2 (2010), available at http://escholarship.org

Gibson, Johanna, 'Markets in Tradition – Traditional Agricultural Communities in Italy and the Impact of GMOs', *Script-ed*, III/3 (2006), pp. 243–52

Ginsborg, Paul, *A History of Contemporary Italy: Society and Politics 1943–1988* (New York, 2003)

Girardelli, Davide, 'Commodified Identities: The Myth of Italian Food in the United States', *Journal of Communication Inquiry*, XXVIII/4 (2004), pp. 307–24

Giulietti, Monica, 'Buyer and Seller Power in Grocery Retailing: Evidence from Italy', *Revista de Economía del Rosario*, X/2 (2007), pp. 109–25

Giusti Galardi, Giovanna, *Dolci a corte: dipinti ed altro* (Livorno, 2001)

Goldstein, Darra, 'Implements of Eating', in *Feeding Desire: Design and the Tools of the Table, 1500–2005*, ed. Sarah D. Coffin, Ellen Lupton, Darra Goldstein and Barbara Bloemink (New York, 2006), pp. 115–63

Goldstein, Joyce, *Cucina Ebraica* (San Francisco, 1998)

Grainger, Sally, 'A New Approach to Roman Fish Sauce', *Petits Propos Culinaires*, 83 (2007), pp. 92–111

Granados, Leonardo, and Carlos Álvarez, 'Viabilidad de establecer el sistema de denominaciones de origen de los productos agroalimentarios en Costa Rica', *Agronomía Costarricense*, XXVI/1 (2002), pp. 63–72

Gran-Aymerich, Jean, and Eve Gran-Aymerich, 'Les Etrusques en Gaule et en Ibérie: Du Mythe à la Réalité des Dérnieres Decouvertes', *Etruscan Studies*, 9, Article 17 (2002), available at: http://scholarworks.umass.edu

Grappe, Yann, *Sulle Tracce del Gusto: Storia e cultura del vino nel Medievo* (Bari, 2006)

Greif, Avner, 'On the Political Foundations of the Late Medieval Commercial Revolution: Genoa during the Twelfth and Thirteenth Centuries', *The Journal of Economic History*, LIV/2 (1994), pp. 271–87

Grieco, Allen J., 'Body and Soul', in *A Cultural History of Food: In the Medieval Age*, ed. Fabio Parasecoli and Peter Scholliers (London, 2012), pp. 143–9

Grocock, Christopher, Sally Grainger and Dan Shadrake, *Apicius: A Critical Edition with an Introduction and English Translation* (Totnes, 2006)

Guerrini, Olindo, *L'arte di utilizzare gli avanzi della mensa* [1917] (Padua, 1993)

Guillou, André, 'Production and Profits in the Byzantine Province of Italy (Tenth to Eleventh Centuries): An Expanding Society', *Dumbarton Oaks Papers*, 28 (1974), pp. 89–109

Guttman, Naomi, and Roberta L. Krueger, 'Utica Greens: Central New York's Italian–American Specialty', *Gastronomica*, IX/3 (2009), pp. 62–7

Haber, Barbara, 'The Mediterranean Diet: A View From History', *American Journal of Clinical Nutrition*, 10 (1997), pp. 1053s–7s

Halkier, Bente, Lotte Holm, Mafalda Domingues, Paolo Magaudda, Annemette Nielsen and Laura Terragni, 'Trusting, Complex, Quality Conscious or Unprotected?', *Journal of Consumer Culture*, VII/3 (2007), pp. 379–402

Halstead, Paul, 'Food Production', in *A Cultural History of Food in Antiquity*, ed. Fabio Parasecoli and Peter Scholliers (London, 2012), pp. 21–39

Hardt, Michael, and Antonio Negri, *Empire* (Cambridge, MA, 2001)

Harrison, Adrian Paul, and E. M. Bartels, 'A Modern Appraisal of Ancient Etruscan Herbal Practices', *American Journal of Pharmacology and Toxicology*, I/1 (2006), pp. 21–4

Haussmann, Giovanni, 'Il suolo d'Italia nella storia', in *Storia d'Italia: I caratteri original*, vol. I, ed. Ruggiero Romano and Corrado Vivanti (Turin, 1989), pp. 61–132

Helstosky, Carol, *Garlic and Oil: Food and Politics in Italy* (Oxford, 2004)

Hess, Catherine, George Saliba and Linda Komaroff, *The Arts of Fire: Islamic Influences on Glass and Ceramics of the Italian Renaissance* (Los Angeles, 2004)

Hobsbawm, Eric, and Terence Ranger, eds, *The Invention of Tradition* (Cambridge, 1983)

Hourani, George F., *Arab Seafaring in the Indian Ocean and In Ancient and Early Medieval Times* (Princeton, NJ, 1995)

Huet, Valérie, 'Le sacrifice disparu: Les reliefs de boucherie', *Food and History*, V/1 (2007), pp. 197–223

Huliyeti, Hasimu, Sergio Marchesini and Maurizio Canavari, 'Chinese Distribution Practitioners' Attitudes towards Italian Quality Foods', *Journal of Chinese Economic and Foreign Trade Studies*, I/3 (2008), pp. 214–31

Hunt, C., C. Malone, J. Sevink and S. Stoddart, 'Environment, Soils and Early Agriculture in Apennine Central Italy', *World Archaeology*, XXII/1 (1990), pp. 34–44

Isola, Gianni, *Abbassa la tua radio per favore . . . Storia dell'ascolto radiofonico nell'italia fascista* (Firenze, 1990)

ISTAT, *Rapporto Annuale 2012: La situazione del Paese* (Rome, 2012)

Istituto Italiano Alimenti Surgelati, *I surgelati: amici di famiglia* (Rome, 2011)

James, Roberta, 'The Reliable Beauty of Aroma: Staples of Food and Cultural Production among Italian Australians', *Australian Journal of Anthropology*, XV/1 (2004), pp. 23–39

Jaucourt, Louis, Chevalier de, 'Cuisine', in *Encyclopédie ou Dictionnaire raisonné des sciences, des arts et des métiers*, vol. IV (Paris, 1754), p. 538

Jenkins, Nancy Harmon, 'Two Ways of Looking at Maestro Martino', *Gastronomica*, VII/2 (2007), pp. 97–103

Johansson, Ulf, and Steve Burt, 'The Buying of Private Brands and Manufacturer Brands in Grocery Retailing: a Comparative Study of Buying Processes in the UK, Sweden and Italy', *Journal of Marketing Management*, XX/7–8 (2004), pp. 799–824

Johnson, Hugh, *Story of Wine* (London, 1989)

Kamen, Henry, 'The Mediterranean and the Expulsion of Spanish Jews in 1492', *Past and Present*, CXIX/1 (1988), pp. 30–55

Keele, Kenneth D., 'Leonardo da Vinci's Studies of the Alimentary Tract', *Journal of the History of Medicine*, XXVII/2 (1972), pp. 133–44

Kirshenblatt-Gimblett, Barbara, 'Theorizing Heritage', *Ethnomusicology*, XXXIX/3 (1995), pp. 367–80

Kreutz, Barbara M., 'Ghost Ships and Phantom Cargoes: Reconstructing Early Amalfitan Trade', *Journal of Medieval History*, 20 (1994), pp. 347–57

Krondl, Michael, *The Taste of Conquest: The Rise and Fall of the Three Great Cities of Spice* (New York, 2007)

Kruta, Venceslas and Valerio M. Manfredi, *I Celti in Italia* (Milan, 1999)

Kummer, Corby, *The Pleasures of Slow Food: Celebrating Authentic Traditions, Flavors, and Recipes* (San Francisco, 2002)

Kurlansky, Mark, *Salt: A World History* (New York, 2002)

Lane, Frederic, 'The Mediterranean Spice Trade: Further Evidence of its Revival in the Sixteenth Century', *The American Historical Review*, XLV/3 (1940), pp. 581–90

Lapertosa, Viviana, *Dalla fame all'abbondanza: Gli italiani e il cibo nel cinema dal dopoguerra ad oggi* (Turin, 2002)

Latini, Antonio, *Lo scalco alla moderna. Overo l'arte di ben disporre li conviti* (Naples, 1693)

Laudan, Rachel, 'Slow Food: The French Terroir Strategy, and Culinary Modernism', *Food, Culture and Society*, VII/2 (2004), pp. 133–44

Laura, Ernesto, *Le stagioni dell'aquila: storia dell'Istituto Luce* (Rome, 2000)

Lehmann, Matthias B., 'A Livornese "Port Jew" and the Sephardim of the Ottoman Empire', *Jewish Social Studies*, XI/2 (2005), pp. 51–76

Leighton, Robert, 'Later Prehistoric Settlement Patterns in Sicily: Old Paradigms and New Surveys', *European Journal of Archaeology*, VIII/3 (2005), pp. 261–87

——, *Sicily before History: An Archaeological Survey from the Paleolithic to the Iron Age* (Ithaca, 1999)

Leitch, Alison, 'The Social Life of Lardo: Slow Food in Fast Times', *Asian Pacific Journal of Anthropology*, I/1 (2000), pp. 103–28

Levenstein, Harvey, *Paradox of Plenty: A Social History of Eating in Modern America* (Berkeley and Los Angeles, 2003)

Lonni, Ada, 'Dall'alterazione all'adulterazione: le sofisticazioni alimentari nella società industriale', in *Storia d'Italia, Annali 13: L'alimentazione*, ed. Alberto De Bernardi, Alberto Varni and Angelo Capatti (Turin, 1998), pp. 531–84

Luminati, Pietro, *La Borsa Nera* (Rome, 1945)

Luzzato Fegiz, Pierpaolo, *Alimentazione e Prezzi in tempo di Guerra, 1942–43* (Trieste, 1948)

Maestro Martino, *The Art of Cooking: The First of Modern Cookery Book* (Berkeley and Los Angeles, 2005)

Magness, Jodi, 'A Near Eastern Ethnic Element Among the Etruscan Elite?', *Etruscan Studies*, VIII/4 (2001), pp. 79–117

Malanima, Paolo, 'Urbanisation and the Italian Economy during the Last Millennium', *European Review of Economic History*, 9 (2005), pp. 97–122

Manfredi, Valerio M., *I greci d'Occidente* (Milan, 1996)

Marchese, Salvatore, *Benedetta patata: Una storia del '700, un trattato e 50 ricette* (Padu, 1999)

Mariani, John F., *How Italian Food Conquered the World* (New York, 2011)

Mariani-Costantini, Renato, and Aldo Mariani-Costantini, 'An Outline of the History of Pellagra in Italy', *Journal of Anthropological Sciences*, 85 (2007), pp. 163–71

Marìn, Manuela, 'Beyond Taste', in *A Taste of Thyme: Culinary Cultures of the Middle East*, ed. Sami Zubaida and Richard Tapper (London, 2000), pp. 205–14

Mauro, Luciano, and Paola Valitutti, *Il Giardino della Minerva* (Salerno, 2011)

Mayes, Frances, *Under the Tuscan Sun* (New York, 1997)

Mazoyer, Marcel and Laurence Roudart, *A History of World Agriculture: From the Neolithic Age to the Current Crisis* (New York, 2006)

Mazzotti, Massimo, 'Enlightened Mills: Mechanizing Olive Oil Production in Mediterranean Europe', *Technology and Culture*, XLV/2 (2004), pp. 277–304

Meneley, Anne, 'Like an Extra Virgin', *American Anthropologist*, CIX/4 (2007), pp. 678–87

Miele, Mara and Jonathan Murdoch, 'The Practical Aesthetics of Traditional Cuisines: Slow Food in Tuscany', *Sociologia Ruralis*, XLII/4 (2002), pp. 312–28

Miller, James Innes, *The Spice Trade of the Roman Empire, 29 BC to AD 641* [1969] (Oxford, 1998)

Mingozzi, Achille, and Rosa Maria Bertino, *Rapporto Bio Bank 2012: Prosegue la corsa per accorciare la filiera* (Forlí, 2012)

Mohring, Maren, 'Staging and Consuming the Italian Lifestyle: The Gelateria and the Pizzeria-Ristorante in Post-war Germany', *Food and History*, VII/2 (2009), pp. 181–202

Monelli, Paolo, *Il Ghiottone Errante* (Milan, 1935)

Montanari, Massimo, *Convivio* (Bari, 1989)

——, 'Food Systems and Models of Civilization', in *Food: A Culinary History from Antiquity to the Present*, ed. Jean-Louis Flandrin and Massimo Montanari (New York, 1999), pp. 55–64

——, 'Gastronomia e Cultura', in *Introduzione alla Guida Gastronomica Italiana 1931* (Milan, 2003), pp. 4–5

——, *L'identità Italiana in Cucina* (Rome, 2010)

——, *Nuovo Convivio* (Bari, 1991)

——, 'Production Structures and Food Systems in the Early Middle Ages Civilization', in *Food: A Culinary History from Antiquity to the Present*, ed. Jean-Louis Flandrin and Massimo Montanari (New York, 1999), pp. 168–77

Moroni Salvatori, Maria Paola, 'Ragguaglio bibliografico sui ricettari del primo Novecento', in *Storia d'Italia, Annali 13: L'alimentazione*, ed. Alberto De Bernardi, Alberto Varni and Angelo Capatti (Turin, 1998), pp. 887–925

Morris, Ian, *Why the West Rules – for Now: The Patterns of History and What They Reveal about the Future* (New York, 2011)

Morris, Jonathan, 'Imprenditoria italiana in Gran Bretagna. Il consumo del caffè "stile italiano"', *Italia Contemporanea*, 241 (2005), pp. 540–52

—, 'Making Italian Espresso, Making Espresso Italian', *Food and History*, VIII/2 (2010), pp. 155–84

Moscati, Sabatino, *Così nacque l'Italia: profili di popoli riscoperti* (Turin, 1998)

Mudu, Pierpaolo, 'The People's Food: The Ingredients of "Ethnic" Hierarchies and the Development of Chinese Restaurants in Rome', *GeoJournal*, 68 (2007), pp. 195–210

Mueller, Tom, *Extra Virginity: The Sublime and Scandalous World of Olive Oil* (New York, 2012)

Musti, Domenico, *L'economia in Grecia* (Bari, 1999)

Nadeau, Robin, 'Body and Soul', in *A Cultural History of Food in Antiquity*, ed. Fabio Parasecoli and Peter Scholliers (London, 2012), pp. 145–62

—, 'Stratégies de survie et rituels festifs dans le monde gréco-romain', in *Profusion et pénurie: Les hommes face à leurs besoins alimentaires*, ed. Martin Bruegel (Rennes, 2009), pp. 55–69

Nestle, Marion, 'Mediterranean Diets: Historical and Research Overview', *American Journal of Clinical Nutrition*, 61 (1995), pp. 1313S–20S

Niceforo, Alfredo, *Italiani del Nord, italiani del Sud* (Turin, 1901)

Nosi, Costanza and Lorenzo Zanni, 'Moving from "Typical Products" to "Food-related Services": The Slow Food Case as a New Business Paradigm', *British Food Journal*, CVI/10–11 (2004), pp. 779–92

Osborne, Robin, 'Pots, Trade, and the Archaic Greek Economy', *Antiquity*, 70 (1996), pp. 31–44

Ouerfelli, Mohamed, 'Production et commerce du sucre en Sicile au XVe siècle', *Food and History*, I/1 (2003), pp. 103–22

Page, Jutta-Annette, *Beyond Venice: Glass in Venetian Style, 1500–1750* (Manchester, VT, 2004)

Pallottino, Massimo, *The Etruscans* (Bloomington, 1975)

—, *A History of Earliest Italy* (Ann Arbor, MI, 1991)

Palma, Pina, 'Hermits, Husband and Lovers: Moderation and Excesses at the Table in the *Decameron*', *Food and History*, IV/2 (2006), pp. 151–62

Panagia, Davide, *The Political Life of Sensation* (Durham and London, 2009)

Parasecoli, Fabio, 'Postrevolutionary Chowhounds: Food, Globalization, and the Italian Left', *Gastronomica*, III/3 (2003), pp. 29–39

Parzen, Jeremy, 'Please Play with Your Food: An Incomplete Survey of Culinary Wonders in Italian Renaissance Cookery', *Gastronomica*, IV/4 (2004), pp. 25–33

Pascali, Lara, 'Two Stoves, Two Refrigerators, Due Cucine: The Italian Immigrant Home with Two Kitchens', *Gender, Place and Culture*, XIII/6 (2006), pp. 685–95

Paxson, Heather, 'Slow Food in a Fat Society: Satisfying Ethical Appetites', *Gastronomica*, V/2 (2005), pp. 14–18

Pecorini, Alberto, 'The Italian as an Agricultural Laborer', *Annals of the American Academy of Political and Social Science*, XXXIII/2 (1909), pp. 156–66

Pedrocco, Giorgio, 'La conservazione del cibo: dal sale all'industria agro-alimentare', in *Storia d'Italia, Annali 13: L'alimentazione*, ed. Alberto De Bernardi, Alberto Varni and Angelo Capatti (Torino, 1998), pp. 377–447

——, 'Viticultura e enologia in Italia nel XIX secolo', in *La vite e il vino: storia e diritto (secoli XI–XIX)*, ed. Maria Da Passano, Antonello Mattone, Franca Mele and Pinuccia F. Simbula (Rome, 2000), pp. 613–27

Pellecchia, Marco et al., 'The Mystery of Etruscan Origins: Novel Clues from Bos Taurus Mitochondrial DNA', *Proceedings of the Royal Society B*, CCLXXIV/1614 (2007), pp. 1175–9

Pendergrast, Mark. *Uncommon Grounds: The History of Coffee and How It Transformed Our World* (New York, 1999)

Perry, Charles, 'Sicilian Cheese in Medieval Arab Recipes', *Gastronomica*, I/1 (2001), pp. 76–7

Petrini, Carlo, ed., *Slow Food: Collected Thoughts on Taste, Tradition, and the Honest Pleasures of Food* (White River Junction, VT, 2001)

——, *Slow Food: The Case of Taste* (New York, 2003)

Petrini, Carlo, and Gigi Padovani, *Slow Food Revolution* (New York, 2006)

Pieraccini, Lisa, 'Families, Feasting, and Funerals: Funerary Ritual at Ancient Caere', *Etruscan Studies*, 7/Article 3 (2000), available at http://scholarworks.umass.edu

Pilcher, Jeffrey M., *Food in World History* (New York, 2006)

Pinhasi, Ron, Joaquim Fort and Albert Ammerman, 'Tracing the Origin and Spread of Agriculture in Europe', *PLOS Biology*, III/12 (2005), e410, doi:10.1371/journal.pbio.0030410

Pinna, Cao, 'Le classi povere', in *Atti della commissione parlamentare di inchiesta sulla miseria in Italia e sui mezzi per combatterla*, vol. II (Rome, 1954)

Pinto, Giuliano, 'Food Safety', in *A Cultural History of Food: In the Medieval Age*, ed. Fabio Parasecoli and Peter Scholliers (London, 2012), pp. 57–72

Pollard, Elizabeth Ann, 'Pliny's Natural History and the Flavian Templum Pacis: Botanical Imperialism in First-century CE Rome', *Journal of World History*, XX/3 (2009), pp. 309–38

Portincasa, Agnese, 'Il Touring Club Italiano e la Guida Gastronomica d'Italia. Creazione, circolazione del modello e tracce della sua evoluzione (1931–1984)', *Food and History*, VI/1 (2008), pp. 83–116

Presenza, Angelo, Antonio Minguzzi and Clara Petrillo, 'Managing Wine Tourism in Italy', *Journal of Tourism Consumption and Practice*, II/1 (2010), pp. 46–61

Price, T. Douglas, ed., *Europe's First Farmers* (Cambridge, 2000)

Purcell, N., 'Wine and Wealth in Ancient Italy', *Journal of Roman Studies*, 75 (1985), pp. 1–19

Quirico, Domenico, *Naja: Storia del servizio di leva in Italia* (Milan, 2008)

Race, Gianni, *La cucina del mondo classic* (Naples, 1999)

Rapisardi, Mario, *Versi: scelti e riveduti da esso* (Milan, 1888)

Rebora, Giovanni, *Culture of the Fork* (New York, 2001)

Reese, David S., 'Whale Bones and Shell Purple-dye at Motya (Western Sicily, Italy)', *Oxford Journal of Archaeology*, XXIV/2 (2005), pp. 107–14

Revel, Jean François, *Culture and Cuisine: A Journey through the History of Food* (New York, 1982)

Reynolds, Peter J., 'Rural Life and Farming', in *The Celtic World*, ed. Miranda Green (New York, 1995), pp. 176–209

Riley, Gillian, 'Food in Painting', in *A Cultural History of Food: In the Renaissance*, ed. Fabio Parasecoli and Peter Scholliers (London, 2012), pp. 171–82

Robb, John, and Doortje Van Hove, 'Gardening, Foraging and Herding: Neolithic Land Use and Social Territories in Southern Italy', *Antiquity*, 77 (2003), pp. 241–54

Roberts, J. M., *The Penguin History of the World* (London, 1995)

Roden, Claudia, *The Book of Jewish Food* (New York, 1998)

Rodríguez-Pose, Andrés, and Maria Cristina Refolo, 'The Link between Local Production Systems and Public and University Research in Italy', *Environment and Planning A*, xxxv/8 (2003), pp. 1477–92

Roesti, Robert, 'The Declining Economic Role of the Mediterranean Tuna Fishery', *American Journal of Economics and Sociology*, xxv/1 (1966), pp. 77–90

Rosano, Dick, *Wine Heritage: The Story of Italian American Vintners* (San Francisco, 2000)

Ruscillo, Deborah, 'When Gluttony Ruled!', *Archaeology*, liv/6 (2001), pp. 20–24

Russu, Anna Grazia, 'Power and Social Structure in Nuragic Sardinia', *Eliten in der Bronzezeit-Ergebnisse Zweier Kolloquien in Mainz und Athen-Teil*, 1 (1999), pp. 197–221, plates 17–22

Sabatino Lopez, Roberto, 'Market Expansion: The Case of Genoa', *The Journal of Economic History*, xxiv/4 (1964), pp. 445–64

Salignac de la Mothe-Fénelon, François de, *Telemachus, Son of Ulysses*, trans. Patrick Riley [1699] (Cambridge, 1994)

Sarris, Peter, 'Aristocrats, Peasants and the Transformation of Rural Society, c. 400–800', *Journal of Agrarian Change*, ix/1 (2009), pp. 3–22

Sassatelli, Roberta, and Alan Scott, 'Novel Food, New Markets and Trust Regimes: Responses to the Erosion of Consumers' Confidence in Austria, Italy and the UK', *European Societies*, iii/2 (2001), pp. 213–44

Scandizzo, Pasquale Lucio, 'L'agricoltura e lo sviluppo economico', in *L'Italia Agricola nel xx secolo: Storia e scenari* (Corigliano Calabro, 2000), pp. 9–55

Scarpato, Rosario, 'Pizza: An Organic Free Range: Tale in Four Slices', *Divine*, 20 (2001), pp. 30–41

Scarpellini, Emanuela, 'Shopping American-style: The Arrival of the Supermarket in Postwar Italy', *Enterprise and Society*, v/4 (2004), pp. 625–68

Scheid, John, 'Le statut de la viande à Rome', *Food and History*, v/1 (2007), pp. 19–28

Schmitt-Pantel, Pauline, 'Greek Meals: A Civic Ritual', in *Food: A Culinary History from Antiquity to the Present*, ed. Jean-Louis Flandrin and Massimo Montanari (New York, 1999), pp. 90–95

Schnapp, Jeffrey T., 'The Romance of Caffeine and Aluminum', *Critical Inquiry*, xxviii/1 (2001), pp. 244–69

Sentieri, Maurizio, and Zazzu Guido, *I semi dell'Eldorado* (Bari, 1992)

Sereni, Emilio, 'Agricoltura e mondo rurale', in *Storia d'Italia: I caratteri originali*, vol. 1, ed. Ruggiero Romano and Corrado Vivanti (Torino, 1989), pp. 133–252

——, *History of the Italian Agricultural Landscape* (Princeton, NJ, 1997)

Serventi, Silvano, and Françoise Sabban, *Pasta: The Story of a Universal Food* (New York, 2002)

Servi Machlin, Edda, *Classic Italian Jewish Cooking: Traditional Recipes and Menus* (New York, 2005)

Sherratt, Susan, and Andrew Sherratt, 'The Growth of the Mediterranean Economy in the Early First Millennium BC', *World Archaeology*, xxiv/3 (1993), pp. 361–78

精選延伸閱讀

Sicca, Lucio, *Lo straniero nel piatto* (Milan, 2002)

Siporin, Steve, 'From Kashrut to Cucina Ebraica: The Recasting of Italian Jewish Foodways', *The Journal of American Folklore*, CVII/424 (1994), pp. 268–81

Skinner, Patricia, *Family Power in Southern Italy: The Duchy of Gaeta and Its Neighbors, 850–1139* (Cambridge, 1995)

Small, Jocelyn Penny, 'Eat, Drink, and Be Merry: Etruscan Banquets', in *Murlo and the Etruscans: Art and Society in Ancient Etruria*, ed. Richard Daniel De Puma and Jocelyn Penny Small (Madison, 1994), pp. 85–94

Smith, Alison A., 'Family and Domesticity', in *A Cultural History of Food: In the Renaissance*, ed. Fabio Parasecoli and Peter Scholliers (London, 2012), pp. 135–50

Solier, Stéphane, 'Manières de tyran à la table de la satire latine: l'institutionnalisa-tion de l'excès dans la convivialité romaine', *Food and History*, IV/2 (2006), pp. 91–111

Somogyi, Stefano, 'L'alimentazione nell'Italia unita', in *Storia d'Italia*, vol. V/1: *I documenti*, ed. Lellia Cracco Ruggini and Giorgio Cracco (Turin, 1973), pp. 841–87

Sonnino, Roberta, 'Quality Food, Public Procurement, and Sustainable Develop-ment: The School Meal Revolution in Rome', *Environment and Planning A*, XLI/2 (2009), pp. 425–40

Sorcinelli, Paolo, *Gli Italiani e il cibo: dalla polenta ai cracker* (Milan, 1999)

——, 'Identification Process at Work: Virtues of the Italian Working-class Diet in the First Half of the Twentieth Century', in *Food, Drink and Identity*, ed. Peter Scholliers (Oxford, 2001), pp. 81–97

Sori, Ercole, *L'emigrazione italiana dall'unità alla seconda guerra mondiale* (Bologna, 1980)

Sozio, Pina, 'Fornelli d'Italia', *Gambero Rosso*, XIX/221 (2010), pp. 86–91

Spanò Giammellaro, Antonella, 'The Phoenicians and the Carthaginians: The Early Mediterranean Diet', in *Food: A Culinary History from Antiquity to the Present*, ed. Jean-Louis Flandrin and Massimo Montanari (New York, 1999), pp. 55–64

Sperduti, Giuseppe, *Riccardo di San Germano: La Cronaca* (Cassino, 1995)

Starr, Joshua, 'The Mass Conversion of Jews in Southern Italy (1290–1293)', *Speculum*, XXI/2 (1946), pp. 203–11

Strong, Roy, *Feast: A History of Grand Eating* (Orlando, FL, 2002)

Taddei, Francesco, 'Il cibo nell'Italia mezzadrile fra Ottocento and Novecento', in *Storia d'Italia, Annali 13: L'alimentazione*, ed. Alberto De Bernardi, Alberto Varni and Angelo Capatti (Turin, 1998), pp. 25–38

Tagliati, Giovanna, 'Olindo Guerrini gastronomo: Le rime romagnole de E' Viazze L'arte di utilizzare gli avanzi della mensa', *Storia e Futuro*, 20 (2009), available at www.storiaefuturo.com

Tasca, Luisa, 'The "Average Housewife" in Post-World War II Italy', *Journal of Women's History*, XVI/2 (2004), pp. 92–115

Teall, John L., 'The Grain Supply of the Byzantine Empire, 330–1025', *Dumbarton Oaks Papers*, 13 (1959), pp. 87–139

Teti, Vito, *Il colore del cibo* (Rome, 1999)

——, *La razza maledetta: origini del pregiudizio antimeridionale* (Rome, 2011)

Tirabassi, Maddalena, *Il Faro di Beacon Street. Social Workers e immigrate negli Stati Uniti (1910–1939)* (Milan, 1990)

Toaff, Ariel, *Mangiare alla giudia* (Bologna, 2000)

Tognotti, Eugenia, 'Alcolismo e pensiero medico nell'Italia liberale', in *La vite e il vino: storia e diritto (secoli XI–XIX)*, ed. Maria Da Passano, Antonello Mattone, Franca Mele and Pinuccia F. Simbula (Rome, 2000)

Touring Club Italiano, *Guida Gastronomica d'Italia* (Milan, 1931)

Trabalzi, Ferruccio, 'Crossing Conventions in Localized Food Networks: Insights from Southern Italy', *Environment and Planning A*, XXXIX/2 (2007), pp. 283–300

Tran, Nicholas, 'Le statut de travail des bouchers dans l'Occident romain de la fin de la République et du Haut-Empire', *Food and History*, V/1 (2007), pp. 151–67

Tregre Wilson, Nancy, *Louisiana's Food, Recipes, and Folkways* (Gretna, LA, 2005)

Trova, Assunta, 'L'approvvigionamento alimentare dell'esercito italiano', in *Storia d'Italia, Annali 13: L'alimentazione*, ed. Alberto De Bernardi, Alberto Varni and Angelo Capatti (Turin, 1998), pp. 495–530

Tuck, Anthony, 'The Etruscan Seated Banquet: Villanovan Ritual and Etruscan Iconography', *American Journal of Archaeology*, XCVIII/4 (1994), pp. 617–28

Turrini, Aida, Anna Saba, Domenico Perrone, Eugenio Cialfa and Amleto D'Amicis, 'Food Consumption Patterns in Italy: The INN-CA Study 1994–1996', *European Journal of Clinical Nutrition*, LV/7 (2001), pp. 571–88

Turrini, Lino, *La cucina ai tempi dei Gonzaga* (Milan, 2002)

Van Ginkel, Rob, 'Killing Giants of the Sea: Contentious Heritage and the Politics of Culture', *Journal of Mediterranean Studies*, XV/1 (2005), pp. 71–98

Varriano, John, 'At Supper with Leonardo', *Gastronomica*, VIII/3 (2008), pp. 75–9

——, 'Fruits and Vegetables as Sexual Metaphor in Late Renaissance Rome', *Gastronomica*, V/4 (2005), pp. 8–14

——, *Tastes and Temptations: Food and Art in Renaissance Italy* (Berkeley, CA, 2011)

Vecchio, Riccardo, 'Local Food at Italian Farmers' Markets: Three Case Studies', *International Journal of Sociology of Agriculture and Food*, XVII/2 (2010), pp. 122–39

Vené, Gian Franco, *Mille lire al mese: vita quotidiana della famiglia nell'Italia Fascista* (Milan, 1988)

Verga, Giovanni, *Cavalleria Rusticana and Other Stories*, trans. G. H. McWilliam (Harmondsworth, 1999)

Vernesi, Cristiano et al., 'The Etruscans: A Population-Genetic Study', *American Journal of Human Genetics*, LXXIV/4 (2004), pp. 694–704

Vetta, Massimo, 'The Culture of the Symposium', in *Food: A Culinary History from Antiquity to the Present*, ed. Jean-Louis Flandrin and Massimo Montanari (New York, 1999), pp. 96–105

Vössing, Konrad I., 'Family and Domesticity', in *A Cultural History of Food in Antiquity*, ed. Fabio Parasecoli and Peter Scholliers (London, 2012), pp. 133–43

Warden, Gregory, 'Ritual and Representation on a Campana Dinos in Boston', *Etruscan Studies*, 11/Article 8 (2008), available at http://scholarworks.umass.edu

Watson, Andrew, *Agricultural Innovation in the Early Islamic World* (Cambridge, 1983)

Watson, Wendy, *Italian Renaissance Ceramics* (Philadelphia, 2006)

Webster, Gary, *Duos Nuraghes: A Bronze Age Settlement in Sardinia, vol. 1: The Interpretive Archaeology*, BAR International Series 949 (Oxford, 2001)

Weinberg, Bennett A., and Bonnie K. Bealer, *The World of Caffeine: The Science and Culture of the World's Most Popular Drug* (New York and London, 2002)

Welch, Evelyn, *Shopping in the Renaissance: Consumer Cultures in Italy, 1400–1600* (New Haven and London, 2005)

Wharton Epstein, Ann, 'The Problem of Provincialism: Byzantine Monasteries in Cappadocia and Monks in South Italy', *Journal of the Warburg and Courtauld Institutes*, 42 (1979), pp. 28–46

Whitaker, Elizabeth D., 'Bread and Work: Pellagra and Economic Transformation in Turn-of-the-century Italy', *Anthropological Quarter*, LXV/2 (1992), pp. 80–90

White, Lynn, 'The Byzantinization of Sicily', *American Historical Review*, XLII/1 (1936), pp. 1–21

White, Corky, 'Italian Food: Japan's Unlikely Culinary Passion', *The Atlantic* (6 October 2010), available at www.theatlantic.com

White, Lynn Jr, 'Indic Elements in the Iconography of Petrarch's Trionfo Della Morte', *Speculum*, 49 (1974), pp. 201–21

Williams, J.H.C., *Beyond the Rubicon: Romans and Gauls in Republican Italy* (Oxford, 2001)

Wilson, Perry R., 'Cooking the Patriotic Omelette: Women and the Italian Fascist Ruralization Campaign', *European History Quarterly*, XXVII/4 (1993), pp. 351–47

Woods, Dwayne, 'Pockets of Resistance to Globalization: The Case of the Lega Nord', *Patterns of Prejudice*, XLIII/2 (2009), pp. 161–77

Wright, Clifford A., *A Mediterranean Feast* (New York, 1999)

Zaia, Luca, *Adottare la terra (per non morire di fame)* (Milan, 2010)

Zamagni, Vera, *Economic History of Italy, 1860–1990: Recovery after Decline* (Oxford, 1993)

——, 'L'evoluzione dei consumi tra tradizione e innovazione', in *Storia d'Italia, Annali 13: L'alimentazione*, ed. Alberto De Bernardi, Alberto Varni and Angelo Capatti (Turin, 1998), pp. 169–204

Zaouali, Lilia, *Medieval Cuisine of the Islamic World* (Berkeley, CA, 2007)

Zeldes, Nadia, 'Legal Status of Jewish Converts to Christianity in Southern Italy and Provence', *California Italian Studies Journal*, I/1 (2010), available at http://escholarship.org

Ziegelman, Jane, *97 Orchard: An Edible History of Five Immigrant Families in One New York Tenement* (New York, 2010)

銘謝

　　依照義式作風，首先我得感謝我的家人。我的母親、兩位祖母與阿姨們教導我與姊妹下廚的方法。我非常佩服家族中強大的女性，她們總是神采奕奕，就算她們為了幾十位家人（不誇張）得將人生耗在鍋碗瓢盆之中。我們在羅馬的家庭週日大餐是項傳統，我至今對此讚嘆不已，多年來曾參與我們家盛宴的眾多外國友人似乎也深表贊同。希望我的外甥法拉維歐、外甥女格雷西雅會想要將這個家族傳統延續下去。

　　我要特別感謝為「新學校食物研究計畫」（New School Food Studies Program）撰稿的作家安迪・史密斯（Andy Smith），他幫我聯絡出版社，也是自律與專業的絕佳典範。「新學校」給了我絕佳的工作環境、很棒的同事、機構的支持力量，讓我可以跟艾米・歐爾（Amy Orr）、伊芙・杜若（Eve Turow）、海倫・瓦克（Helen Kwok）合作，艾米在我的寫作過程中支持我，伊芙是傑出的編輯，海倫協助我研究圖像學。

　　我也想要感謝我的學生，所有曾在「新學校」、科學美食大學、古斯托實驗室（Gustolab）、《紅蝦》、波隆納大學阿瑪碩士研究班、伊利諾大學香檳分校、麻州大學阿默斯特分校與紐約大學的課堂

上，跟我分享他們對義式料理的熱情的學生，其中許多人後來成為好友，他們也不斷提醒著我，當初辭去記者身分投身教職的初衷究竟為何，學生們的問題、好奇心不斷推著我前進，讓我成為一位更好的人及學者。要感謝的有太多人，難以一一唱名，但他們知道他們在這裡有個位子。

我要感謝《紅蝦》雜誌的前同事，尤其是安娜里莎·巴巴格里（Annalisa Barbagli），她的義式飲食知識庫淵博無比，史達芬諾·波里尼（Stefano Bonilli），他在我還在為國際事務撰稿時跟我打賭，協助我在專業發展邁向下一步。

這本書的撰寫過程有勞許多人幫忙。多倫·瑞克斯（Doran Ricks）十分有耐性地伴我走過各種激動、恐慌、狂喜、疲倦的過程。索尼亞·麻莎黎（Sonia Massari）、皮耶·艾伯托·梅里（Pier Alberto Merli）、羅伯托·盧多維科（Roberto Ludovico）、蜜雪兒·戴維斯（Mitchell Davis）、麗莎·沙頌（Lisa Sasson）、瑪麗雍·奈斯托（Marion Nestle）、馬克思·博佳密（Max Bergami）、盧多維卡·里昂納（Ludovica Leone）、黛安娜·明希塔（Diana Mincyte）、彼得·阿薩羅（Peter Asaro）、珍奈·紗真（Janet Chrzan）、瑞秋·布雷克（Rachel Black）、卡洛·科寧罕（Carole Counihan）、肯·阿爾巴拉（Ken Albala）、梅若·羅索斯基（Meryl Rosowsky）、保羅·迪阿博艾里馬（Paulo de Abreu e Lima）、羅蓓塔·阿博洛塔札（Roberta Alberotanza）在聚首時提供我想法、歡笑、美好時光，讓我得以繼續研究過程。

非常多研究飲食的學者都啟發、影響了這本書的形成：亞蓮·阿瓦基安（Arlene Avakian）、華倫·貝拉斯科（Warren Belasco）、安妮·貝洛斯（Annie Bellows）、艾美·班特利（Amy Bentley）、珍妮佛·伯格（Jennifer Berg）、安東奈拉·坎佩尼尼（Antonella Campanini）、艾伯托·卡帕提（Alberto Capatti）、西

蒙・辛諾托（Simone Cinotto）、保羅・弗里曼（Paul Freedman）、戴拉・哥斯坦（Darra Goldstein）、顏・格列譜（Yann Grappe）、艾倫・格理可（Allen Grieco）、莉莎・漢可（Lisa Heldke）、艾莉絲・朱利俄（Alice Julier）、蘿拉・林頓非（Laura Lindenfeld）、賈維爾・莫迪納（Xavier Medina）、瑪西莫・蒙塔納尼（Massimo Montanari）、碧雅翠絲・莫蘭迪納（Beatrice Morandina）、皮希拉・帕赫斯特・佛古森（Priscilla Parkhurst Ferguson）、尼可拉・佩魯羅（Nicola Perullo）、安卓亞・皮耶羅尼（Andrea Pieroni）、克立絲韓杜・雷（Krishnendu Ray）、賽內・羅梭（Signe Rousseau）、艾美・特羅貝克（Amy Trubek）、綺拉・瓦桑那・湯普起斯（Kyla Wazana Tompkis）、哈利・衛斯（Harry West）、利克・威爾克（Rick Wilk），以及賽克・威廉－佛森（Psyche Williams-Forson）。

　　與彼得・叔理爾（Peter Scholliers），以及一群傑出的歷史學家、學者共同編輯六冊《食物的文化史》（*Cultural History of Food*），重燃我對這個主題的熱情，讓我在同時為其他計畫忙得不可開交時，有動力堅持下去。

　　我有奢侈的機會能選擇自己的人生道路與事業方向，為此我深深感激，而我現在依然為此而努力著，誰知道接下來會發生什麼事？

圖像來源

The author and publishers wish to express their thanks to the below sources of illustrative material and/or permission to reproduce it. Some locations of artworks are also given below.

Photo AIMare: p. 34; The Ashmolean Museum, Oxford: p. 110; photo BKP: p. 129; photo Giovanni Dall'Orto: p. 119; I. DeFrancisci & Son catalogue, *c.* 1914: p. 234; © duncan1890/iStock: pp. 77, 150; from *Gourmet Traveler*, 88 (2010) p. 233; from Jean-Pierre Houël, *Voyage pittoresque des Isles de Sicile, de Malte et de Lipari . . .* (Paris, 1782–7): p. 38; photo Jastrow: p. 43; photo Richard W. M. Jones: p. 16; photo Lewenstein: p. 111; photo LII324: p. 116; photos Library of Congress, Washington, DC: pp. 151, 229, 231; photo MChew: p. 69; from Cristoforo Messisbugo, *Banchetti, compositioni di vivande, et apparecchio generale* (Ferrara, 1549): p. 115; Musée du Louvre, Paris: pp. 40, 43; Musei di Strada Nuova, Genoa: p. 127; Museo Archeologico Nazionale di Napoli: pp. 51, 58; photo National Archives and Records Administration, College Park: pp. 185, 187 (top), 192; photo New York Public Library: p. 227; © nicoolay/iStock: p. 104; Österreichische Nationalbibliothek, Vienna: p. 111; © Fabio Parasecoli: pp. 91, 107; private collections: pp. 133, 137; photos Doran Ricks: pp. 9, 47, 51, 58, 61, 73, 102, 123, 141, 205, 257; photo Bibi Saint-Pol: p. 40; San Zeno, Verona: p. 92; from Bartolomeo Scappi, *Opera* (Venice, 1574): p. 116; © sergeyussr/iStock: p. 55; Statens Museum for Kunst, Copenhagen: p. 162; from François-Pierre La Varenne, *Le Vrai Cuisinier François . . .* (The Hague, 1721): p. 145; photo Volina/Shutterstock.com: p. 269; photo courtesy Walters Art Museum, Baltimore: p. 108; photo YQEdTTOFOX3lfQ: p. 127.

Scott Brenner, the copyright holder of the image on p. 255, Ben Hanbury, copyright holder of the image on p. 263 (top), jules:stonesoup, the copyright holder of the image on p. 218, Megan Mallen, the copyright holder of the image on p. 20, tomislav medak, the copyright holder of the image on p. 261, and j. c. winkler, the copyright holder of the image on p. 226, have published these online under conditions imposed by a Creative Commons Attribution 2.0 Generic license; Marco Bernardini, the copyright holder of the image on p. 11, Tom Chance, copyright holder of the image on

Mirror 033

義大利美食史：在神話與刻板印象之外
Al Dente: A History of Food in Italy

國家圖書館出版品預行編目（CIP）資料

義大利美食史 : 在神話與刻板印象之外 / 法比歐.帕拉薩索利 (Fabio Parasecoli) 著 ; 柯松
　韻譯. -- 增訂一版. -- 臺北市 : 天培文化有限公司出版 : 九歌出版社有限公司發行, 2022.12
　面 ; 　公分. -- (Mirror ; 33)
譯自 : Al dente : a history of food in Italy.
ISBN 978-626-96577-8-0(平裝)

1.CST: 飲食風俗 2.CST: 文化 3.CST: 歷史 4.CST: 義大利

538.7845　　　　　　　　　　111017939

作　　　者──法比歐‧帕拉薩索利（Fabio Parasecoli）
譯　　　者──柯松韻
責任編輯──莊琬華
發 行 人──蔡澤松
出　　　版──天培文化有限公司
　　　　　　台北市 105 八德路 3 段 12 巷 57 弄 40 號
　　　　　　電話／02-25776564‧傳真／02-25789205
　　　　　　郵政劃撥／19382439
　　　　　　九歌文學網 www.chiuko.com.tw
印　　　刷──晨捷印製股份有限公司
法律顧問──龍躍天律師‧蕭雄淋律師‧董安丹律師
發　　　行──九歌出版社有限公司
　　　　　　台北市 105 八德路 3 段 12 巷 57 弄 40 號
　　　　　　電話／02-25776564‧傳真／02-25789205
初　　　版──2022 年 12 月
定　　　價──500 元
書　　　號──0305033

Al Dente: A History of Food in Italy by Fabio Parasecoli was first published by Reaktion Books, London, UK,
2014. Copyright © Fabio Parasecoli 2014.
Translation © 2022 Ten Points Publishing Co., Ltd.

ISBN／978-986-99305-6-7　　　　　　　　　　　　　　Printed in Taiwan